宋范曄撰
唐李賢等注

後漢書

第二册

卷六至卷一四（紀二傳一）

中華書局

後漢書卷六

孝順孝沖孝質帝紀第六

孝順皇帝諱保，〔一〕安帝之子也。母李氏，爲閻皇后所害。永寧元年，立爲皇太子。延光三年，安帝乳母王聖、大長秋江京、〔二〕中常侍樊豐譖太子乳母王男、廚監邴吉，殺之，太子數爲歎息。王聖等懼有後禍，遂與豐、京共搆陷太子，太子坐廢爲濟陰王。明年三月，安帝崩，北鄉侯立，濟陰王以廢黜，不得上殿親臨梓宮，悲號不食，內外羣僚莫不哀之。及北鄉侯薨，車騎將軍閻顯及江京，與中常侍劉安、陳達等白太后，祕不發喪，而更徵立諸國王子，乃閉宮門，屯兵自守。

〔一〕謚法曰：「慈和徧服曰順。」伏侯古今注曰：「保之字曰守。」

〔二〕前書曰：「長秋，皇后官，本秦官將行也，景帝更名大長秋。或用中人，或用士人。秩二千石。」中興常用宦者。

十一月丁巳，京師及郡國十六地震。是夜，中黃門孫程等十九人〔一〕共斬江京、劉安、陳達等，迎濟陰王於德陽殿西鍾下，〔二〕即皇帝位，年十一。近臣尚書以下，從輦到南宮，

登雲臺，召百官。尚書令劉光等奏言：「孝安皇帝聖德明茂，早弃天下。陛下正統，當奉宗廟，而姦臣交搆，遂令陛下龍潛蕃國，〔三〕羣僚遠近莫不失望。天命有常，北鄉不永，漢德盛明，福祚孔章。〔四〕近臣建策，左右扶翼，內外同心，稽合神明。陛下踐祚，奉遵鴻緒，爲郊廟主，承續祖宗無窮之烈，上當天心，下猒民望。而即位倉卒，典章多缺，請條案禮儀，分別具奏。」制曰：「可。」乃召公卿百僚，使虎賁、羽林士屯南、北宮諸門。〔五〕閻顯兄弟聞帝立，率兵入北宮，尚書(郎)〔郭〕鎮與交鋒刃，遂斬顯弟衛尉景。戊午，遣使者入省，奪得璽綬，乃幸嘉德殿，遣侍御史持節收閻顯及其弟城門校尉耀、執金吾晏，並下獄誅。己未，開門，罷屯兵。壬戌，詔司隸校尉：「惟閻顯、江京近親當伏辜誅，其餘務崇寬貸。」壬申，謁高廟。癸酉，謁光武廟。

〔一〕十九人，見孫程傳。

〔二〕漢官儀曰「崇賢門內德陽殿」也。

〔三〕從太子廢爲王，故曰龍潛蕃國。

〔四〕孔，甚也。章，明也。

〔五〕漢官儀曰：「書稱『虎賁三百人』，言其猛怒如虎之奔赴也。孝武建元三年初置期門，平帝元始元年更名虎賁郎。」又：「武帝太初元年初置建章營騎，後更名羽林。以天有羽林之星，故取名焉。又取從軍死事之子孫養羽林官，教以五兵，號曰羽林孤兒。光武中興，以征伐之士勞苦者爲之，故曰羽林士。」

乙亥，詔益州刺史罷子午道，通褒斜路。〔一〕

〔一〕子午道，平帝時王莽通之。三秦記曰，子午，長安正南。山名秦領谷，一名樊川。褒斜，漢中谷名。南谷名褒，北谷名斜，首尾七百里。

己卯，葬少帝以諸王禮。司空劉授免。〔一〕賜公卿以下錢穀各有差。十二月甲申，以少府河南陶敦爲司空。〔二〕

〔一〕東觀記曰：「以阿附惡逆，辟召非其人，策罷。」

〔二〕敦字文理，京縣人也。

（其）令郡國守相視事未滿歲者，一切得舉孝廉吏。〔一〕

〔一〕漢法，視事滿歲乃得舉。今帝新卽位，施恩惠，雖未滿歲，得令舉人。

癸卯，尚書奏請下有司，收還延光三年九月丁酉以皇太子爲濟陰王詔書。奏可。

京師大疫。

辛亥，詔公卿、郡守、國相，舉賢良方正　能直言極諫之士各一人。尚書令以下從輦幸南宮者，皆增秩賜布各有差。

永建元年春正月甲寅，詔曰：「先帝聖德，享祚未永，早弃鴻烈。姦慝緣閒，人庶怨讟，

上干和氣，疫癘爲災。朕奉承大業，未能寧濟。蓋至理之本，稽弘德惠，蕩滌宿惡，與人更始。其大赦天下。賜男子爵，人二級，爲父後、三老、孝悌、力田〔人〕三級，流民欲自占者一級；鰥、寡、孤、獨、篤癃、貧不能自存者粟，人五斛；貞婦帛，人三匹。坐法當徙，勿徙；亡徒當傳，勿傳。〔一〕宗室以罪絕，皆復屬籍。其與閻顯、江京等交通者，悉勿考。勉修厥職，以康我民。」

〔一〕徒因逃亡當傳捕者，放之勿捕。

辛未，皇太后閻氏崩。

辛巳，太傅馮石、太尉劉熹、司徒李郃免。〔一〕

〔一〕馮石字次初。東觀記曰：「馮、劉以阿黨權貴，李郃以人多疾疫免。」

二月甲申，葬安思皇后。

丙戌，太常桓焉爲太傅；大鴻臚朱寵爲太尉，參錄尚書事；長樂少府九江朱倀爲司徒。〔一〕賜百官隨輦宿衞及拜除者布各有差。

〔一〕朱寵字仲威，京兆杜陵人。朱倀字孫卿，壽春人也。倀音丑良反。

隴西鍾羌叛，護羌校尉馬賢討破之。

夏五月丁丑，詔幽、并、涼州刺史，使各實二千石以下至黃綬，〔一〕年老劣弱不任軍事

者，上名。嚴勑障塞，繕設屯備，立秋之後，簡習戎馬。

〔一〕實謂驗實之也。二千石，太守也。黃綬，丞、尉也。前書曰「比二百石以上，銅印黃綬」也。

六月己亥，封濟南王錯子顯爲濟南王。

秋七月庚午，衞尉來歷爲車騎將軍。

八月，鮮卑寇代郡，代郡太守李超戰歿。

九月辛亥，初令三公、尚書入奏事。

冬十月辛巳，詔減死罪以下徙邊；其亡命贖，各有差。

丁亥，司空陶敦免。

鮮卑犯邊。庚寅，遣黎陽營兵出屯中山北界。告幽州刺史，其令緣邊郡增置步兵，列屯塞下。調五營弩師，郡舉五人，令教習戰射。〔一〕

〔一〕調，選也。五營，五校也，謂長水、步兵、射聲、(胡)〔屯〕騎、(車)〔越〕騎等五校尉也。

壬寅，廷尉張皓爲司空。

甲辰，詔以疫癘水潦，令人半輸今年田租；傷害什四以上，勿收責；不滿者，以實除之。

十二月辛巳，賜王、主、貴人、公卿以下布各有差。

二年春正月戊申，樂安王鴻來朝。

丁卯，常山王章薨。

二月，鮮卑寇遼東、玄菟。

甲辰，詔稟貸荆、豫、兗、冀四州流宂貧人，所在安業之；疾病致醫藥。

護烏桓校尉耿曄率南單于擊鮮卑，破之。

三月，旱，遣使者錄囚徒。

疏勒國遣使奉獻。

夏六月乙酉，追尊謚皇妣李氏爲恭愍皇后，葬于恭北陵。

西域長史班勇、敦煌太守張朗討焉耆、尉犂、危須三國，破之；並遣子貢獻。

秋七月甲戌朔，日有食之。

壬午，太尉朱寵、司徒朱倀罷。庚子，太常劉光爲太尉，錄尙書事；光祿勳許敬爲司徒。〔一〕

〔一〕劉光字仲遼，卽太尉劉矩之弟。許敬字鴻卿，平輿人。

辛丑，下邳王成薨。

三年春正月丙子，京師地震，漢陽地陷裂。甲午，詔實覈傷害者，賜年七歲以上錢，人二千；一家被害，郡縣爲收斂。乙未，詔勿收漢陽今年田租、口賦。

夏四月癸卯，遣光祿大夫案行漢陽及河內、魏郡、陳留、東郡，稟貸貧人。

六月，旱。遣使者錄囚徒，理輕繫。

甲寅，濟南王顯薨。

秋七月丁酉，茂陵園寢災，帝縞素避正殿。〔一〕辛亥，使太常王龔持節告祠茂陵。

〔一〕爾雅曰「縞，皓也」，繒之精白者曰縞。

九月，鮮卑寇漁陽。

冬十二月己亥，太傅桓焉免。〔一〕

〔一〕東觀記曰：「無淸介辟召，策罷。」

是歲，車騎將軍來歷罷。

四年春正月丙寅，詔曰：「朕託王公之上，涉道日寡，政失厥中，陰陽氣隔，寇盜肆暴，庶獄彌繁，憂悴永歎，疢如疾首。詩云：『君子如祉，亂庶遄已。』〔一〕三朝之會，朔旦立春，嘉

與海內洗心自新。其赦天下。從甲寅赦令已來復秩屬籍，三年正月已來還贖。其閻顯、江京等知識婚姻禁錮，一原除之。〔二〕務崇寬和，敬順時令，遵典去苛，以稱朕意。」

〔一〕解見章紀。

〔二〕妻父曰婚，壻父曰姻。一猶皆也。

丙子，帝加元服。〔一〕賜王、主、貴人、公卿以下金帛各有差。賜男子爵及流民欲占者人一級，爲父後、三老、孝悌、力田人二級；鰥、寡、孤、獨、篤癃、〔貧〕不能自存帛，〔人〕一匹。

〔一〕冠也。

二月戊戌，詔以民入山鑿石，發洩藏氣，勑有司檢察所當禁絕，如建武、永平故事。

夏五月壬辰，詔曰：「海內頗有灾異，朝廷修政，太官減膳，珍玩不御。而桂陽太守文礱，〔一〕不惟竭忠，宣暢本朝，而遠獻大珠，以求幸媚，今封以還之。」

〔一〕音力公反。

五州雨水。秋八月庚子，遣使實覈死亡，收斂稟賜。

丁巳，太尉劉光、司空張皓免。〔一〕

〔一〕東觀記曰：「以陰陽不和，久託病，策罷。」

九月，復安定、北地、上郡歸舊土。〔一〕

〔一〕安帝永初五年徙，今復之。

癸酉，大鴻臚龐參爲太尉，錄尚書事。太常王龔爲司空。

冬十一月庚辰，司徒許敬免。〔一〕

〔一〕東觀記曰：「爲陵轢使(官)〔者〕策罷，以千石祿終身。」

鮮卑寇朔方。

十二月乙卯，宗正劉崎爲司徒。〔一〕

〔一〕崎字叔峻，華陰人也。

是歲，分會稽爲吳郡。拘彌國遣使貢獻。

五年春正月，疏勒王遣侍子，及大宛、莎車王皆奉使貢獻。

夏四月，京師旱。辛巳，詔郡國貧人被災者，勿收責今年過更。京師及郡國十二蝗。

冬十月丙辰，詔郡國中都官死罪繫囚皆減罪一等，詣北地、上郡、安定戍。

乙亥，定遠侯班始坐殺其妻陰城公主，腰斬，〔一〕同產皆弃市。

〔一〕始，班超孫也，尚順帝姑陰城公主。東觀記曰：「陰城公主名賢得。」

六年春二月庚午，河閒王開薨。

三月辛亥，復伊吾屯田，〔一〕復置伊吾司馬一人。

〔一〕章帝建初二年罷也。

秋九月辛巳，繕起太學。

護烏桓校尉耿曄遣兵擊鮮卑，破之。

丁酉，于闐王遣侍子貢獻。

冬十一月辛亥，詔曰：「連年灾潦，冀部尤甚。比蠲除實傷，贍恤窮匱，而百姓猶有弃業，流亡不絕。疑郡縣用心怠惰，恩澤不宣。易美『損上益下』，書稱『安民則惠』。〔一〕其令冀部勿收今年田租、芻稾。」

〔一〕易益卦曰：「損上益下，人悅無疆。」惠，愛也。尚書曰：「安人則惠，黎人懷之。」

十二月，日南徼外葉調國、撣國遣使貢獻。〔一〕

〔一〕東觀記曰：「葉調國王遣使師會詣闕貢獻，以師會爲漢歸義葉調邑君，賜其君紫綬，及撣國王雍（田）〔由〕亦賜金印紫綬。」撣音擅。

壬申，客星出牽牛。

于闐王遣侍子詣闕貢獻。

陽嘉元年春正月乙巳，立皇后梁氏。賜爵，人二級，三老、孝悌、力田三級，爵過公乘，得移與子若同產、同產子，民無名數及流民欲占著者人一級；鰥、寡、孤、獨、篤癃、貧不能自存者粟，人五斛。

二月，海賊曾旌等寇會稽，殺句章、鄞、鄮三縣長，〔一〕攻會稽東部都尉。詔緣海縣各屯兵戍。

〔一〕三縣皆屬會稽郡。鄮縣今越州縣也。句章故城在今鄮縣西。鄞故城在鄮縣東南。鄞音銀。鄮音茂。

丁巳，皇后謁高廟、光武廟，詔稟甘陵貧人，大小口各有差。

京師旱。庚申，敕郡國二千石各禱名山岳瀆，遣大夫、謁者詣嵩高、首陽山，并祠河、洛，請雨。〔一〕戊辰，雩。

〔一〕首陽山在洛陽東北也。

以冀部比年水潦，民食不贍，詔案行稟貸，勸農功，賑乏絕。

甲戌，詔曰：「政失厥和，陰陽隔并，冬鮮宿雪，春無澍雨。分禱祈請，靡神不禜。〔一〕深恐在所慢違『如在』之義，〔二〕今遣侍中王輔等，持節分詣岱山、東海、滎陽、河、洛，盡心祈焉。」〔三〕

〔一〕說文曰：「禜，設緜蕝爲營，以祈水旱。」禜音詠。詩曰：「靡神不舉。」

〔二〕論語曰：「祭神如神在。」

〔三〕濟水，四瀆之一，至河南溢爲滎澤，故於滎陽祠焉。

三月，楊州六郡妖賊章河等寇四十九縣，殺傷長吏。

庚寅，帝臨辟雍饗射，大赦天下，改元陽嘉。詔宗室絕屬籍者，一切復籍；稟冀州尤貧民，勿收今年更、租、口賦。

夏五月戊寅，阜陵王恢薨。

秋七月，史官始作候風地動銅儀。〔一〕

〔一〕時張衡爲太史令，作之。

丙辰，以太學新成，試明經下第者補弟子，增甲、乙科員各十人。〔一〕除郡國耆儒九十人補郎、舍人。

〔一〕前書音義曰：「甲科謂作簡策難問，列置案上，(在)〔任〕試者意投射取而荅之，謂之射策。上者爲甲，次(者)爲乙。若錄政化得失，顯而問之，謂之對策也。」

九月，詔郡國中都官繫囚皆減死一等，亡命者贖，各有差。

鮮卑寇遼東。

冬十一月甲申，望都、蒲陰狼殺女子九十七人，〔一〕詔賜狼所殺者錢，人三千。

〔一〕望都，縣名，屬中山國，今定州縣也。章帝改曲逆爲蒲陰，亦屬中山，與望都相近，故城在今定州北。東觀記亦作「蒲」，本多作「滿」（滿）字者，誤也。東觀又云：「爲不祠北岳所致。詔曰『政失厥中，狼灾爲應，至乃殘食孤幼。博訪其故，山岳尊靈，國所望秩，而比不奉祠，淫刑放濫，害加孕婦』也。」

辛卯，初令郡國舉孝廉，限年四十以上，諸生通章句，文吏能牋奏，乃得應選；其有茂才異行，若顏淵、子奇，不拘年齒。〔一〕

〔一〕史記曰：「顏回，魯人，好學，年二十九髮盡白，早死。」新序曰：「子奇年十八，齊君使之化阿。至阿，鑄其庫兵以爲耕器，出倉廩以賑貧窮，阿縣大化。」

十二月丁未，東平王敞薨。

庚戌，復置玄菟郡屯田六（郡）〔部〕。

閏月丁亥，令諸以詔除爲郎，年四十以上課試如孝廉科者，得參廉選，歲舉一人。

戊子，客星出天苑。

辛卯，詔曰：「閒者以來，吏政不勤，故灾咎屢臻，盜賊多有。退省所由，皆以選舉不實，官非其人，是以天心未得，人情多怨。書歌股肱，詩刺三事。〔二〕今刺史、二千石之選，歸任三司。〔三〕其簡序先後，精覈高下，歲月之次，文武之宜，務存厥衷。」

〔一〕尚書益稷篇帝作歌曰：「元首明哉！股肱良哉！」詩小雅曰「三事大夫，莫肯夙夜。邦君諸侯，莫肯朝夕」也。

〔二〕三司，三公也，即太尉、司空、司徒也。歸猶委任也。

庚子，恭陵百丈廡灾。〔一〕

〔一〕恭陵，安帝陵也。廡，廊屋也。說文曰「堂下周屋曰廡」也。

是歲，起西苑，修飾宮殿。

二年春二月甲申，詔以吳郡、會稽飢荒，貸人種糧。

三月，使匈奴中郎將王稠率左骨都侯等擊鮮卑，破之。

辛酉，除京師耆儒年六十以上四十八人補郎、舍人及諸王國郎。

夏四月，復置隴西南部都尉官。〔一〕

〔一〕武帝元朔四年，初置南部都尉於隴西臨洮縣，中興以來廢，至此復置之也。

己亥，京師地震。五月庚子，詔曰：「朕以不德，統奉鴻業，無以奉順乾坤，協序陰陽，灾眚屢見，咎徵仍臻。地動之異，發自京師，矜矜祗畏，不知所裁。羣公卿士將何以匡輔不逮，奉荅戒異？異不空設，必有所應，其各悉心直言厥咎，靡有所諱。」

戊午，司空王龔免。六月辛未，太常魯國孔扶爲司空。〔一〕

〔一〕扶字仲淵。

疏勒國獻師子、封牛。〔一〕

〔一〕東觀記曰：「疏勒王盤遣使文時詣闕。」師子似虎，正黃，有頿耏，尾端茸毛大如斗。封牛，其領上肉隆起若封然，因以名之，即今之峯牛。

丁丑，洛陽地陷。是月，旱。

秋七月己未，太尉龐參免。八月己巳，大鴻臚沛國施延爲太尉。〔一〕

〔一〕延字君子，蘄縣人也。

鮮卑寇代郡。

冬十月庚午，行禮辟雍，奏應鍾，始復黃鍾，作樂器隨月律。〔一〕

〔一〕子爲黃鍾，律長九寸，聲有輕重長短，度量皆出黃鍾。隨月律謂月令「正月律中太蔟，二月律中夾鍾，三月律中姑洗，四月律中仲呂，五月律中蕤賓，六月律中林鍾，七月律中夷則，八月律中南呂，九月律中無射，十月律中應鍾，十一月律中黃鍾，十二月律中大呂」。東觀記曰：「元和以來，音戾不調，修復如舊典。」蔟音湊。

三年春二月己丑，詔以久旱，京師諸獄無輕重皆且勿考竟，須得澍雨。

三月庚戌，益州盜賊劫質令長，殺列侯。

夏四月丙寅，車師後部司馬率後部王加特奴等掩擊匈奴，大破之，獲其季母。

五月戊戌，制詔曰：「昔我太宗，丕顯之德，假于上下，儉以恤民，政致康乂。朕秉事不明，政失厥道，天地譴怒，大變仍見。春夏連旱，寇賊彌繁，元元被害，朕甚愍之。嘉與海內洗心更始。其大赦天下，自殊死以下謀反大逆諸犯不當得赦者，皆赦除之。賜民年八十以上米，〔人〕一斛，肉二十斤，酒五斗；九十以上加賜帛，人二匹，絮三斤。」

秋七月庚戌，鍾羌寇隴西、漢陽。冬十月，護羌校尉馬續擊破之。

十一月壬寅，司徒劉崎、司空孔扶免。乙巳，大司農南郡黃尙爲司徒，光祿勳河東王卓爲司空。〔一〕

〔一〕黃尙字伯，河南郡邔人也。王卓字仲遼，河東解人也。邔音求紀反。

丙午，武都塞上屯羌及外羌攻破屯官，驅略人畜。

四年春二月丙子，初聽中官得以養子爲後，世襲封爵。

自去冬旱，至于是月。

謁者馬賢擊鍾羌，大破之。

夏四月甲子，太尉施延免。〔一〕戊寅，執金吾梁商爲大將軍，前太尉龐參爲太尉。

〔一〕東觀記曰「以選舉貪汚策罷」也。

六月己未，梁王匡薨。秋七月己亥，濟北王登薨。

閏月丁亥朔，日有食之。

冬十月，烏桓寇雲中。十一月，圍度遼將軍耿曄於蘭池，〔一〕發諸郡兵救之，烏桓退走。

〔一〕續漢志曰：「雲中郡沙南縣有蘭池城。」

十二月甲寅，京師地震。

永和元年春正月，夫餘王來朝。

乙卯，詔曰：「朕秉政不明，灾眚屢臻。典籍所忌，震食爲重。今日變方遠，地搖京師，〔一〕咎徵不虛，必有所應。羣公百僚其各上封事，指陳得失，靡有所諱。」

〔一〕東觀記曰：「陽嘉四年詔曰『朕以不德，謫見于天，零陵言日食，京師不覺』。」故此言日變方遠。

己巳，宗祀明堂，登靈臺，改元永和，大赦天下。

秋七月，偃師蝗。

冬十月丁亥，承福殿火，帝避御雲臺。

十一月丙子，太尉龐參罷。

十二月，象林蠻夷叛。

乙巳，以前司空王龔爲太尉。

二年春正月，武陵蠻叛，圍充縣，又寇夷道。〔一〕

〔一〕充縣屬武陵郡，故城在澧州崇義縣東北。充音衝。夷道屬南郡也。

二月，廣漢屬國都尉擊破白馬羌。

武陵太守李進擊叛蠻，破之。

三月辛亥，北海王翼薨。

乙卯，司空王卓薨。丁丑，光祿勳馮翊郭虔爲司空。〔一〕

〔一〕虔字君賢，池陽人。

夏四月丙申，京師地震。

五月，日南叛蠻攻郡府。

秋七月，九眞、交阯二郡兵反。

八月庚子，熒惑犯南斗。〔一〕

〔一〕熒惑，火星也。南斗，北方之宿也。前書音義曰：「犯謂七寸內光芒相及。」

江夏盜賊殺邾長。〔一〕

〔一〕邾，縣，屬江夏郡，故城在今復州竟陵縣東。邾音朱。

冬十月甲申，行幸長安，所過鰥、寡、孤、獨、貧不能自存者賜粟，人五斛。庚子，幸未央宮，會三輔郡守、都尉及官屬，勞賜作樂。十一月丙午，祠高廟。丁未，遂有事十一陵。丁卯，京師地震。十二月乙亥，至自長安。

三年春二月乙亥，京師及金城、隴西地震，二郡山岸崩，地陷。戊子，太白犯熒惑。

夏四月，九江賊蔡伯流寇郡界，及廣陵，殺江都長。

戊戌，遣光祿大夫案行金城、隴西，賜壓死者年七歲以上錢，人二千；一家皆被害，爲收斂之。除今年田租，尤甚者勿收口賦。

閏月，蔡伯流等率衆詣徐州刺史應志降。〔一〕

〔一〕續漢書曰：「志字仲節，汝南南頓人也。曾祖父順。」

己酉，京師地震。

五月，吳郡丞羊珍反，攻郡府，太守王衡破斬之。

六月辛丑，琅邪王遵薨。

九眞太守祝良、交阯刺史張喬慰誘日南叛蠻，降之，嶺外平。〔一〕

〔一〕續漢書曰：「祝良字邵卿，長沙臨湘人。」

秋七月丙戌，濟北王多薨。

八月己未，司徒黃尙免。九月己酉，光祿勳長沙劉壽爲司徒。〔一〕

〔一〕壽字伯長，臨湘人也。

丙戌，令大將軍、三公各舉故刺史、二千石及見令、長、郎、謁者、四府掾屬剛毅武猛有謀謨任將帥者各二人，特進、卿、校尉各一人。

冬十月，燒當羌寇金城，護羌校尉馬賢擊破之，羌遂相招而叛。

十二月戊戌朔，日有食之。

四年春正月庚辰，中常侍張逵、蘧政、楊定等有罪誅，〔一〕連及弘農太守張鳳、安平相楊晧，下獄死。

〔一〕事見梁商傳也。

三月乙亥，京師地震。

夏四月癸卯，護羌校尉馬賢討燒當羌，大破之。

戊午，大赦天下。　賜民爵及粟帛各有差。

五月戊辰，封故濟北惠王壽子安爲濟北王。

秋八月，太原郡旱，民庶流宂。　癸丑，遣光祿大夫案行稟貸，除更賦。

冬十月戊午，校獵上林苑，歷函谷關而還。　十一月丙寅，幸廣成苑。

五年春二月戊申，京師地震。

夏四月庚子，中山王弘薨。

南匈奴左部句龍大人吾斯、車紐等叛，圍美稷。〔一〕

〔一〕美稷，縣，屬西河郡也。

五月，度遼將軍馬續討吾斯、車紐，破之，使匈奴中郎將陳龜迫殺南單于。

己丑晦，日有食之。

且凍羌寇三輔，殺令長。〔一〕

〔一〕且音子余反。

丁丑，令死罪以下及亡命贖，各有差。

九月，令扶風、漢陽築隴道塢三百所，置屯兵。

辛未，太尉王龔罷。

且凍羌寇武都，燒隴關。〔一〕

〔一〕隴山之關也，今名大震關，在今隴州汧源縣西也。

壬午，太常桓焉爲太尉。

丁亥，徙西河郡居離石，〔一〕上郡居夏陽，朔方居五原。

〔一〕離石，縣名，在郡南五百九里。西河本都平定縣，至此徙於離石。

句龍吾斯等東引烏桓，西收羌胡，寇上郡，立車紐爲單于。冬十一月辛巳，遣使匈奴中郎將張耽擊破之，車紐降。

六年春正月丙子，征西將軍馬賢與且凍羌戰于射姑山，賢軍敗沒，安定太守郭璜下獄死。

詔貸王、侯國租一歲。

閏月，鞏唐羌寇隴西，遂及三輔。

二月丁巳，有星孛于營室。

三月，武（都）〔威〕太守趙沖討鞏唐羌，破之。

庚子，司空郭虔免。

〔丁〕〔乙〕巳，河閒王政薨。

丙午，太僕趙戒爲司空。〔一〕

〔一〕戒字志伯，蜀郡成都人也。

夏五月庚子，齊王無忌薨。

使匈奴中郎將張耽大破烏桓、羌胡於天山。〔二〕

〔二〕東觀記曰：「耽將吏兵，繩索相懸，上通天山。」

犛唐羌寇北地。

秋七月甲午，詔假民有貲者戶錢一千。

八月丙辰，大將軍梁商薨；壬戌，河南尹梁冀爲大將軍。

九月，諸種羌寇武威。

辛亥晦，日有食之。

冬十月癸丑，徙安定居扶風，北地居馮翊。

十一月庚子，以執金吾張喬行車騎將軍事，將兵屯三輔。

漢安元年春正月癸巳，宗祀明堂，大赦天下，改元漢安。

二月丙辰，詔大將軍、公、卿舉賢良方正 能探賾索隱者各一人。〔一〕

〔一〕賾，幽深也。索，求也。

秋七月，始置承華廐。〔一〕

〔一〕東觀記曰：「時以遠近獻馬衆多，園廐充滿，始置承華廐令，秩六百石。」

八月，南匈奴左部大人句龍吾斯與薁鞬臺耆等反叛。〔一〕

〔一〕薁音於六反。鞬音居言反。

丁卯，遣侍中杜喬、光祿大夫周舉、守光祿大夫郭遵、馮羨、欒巴、張綱、周栩、劉班等八人分行州郡，班宣風化，舉實臧否。

九月庚寅，廣陵盜賊張嬰等寇郡縣。

冬十月辛未，太尉桓焉、司徒劉壽免。甲戌，行車騎將軍張喬罷。十一月壬午，司隸校尉趙峻爲太尉，大司農胡廣爲司徒。〔一〕

〔一〕峻字伯師，下邳徐人也。

癸卯，詔大將軍、三公選武猛試用有效驗任爲將校者各一人。

是歲，廣陵賊張嬰等詣太守張綱降。

二年春二月丙辰，鄯善國遣使貢獻。

夏四月庚戌，護羌校尉趙沖與漢陽太守張貢擊燒（當）〔何〕羌於參䜌，破之。〔一〕

〔一〕參䜌，縣，屬安定郡。䜌音力全反。

六月乙丑，熒惑犯鎮星。

丙寅，立南匈奴守義王兜樓儲爲南單于。

冬十月辛丑，令郡國中都官繫囚殊死以下出縑贖，各有差；其不能入贖者，遣詣臨羌縣居作二歲。

甲辰，減百官奉。丙午，禁沽酒，又貸王、侯國租一歲。

閏月，趙沖擊燒當羌於（河）〔阿〕陽，破之。〔一〕

〔一〕阿陽，縣，屬（天水）〔漢陽〕郡，故城在今秦州隴城縣西北。

十一月，使匈奴中郎將馬寔遣人刺殺句龍吾斯。

十二月，楊、徐盜賊攻燒城寺，殺略吏民。

是歲，涼州地百八十震。

建康元年春正月辛丑，詔曰：「隴西、漢陽、張掖、北地、武威、武都，自去年九月已來，地百八十震，山谷坼裂，壞敗城寺，殺害民庶。夷狄叛逆，賦役重數，內外怨曠，惟咎歎息。其遣光祿大夫案行，宣暢恩澤，惠此下民，勿爲煩擾。」

三月庚子，沛王廣薨。

領護羌校尉衞琚追討叛羌，破之。〔一〕

〔一〕琚音居。

南郡、江夏盜賊寇掠城邑，州郡討平之。

夏四月，使匈奴中郎將馬寔擊南匈奴左部，破之，於是胡羌、烏桓悉詣寔降。

辛巳，立皇子炳爲皇太子，改年建康，大赦天下。賜人爵各有差。

秋七月丙午，清河王延平薨。

八月，楊、徐盜賊范容、周生等寇掠城邑，遣御史中丞馮赦督州郡兵討之。

庚午，帝崩于玉堂前殿，時年三十。遺詔無起寢廟，斂以故服，珠玉玩好皆不得下。

論曰：古之人君，離幽放而反國祚者有矣，莫不矯鑒前違，審識情僞，無忘在外之憂，〔一〕故能中興其業。觀夫順朝之政，殆不然乎？何其傚僻之多與？〔二〕

〔二〕離，遭也。矯，正也。左傳曰：「晉侯在外十九年矣，險阻艱難備嘗之矣，人之情僞盡知之矣。」

〔三〕殆，近也。言順帝傚前之僻，不能改正也。

孝沖皇帝諱炳，〔一〕順帝之子也。母曰虞貴人。

〔一〕謚法曰：「幼少在位曰沖。」司馬彪曰：「沖幼早夭，故謚曰沖。」伏侯古今注曰：「炳之字曰明。」

建康元年立爲皇太子，其年八月庚午，卽皇帝位，年二歲。尊皇后曰皇太后。太后臨朝。

丁丑，以太尉趙峻爲太傅；大司農李固爲太尉，參錄尚書事。

九月丙午，葬孝順皇帝于憲陵，〔一〕廟曰敬宗。

〔一〕在洛陽西十五里，陵高八丈四尺，周三百步。

是日，京師及太原、鴈門地震，三郡水涌土裂。

庚戌，詔三公、特進、侯、卿、校尉，舉賢良方正幽逸修道之士各一人，百僚皆上封事。

己未，九江太守丘騰有罪，下獄死。〔一〕

〔一〕東觀記曰「騰知罪法深大，懷挾姦巧，稽留道路，下獄死」也。

楊州刺史尹耀、九江太守鄧顯討賊范容等於歷陽，軍敗，耀、顯爲賊所殁。

冬十月，日南蠻夷攻燒城邑，交阯刺史夏方招誘降之。

壬申，常山王儀薨。

己卯，零陵太守劉康坐殺無辜，下獄死。

十一月，九江盜賊徐鳳、馬勉等稱「無上將軍」，攻燒城邑。

己酉，令郡國中都官繫囚減死一等，徙邊；謀反大逆，不用此令。

十二月，九江賊黃虎等攻合肥。

是歲，羣盜發憲陵。護羌校尉趙沖追擊叛羌於鸇陰河，戰歿。〔一〕

〔一〕涼州姑臧縣東南有鸇陰縣故城，因水以爲名。

永（嘉）〔憙〕元年春正月戊戌，帝崩于玉堂前殿，年三歲。清河王蒜徵至京師。

孝質皇帝諱纘，〔一〕肅宗玄孫。曾祖父千乘貞王伉，祖父樂安夷王寵，父勃海孝王鴻，母陳夫人。沖帝不豫，大將軍梁冀徵帝到洛陽都亭。及沖帝崩，皇太后與冀定策禁中，丙辰，使冀持節，以王青蓋車迎帝入南宮。丁巳，封爲建平侯，其日卽皇帝位，年八歲。

〔一〕謚法：「忠正無邪曰質。」古今注曰：「纘之字曰繼。」

己未，葬孝沖皇帝于懷陵。〔一〕

〔一〕在洛陽西北十五里。伏侯古今注曰：「高四丈六尺，周百八十三步。」

廣陵賊張嬰等復反，攻殺堂邑、江都長。〔一〕九江賊徐鳳等攻殺曲陽、東城長。〔二〕

〔一〕堂邑，縣，屬廣陵郡，今揚州六合縣也。

〔二〕曲陽，縣，屬九江郡，在淮曲之陽，故城在今豪州定遠縣西北。東城，縣，故城在定遠縣東南也。

甲申，謁高廟。乙酉，謁光武廟。

二月，豫章太守虞續坐贓，下獄死。

乙酉，大赦天下。賜人爵及粟帛各有差。還王侯所削戶邑。

彭城王道薨。

叛羌詣左馮翊梁並降。

三月，九江賊馬勉稱「黃帝」。九江都尉滕撫討馬勉、范容、周生，大破斬之。〔一〕

〔一〕東觀記曰：「傳勉頭及所帶玉印、鹿皮冠、黃衣詣洛陽，詔縣夏城門外，章示百姓。」

夏四月壬申，雩。

庚辰，濟北王安薨。

丹陽賊陸宮等圍城，燒亭寺，丹陽太守江漢擊破之。

五月甲午，詔曰：「朕以不德，託母天下，布政不明，每失厥中。自春涉夏，大旱炎赫，憂心京京，〔一〕故得禱祈明祀，冀蒙潤澤。前雖得雨，而宿麥頗傷；比日陰雲，還復開霽。寤寐永歎，重懷慘結。〔二〕將二千石、令長不崇寬和，暴刻之爲乎？其令中都官繫囚罪非殊死考未竟者，一切任出，以須立秋。〔三〕郡國有名山大澤能興雲雨者，二千石長吏各絜齊請禱，謁誠盡禮。又兵役連年，死亡流離，或支骸不斂，或停棺莫收，朕甚愍焉。昔文王葬枯骨，人賴其德。〔四〕今遣使者案行，若無家屬及貧無資者，隨宜賜卹，以慰孤魂。」

〔一〕爾雅曰：「京京，憂也。」

〔二〕寤，覺也。寐，臥也。詩曰：「寤寐永歎，唯憂用老。」

〔三〕任，保也。

〔四〕呂氏春秋曰：「周文王使人掘地，得死人骸。文王曰：『更葬之。』吏曰：『此無主。』文王曰：『有天下者，天下之主，今我非其主邪？』遂令吏以衣棺葬之。天下聞之，曰：『文王賢矣。澤及枯骨，又況人乎！』」

是月，下邳人謝安應募擊徐鳳等，斬之。

丙辰，詔曰：「孝殤皇帝雖不永休祚，而即位踰年，君臣禮成。孝安皇帝承襲統業，而前世遂令恭陵在康陵之上，先後相踰，失其次序，非所以奉宗廟之重，垂無窮之制。昔定公追

正順祀，春秋善之。〔一〕其令恭陵次康陵，憲陵次恭陵，以序親秩，為萬世法。」

〔一〕魯閔公立二年而薨，次僖公立，僖雖是閔庶兄，然嘗為閔臣，位次當在閔下。後文公即位，乃進僖公神位居閔之上。左傳曰：「躋僖公，逆祀也。」定公八年經書「從祀先公」。從，順也。順祀謂退僖神位於閔下。穀梁曰：「從祀先公，貴正也。」

六月，鮮卑寇代郡。

秋七月庚寅，阜陵王代薨。

廬江盜賊攻尋陽，又攻盱台，〔一〕滕撫遣司馬王章擊破之。

〔一〕音吁夷，今楚州縣也。

九月庚戌，太傅趙峻薨。

冬十一月己丑，南陽太守韓昭坐臧下獄死。〔一〕

〔一〕東觀記曰：「強賦一億五千萬，檻車徵下獄。」

丙午，中郎將滕撫擊廣陵賊張嬰，破之。

丁未，中郎將趙序坐事弃市。〔一〕

〔一〕東觀記曰：「取錢縑三百七十五萬。」

歷陽賊華孟自稱「黑帝」，攻殺九江太守楊岑，滕撫率諸將擊孟等，大破斬之。

本初元年春正月丙申，詔曰：「昔堯命四子，以欽天道，〔一〕鴻範九疇，休咎有象。〔二〕夫瑞以和降，異因逆感，禁微應大，前聖所重。〔三〕頃者，州郡輕慢憲防，競逞殘暴，造設科條，陷入無罪。或以喜怒驅逐長吏，恩阿所私，罰枉仇隙，至令守闕訴訟，前後不絕。送故迎新，人離其害，怨氣傷和，以致災眚。書云：『明德慎罰。』〔四〕方春東作，育微敬始。其勑有司，罪非殊死，且勿案驗，以崇在寬。」〔五〕

〔一〕四子謂羲仲、羲叔、和仲、和叔也。尚書曰：「乃命羲、和，欽若昊天。」

〔二〕尚書曰：「天乃錫禹洪範九疇。」孔安國注云：「洪，大也。範，法也。疇，類也。言天與禹，洛出書，神龜負文而出，列於背，有數至于九，禹遂因而第之，以成九類。」其八曰庶徵，有休徵、咎徵之應。休，美也。咎，惡也。徵，驗也。人君行善政，則百穀用成，家用平康，是休徵也。政有乖失，則百穀用不成，家用不寧，是咎徵也。休之與咎，皆象人君之政，故言「休咎有象」也。「象」或作「家」。

〔三〕言君政純和則瑞氣降，若逆時令則災異感。所禁雖微，其應乃大。前聖所重，即謂唐堯欽若昊天，箕子休咎之應。

〔四〕眚，過也。「明德慎罰」，尚書康誥之言。

〔五〕言東作之時，須育養細微，敬事之始。禮記月令：「孟春之月，無殺〔孩〕蟲胎夭飛鳥，無麛無卵。慶賜遂行，無有不當。」書曰：「敬敷五教，五教在寬。」

壬子，廣陵太守王喜坐討賊逗留，下獄死。

二月庚辰，詔曰：「九江、廣陵二郡數離寇害，殘夷最甚。〔一〕生者失其資業，死者委尸原野。昔之爲政，一物不得其所，若己爲之，〔二〕況我元元，嬰此困毒。方春戒節，賑濟乏戹，掩骼埋胔之時。〔三〕其調比郡見穀，出稟窮弱，收葬枯骸，務加埋卹，以稱朕意。」

〔一〕謂比年張嬰寇廣陵，華孟寇九江也。

〔二〕尚書曰：「一夫弗獲，則曰時予之辜。」

〔三〕月令：「孟春之月，行慶施惠，下及兆人。」又曰：「掩骼埋胔。」鄭玄注曰：「爲死氣逆生氣也。」骨枯曰骼，肉腐曰胔。

夏四月庚辰，令郡國舉明經，年五十以上、七十以下詣太學。自大將軍至六百石，皆遣子受業，歲滿課試，以高第五人補郎中，次五人太子舍人。又千石、六百石、四府掾屬、三署郎、四姓小侯先能通經者，各令隨家法，〔一〕其高第者上名牒，當以次賞進。

〔一〕四府掾屬謂大將軍府掾屬二十九人，太尉府掾屬二十四人，司徒府三十一人，司空府二十九人。漢官：「左、右中郎將，皆秦官也，比二千石，三署郎皆屬焉。」三署謂五官署，左、右署也。儒生爲詩者謂之詩家，禮者謂之禮家，故言各隨家法也。四姓小侯，解見明紀也。

五月庚寅，徙樂安王爲勃海王。

海水溢。戊申，使謁者案行，收葬樂安、北海人爲水所漂沒死者，又稟給貧羸。

庚戌，太白犯熒惑。

六月丁巳，大赦天下，賜民爵及粟帛各有差。

閏月甲申，大將軍梁冀潛行鴆弒，帝崩于玉堂前殿，年九歲。

丁亥，太尉李固免。戊子，司徒胡廣爲太尉，司空趙戒爲司徒，與梁冀參錄尚書事。太僕袁湯爲司空。

贊曰：孝順初立，時髦允集。〔一〕匪砥匪革，終淪嬖習。〔二〕保阿傳土，后家世及。〔三〕沖夭未識，質弒以聰。陵折在運，天緒三終。〔四〕

〔一〕爾雅曰：「髦，俊也。」郭璞注曰：「士中之俊，猶毛中之髦。」時張晧、王龔、龐參、張衡、李郃、李固、黃瓊之儔也。

〔二〕砥，礪也。革，改也。淪，沒也。言順帝初升天位，又羣賢總集，不能因茲自礪，改革前非，而終溺於私嬖近習也。謂封孫程等十九人爲侯，又詔中官養子，聽襲封爵之類。

〔三〕保，安也。阿，倚也。言可依倚以取安，傅姆之類也。傳土謂阿母山陽君宋娥更相貨賂，求增邑土也。后家謂拜后父梁商爲大將軍，商薨，仍拜子冀爲大將軍，弟不疑爲河南尹。

〔四〕言陵遲夭折，在於時運，所以天之胤緒，頻致三終也。

校勘記

二五〇頁六行　尙書(郎)〔郭〕鎭與交鋒刃　據汲本、殿本改。

二五一頁八行　(其)令郡國守相視事未滿歲者　據刊誤删。

二五二頁一行　蓋至理之本　按：李慈銘謂「至理」本當作「至治」。

二五二頁二行　三老孝悌力田〔人〕三級　據殿本補。按：校補引錢大昭說，謂閩本「田」下有「人」字。

二五二頁六行　徒囚逃亡當傳捕者　按：「徒」原譌「徙」，逕改正。

二五二頁一二行　賜百官隨輦宿衞及拜除者布各有差　按：刊誤謂衍一「及」字。

二五三頁一〇行　郡舉五人　按：刊誤謂「舉」當作「與」。

二五三頁一一行　(胡)〔屯〕騎(車)〔越〕騎　據刊誤改。

二五四頁一三行　劉光字仲遼卽太尉劉矩之弟　集解引錢大昕說，謂劉矩傳稱叔父劉光，此注誤。按：張森楷校勘記謂疑「弟」下脫「子」字。

二五六頁六行　〔貧〕不能自存帛〔人〕一匹　據汲本、殿本補。

二五六頁九行　桂陽太守文礱　按：集解引惠棟說，謂袁宏紀作「漢陽都尉」。

二五七頁四行　爲陵轢使(官)〔者〕策罷　據刊誤改。

二五七頁一三行　陰城公主名賢得　按：集解引惠棟說，謂續志作「堅得」。

二五八頁一三行　撣國王雍(田)〔由〕　據殿本改。按：校補引錢大昭說，謂西南夷傳作「雍由調」。

二六〇頁四行　妖賊章河　按：集解引錢大昕說，謂續志作「章何」。

二六〇頁一三行　(在)〔任〕試者意投射取而苔之　據殿本改。

二六〇頁一三行　次〔者〕爲乙　據汲本、殿本補。

二六一頁一行　狠殺女子九十七人　按：集解引惠棟說，謂「女子」續志作「兒童」。

二六一頁三行　本多作滿(滿)字者誤也　據刊誤刪。

二六一頁一〇行　復置玄菟郡屯田六(郡)〔部〕　據集解引陳景雲、錢大昭說改。按：東夷傳作「六部」。

二六四頁四行　賜民年八十以上米〔人〕一斛　據汲本、殿本補。

二六四頁七行　司徒劉崎　按：袁紀「崎」作「愷」。

二六五頁八行　今日變方遠　按：刊誤謂「方遠」當作「遠方」。注同。

二六五頁一三行　冬十月丁亥承福殿火　按：校補引洪亮吉說，謂續志作「丁未」，以下「十一月丙子」推之，志爲是。

二六九頁二行　封故濟北惠王壽子安爲濟北王　按：集解引惠棟說，謂傳作「安國」。

二六九頁七行　左部句龍大人吾斯　姚範謂「大人」當在「左部」之下。按：南匈奴傳作「句龍王吾斯」。

二七〇頁一四行　武(都)〔威〕太守趙沖　集解引惠棟說，謂應奉及西羌傳皆作「武威」。胡三省云，傳云詔

沖督河西四郡兵，爲節度，則「武威太守」爲是。武都西北接漢陽，東北接扶風，南接漢中，無緣遠督河西四郡兵也。今據改。

二七一頁二行　(丁)〔乙〕巳河閒王政薨　據張森楷校勘記改。按：是年三月乙酉朔，以下云「丙午」推之，當作「乙巳」。

二七一頁八行　翟唐羌寇北地　按：集解引惠棟說，謂考異云西羌傳作「罕種羌」。

二七三頁二行　擊燒(當)〔何〕羌　按：集解引通鑑胡注，謂「當」當作「何」，燒當、燒何，羌兩種也。今據改。

二七三頁九行　趙沖擊燒當羌於(河)〔阿〕陽　據汲本改。按：錢大昭謂前志天水郡、續志漢陽郡均止有阿陽，作「河陽」者誤。

二七三頁一〇行　阿陽縣屬(天水)〔漢陽〕郡　據集解本改。按：校補引錢大昭說，謂明帝永平十七年已改天水爲漢陽，不應注仍稱「天水」。又按：西羌傳作「阿陽」，注亦作「漢陽郡」。

二七四頁一〇行　秋七月丙午　按：「七」原譌「十」，逕改正。

二七四頁一一行　遣御史中丞馮赦督州郡兵討之　按：集解引惠棟說，謂據滕撫傳，「馮赦」當作「馮緄」。袁宏紀作「馮放」，亦誤。

二七六頁九行　永(嘉)〔熹〕元年　據集解引錢大昕說及惠棟說改。按：史繩祖學齋佔畢記邛州蒲江縣

發地得石刻，有「永熹元年」字様，故知「永嘉」爲「永熹」之誤。又左雄傳有「迄于永熹，察選清平」之文，錢大昭後漢書辨疑謂「熹」卽「憙」之譌。

二七七頁二行 九江賊馬勉稱黄帝 按：袁紀「九江」作「揚州」。汲本、殿本「黄帝」作「皇帝」，袁紀同。

二七八頁三行 故得禱祈明祀 按：刊誤謂「得」當作「復」。

二八〇頁一三行 無殺〔孩〕蟲 據今本禮記月令補。

二八一頁三行 務加埋卹 按：「埋」原譌「理」，逕據汲本、殿本改正。

後漢書卷七

孝桓帝紀第七

孝桓皇帝諱志，〔一〕肅宗曾孫也。祖父河閒孝王開，父蠡吾侯翼，〔二〕母匽氏。〔三〕翼卒，帝襲爵爲侯。

〔一〕謚法曰：「克敵服遠曰桓。」志之字曰意。

〔二〕順帝時，開上書，願分蠡吾縣以封翼，帝許之。蠡吾故城在今瀛州博野縣西。蠡音禮。

〔三〕諱明，本蠡吾侯之媵妾。史記曰，匽姓，咎繇之後也。匽音偃。

本初元年，梁太后徵帝到夏門亭，〔一〕將妻以女弟。〔二〕會質帝崩，太后遂與兄大將軍冀定策禁中，閏月庚寅，使冀持節，以王青蓋車〔三〕迎帝入南宮，其日卽皇帝位，時年十五。太后猶臨朝政。〔四〕

〔一〕洛陽城北面西頭門也，門外有萬壽亭。

〔二〕妻音七計反。

〔三〕續漢志曰：「皇太子、皇子皆安車，朱班輪，青蓋，金華蚤。」故曰王青蓋車也。

〔四〕東觀記曰：「太后御卻非殿。」

秋七月乙卯，葬孝質皇帝于靜陵。〔一〕

〔一〕在洛陽東南三十里，陵高五丈五尺，周百三十八步。

齊王喜薨。

辛巳，謁高廟、光武廟。

丙戌，詔曰：「孝廉、廉吏皆當典城牧民，禁姦舉善，興化之本，恆必由之。詔書連下，分明懇惻，而在所翫習，遂至怠慢，選舉乖錯，害及元元。頃雖頗繩正，猶未懲改。方今淮夷未殄，軍師屢出，〔一〕百姓疲悴，困於徵發。庶望羣吏，惠我勞民，蠲滌貪穢，以祈休祥。其令秩滿百石，十歲以上，有殊才異行，乃得參選。臧吏子孫，不得察舉。杜絕邪偽請託之原，令廉白守道者得信其操。〔二〕各明守所司，將觀厥後。」

〔一〕本初元年，廬江賊攻盱台，廣陵賊張嬰等殺江都長。盱台、江都並近淮，故言淮夷。時中郎將滕撫擊破之，其餘衆猶未殄也。

〔二〕信音申，古字通。

九月戊戌，追尊皇祖河閒孝王曰孝穆皇，夫人趙氏曰孝穆皇后，皇考蠡吾侯曰孝崇皇。

冬十月甲午，尊皇母匽氏為孝崇博園貴人。〔一〕

〔一〕博本漢蠡吾縣之地也。帝既追尊父爲孝崇皇，其陵曰博陵，置園廟焉，故曰博園，在今瀛州博野縣西。貴人位次皇后，金印紫綬。

建和元年春正月辛亥朔，日有食之。詔三公、九卿、校尉各言得失。

戊午，大赦天下。賜吏更勞一歲；男子爵，人二級，爲父後及三老、孝悌、力田人三級；鰥、寡、孤、獨、篤癃、貧不能自存者粟，人五斛；貞婦帛，人三匹。灾害所傷什四以上，勿收田租；其不滿者，以實除之。

二月，荆揚二州人多餓死，遣四府掾分行賑給。

沛國言黃龍見譙。

夏四月庚寅，京師地震。詔大將軍、公、卿、校尉舉賢良方正能直言極諫者各一人。又命列侯、將、大夫、御史、謁者、千石、六百石、〔一〕博士、議郎、郎官各上封事，指陳得失。〔二〕又詔大將軍、公、卿、郡、國舉至孝篤行之士各一人。

〔一〕將謂五官、左、右、虎賁、羽林中郎將也。大夫謂光祿大夫、太中大夫、中散大夫、諫議大夫。

〔二〕博士掌通古今，比六百石。議郎比六百石。郎官謂三中郎將下之屬官也。有中郎、侍郎、郎中。

壬辰，詔州郡不得迫脅驅逐長吏。長吏臧滿三十萬而不糾舉者，刺史、二千石以縱避

爲罪。若有擅相假印綬者，與殺人同弃市論。

丙午，詔郡國繫囚減死罪一等，勿笞。唯謀反大逆，不用此書。又詔曰：「比起陵塋，〔一〕彌歷時歲，力役既廣，徒隸尤勤。頃雨澤不沾，密雲復散，儻或在茲。〔二〕其令徒作陵者減刑各六月。」

〔一〕作靜陵也。

〔二〕易曰：「密雲不雨，自我西郊。」

是月，立阜陵王代兄勃遒亭侯便爲阜陵王。〔一〕

〔一〕便，光武玄孫也，阜陵王恢之子，以順帝陽嘉中封爲勃遒亭侯，今改封也。遒音子由反。本傳作「便親」，紀傳不同，蓋有誤。

郡國六地裂，水涌井溢。〔一〕芝草生中黃藏府。〔二〕

〔一〕續漢志曰：「水溢壞城寺室屋，殺人。時梁太后攝政，兄冀枉殺李固、杜喬。」

〔二〕漢官儀曰「中黃藏府掌中幣帛金銀諸貨物」也。

六月，太尉胡廣罷，大司農杜喬爲太尉。

秋七月，勃海王鴻薨，〔一〕立帝弟蠡吾侯悝爲勃海王。

〔一〕章帝曾孫也，樂安夷王寵之子，質帝之父也。梁太后改封勃海。

〔八月〕乙未，立皇后梁氏。

九月丁卯，京師地震。

太尉杜喬免。冬十月，司徒趙戒爲太尉，〔一〕司空袁湯爲司徒，前太尉胡廣爲司空。

〔一〕戒字志伯，蜀郡人也。

十一月，濟陰言有五色大鳥見于己氏。〔一〕

〔一〕續漢志曰：「時以爲鳳皇。政既衰缺，梁冀專權，皆羽孽也。」己氏，縣名，屬濟陰郡，故城在今宋州楚丘縣也，古戎州己氏之邑也。

戊午，減天下死罪一等，戍邊。

清河劉文反，殺國相射暠，欲立清河王蒜爲天子；事覺伏誅。蒜坐貶爲尉氏侯，徙桂陽，自殺。〔一〕

〔一〕尉氏，縣，屬陳留郡，今汴州縣也。

前太尉李固、杜喬皆下獄死。〔一〕

〔一〕續漢志曰：「順帝之末，京都童謠曰：『直如弦，死道邊；曲如鉤，反封侯。』曲如鉤謂梁冀、胡廣等。直如弦謂李固等。」

陳留盜賊李堅自稱皇帝，伏誅。〔一〕

〔一〕東觀記曰江舍及李堅等。

二年春正月甲子，皇帝加元服。庚午，大赦天下。賜河閒、勃海二王黃金各百斤，〔一〕彭城諸國王各五十斤；〔二〕公主、大將軍、三公、特進、侯、中二千石、二千石、將、大夫、郎吏、從官、四姓及梁鄧小侯、諸夫人以下帛，各有差。年八十以上賜米、酒、肉，九十以上加帛二匹，綿三斤。

〔一〕河閒王建，勃海王悝。

〔二〕彭城王定。

三月戊辰，帝從皇太后幸大將軍梁冀府。

白馬羌寇廣漢屬國，殺長吏，益州刺史率板楯蠻討破之。〔一〕

〔一〕板楯，西南蠻之號。

夏四月丙子，封帝弟（顧）〔碩〕爲平原王，奉孝崇皇祀。尊孝崇皇夫人馬氏爲孝崇園貴人。

嘉禾生大司農帑藏。〔一〕五月癸丑，北宮掖廷中德陽殿及左掖門火，車駕移幸南宮。

〔一〕說文曰：「帑者，金布所藏之府也。」帑，佗朗反。

六月，改清河爲甘陵，立安平王得子經侯理爲甘陵王。〔一〕

〔一〕安平，今定州縣也。經，今貝州經城縣。

秋七月，京師大水。河東言木連理。

冬十月，長平陳景自號「黃帝子」，署置官屬，又南頓管伯亦稱「眞人」，並圖舉兵，悉伏誅。

三年春三月甲申，彭城王定薨。

夏四月丁卯晦，日有食之。〔一〕五月乙亥，詔曰：「蓋聞天生蒸民，不能相理，爲之立君，使司牧之。君道得於下，則休祥著乎上；庶事失其序，則咎徵見乎象。〔二〕間者，日食毀缺，陽光晦暗，朕祗懼潛思，匪遑啓處。〔三〕傳不云乎：『日食修德，月食修刑。』〔四〕昔孝章帝愍前世禁徙，故建初之元，並蒙恩澤，流徙者使還故郡，沒入者免爲庶民。先皇德政，可不務乎！其自永建元年迄乎今歲，凡諸妖惡，支親從坐，及吏民減死徙邊者，悉歸本郡；唯沒入者不從此令。」

〔一〕續漢志曰：「在東井二十三度。東井主法，梁太后枉殺公卿，犯天法也。」

〔二〕已上略成帝詔詞。

〔三〕遑，暇也。啓，跪也。詩小雅曰：「王事靡盬，不遑啓處。」

〔四〕公羊傳之文也。

六月庚子，詔大將軍、三公、特進、侯，其與卿、校尉舉賢良方正能直言極諫之士各一人。

乙卯，震憲陵寢屋。秋七月庚申，廉縣雨肉。〔一〕八月乙丑，有星孛于天市。〔二〕京師大水。九月己卯，地震。庚寅，地又震。詔死罪以下及亡命者贖，各有差。郡國五山崩。

〔一〕續漢志曰：「肉似羊肺，或大如手。」五行傳云：「弃法律，逐功臣，時則有羊禍，時則有赤眚赤祥。」是時梁太后攝政，兄冀專權，枉誅李固、杜喬，天下冤之。廉縣屬北地郡也。

〔二〕前書曰：「旗星中四星，名曰天市。」

冬十月，太尉趙戒免。司徒袁湯爲太尉，大司農河內張歆爲司徒。〔一〕

〔一〕歆字敬讓。

十一月甲申，詔曰：「朕攝政失中，灾眚連仍，三光不明，陰陽錯序。監寐寤歎，疢如疾首。〔一〕今京師廝舍，死者相枕，〔二〕郡縣阡陌，處處有之，甚違周文掩胔之義。其有家屬而貧無以葬者，給直，人三千，喪主布三匹；若無親屬，可於官壖地葬之，〔三〕表識姓名，爲設祠祭。又徒在作部，疾病致醫藥，死亡厚埋藏。民有不能自振及流移者，稟穀如科。州郡檢

察，務崇恩施，以康我民。」

〔一〕監寐言雖寢而不寐也。寤，覺也。

〔二〕廝舍，賤役人之舍。

〔三〕壖，官之餘地也。前書音義曰：「壖，城郭旁地。」音奴喚、而戀二反。

和平元年春正月甲子，大赦天下，改元和平。

〔己〕〔乙〕丑，詔曰：「曩者遭家不造，先帝早世。〔一〕永惟大宗之重，深思嗣續之福，詢謀台輔，稽之兆占。既建明哲，克定統業，天人協和，萬國咸寧。元服已加，將即委付，而四方盜竊，頗有未靜，故假延臨政，以須安謐。幸賴股肱禦侮之助，殘醜消蕩，〔二〕民和年稔，普天率土，遐邇洽同。遠覽『復子明辟』之義，〔三〕近慕先姑歸授之法，〔四〕及今令辰，皇帝稱制。羣公卿士，虔恭爾位，勠力一意，勉同斷金。〔五〕『展也大成』，則所望矣。」〔六〕

〔一〕謂順帝崩也。詩周頌曰：「閔予小子，遭家不造。」鄭玄注云：「造，成也。言成王遭武王崩，家道未成。」

〔二〕謂建和二年長安陳景反，南頓管伯等謀反，並伏誅。

〔三〕尚書曰：「周公曰『朕復子明辟』。」復，還也。子謂成王也。辟，君也。謂周公攝政已久，故復還明君之政於成王；今太后亦還政於帝也。

〔四〕先姑謂安帝閻皇后也。爾雅曰「婦人謂夫之父曰舅，夫之母曰姑。在則曰君舅、君姑，殁則曰先舅、先姑」也。

〔五〕金者，剛之物也。言人能同心，則其利可以斷之也。易曰：「二人同心，其利斷金。」

〔六〕詩小雅曰：「允矣君子，展也大成。」鄭玄注云：「允，信也。展，誠也。大成謂致太平也。」言誠能致太平，是所望也。

二月，扶風妖賊裴優自稱皇帝，伏誅。〔一〕

〔一〕裴，姓；優，名也。風俗通曰：「裴，伯益之後。」

甲寅，皇太后梁氏崩。

三月，車駕徙幸北宮。

甲午，葬順烈皇后。

夏五月庚辰，尊博園匽貴人曰孝崇皇后。

秋七月，梓潼山崩。〔一〕

〔一〕梓潼，縣，屬廣漢郡，今始州縣也，有梓潼水。

冬十一月辛巳，減天下死罪一等，徙邊戍。

元嘉元年春正月，京師疾疫，使光祿大夫將醫藥案行。

癸酉，大赦天下，改元元嘉。

二月，九江、廬江大疫。

甲午，河閒王建薨。夏四月己丑，安平王得薨。〔一〕

〔一〕河閒孝王開之子，初爲樂成王，後改曰安平。

京師旱。任城、梁國飢，民相食。

司徒張歆罷，光祿勳吳雄爲司徒。

秋七月，武陵蠻叛。

冬十月，司空胡廣罷。

十一月辛巳，京師地震。

閏月庚午，任城王崇薨。太常黃瓊爲司空。

二年春正月，西域長史王敬爲于窴國所殺。〔一〕

〔一〕敬殺于窴王建，故國人殺之。

丙辰，京師地震。

夏四月甲寅，孝崇皇后匽氏崩。庚午，常山王豹薨。五月辛卯，葬孝崇皇后于博陵。

秋七月庚辰，日有食之。八月，濟陰言黃龍見句陽，〔二〕金城言黃龍見允街。〔三〕冬十月

乙亥，京師地震。

〔一〕縣名，屬濟陰郡，左傳曰「盟于句瀆之丘」是也，故城在今曹州乘氏縣北，一名穀丘。

〔二〕允街，縣名，屬金城郡，音緣皆。

十一月，司空黃瓊免。十二月，特進趙戒爲司空。

右北平太守和旻坐臧，下獄死。

永興元年春二月，張掖言白鹿見。

三月丁亥，幸鴻池。

夏五月丙申，大赦天下，改元永興。

丁酉，濟南王廣薨，無子，國除。

秋七月，郡國三十二蝗。河水溢。百姓飢窮，流冗道路，至有數十萬戶，冀州尤甚。詔在所賑給乏絕，安慰居業。

冬十月，太尉袁湯免，太常胡廣爲太尉。司徒吳雄罷，司空趙戒免；以太僕黃瓊爲司徒，光祿勳房植爲司空。

十一月丁丑，詔減天下死罪一等，徙邊戍。

是歲，武陵太守應奉招誘叛蠻，降之。

二年春正月甲午，大赦天下。

二月辛丑，初聽刺史、二千石行三年喪服。

癸卯，京師地震，詔公、卿、校尉舉賢良方正能直言極諫者各一人。詔曰：「比者星辰謬越，坤靈震動，災異之降，必不空發。勑己修政，庶望有補。其輿服制度有踰侈長飾者，皆宜損省。〔一〕郡縣務存儉約，申明舊令，如永平故事。」

〔一〕長音直亮反。

六月，彭城泗水增長逆流。〔一〕詔司隸校尉、部刺史曰：「蝗災爲害，水變仍至，五穀不登，人無宿儲。其令所傷郡國種蕪菁以助人食。」

〔一〕張衡對策曰：「水者，五行之首。逆流者，人君之恩不能下及，而教逆也。」

京師蝗。東海朐山崩。〔一〕

〔一〕朐，山名也，在今海州朐山縣南。

九月丁卯朔，日有食之。詔曰：「朝政失中，雲漢作旱，〔一〕川靈涌水，蝗螽孳蔓，殘我百穀，太陽虧光，飢饉荐臻。其不被害郡縣，當爲飢餒者儲。天下一家，趣不糜爛，則爲國寶。

〔三〕雇猶酬也。

〔四〕須，待也。

夏四月，白烏見齊國。

六月，洛水溢，壞鴻德苑。〔一〕南陽大水。

〔一〕續漢志曰：「水溢至津城門，漂流人物。時梁冀專政，疾害忠良，威權震主，後遂誅滅也。」

司空房植免，太常韓縯爲司空。〔一〕

〔一〕縯音翼善反。

詔太山、琅邪遇賊者，勿收租、賦，復更、筭三年。又詔被水死流失屍骸者，令郡縣鉤求收葬；及所唐突壓溺物故，七歲以上賜錢，人二千。壞敗廬舍，亡失穀食，尤貧者稟，人二斛。

巴郡、益州郡山崩。〔一〕

〔一〕益州，郡名也，武帝置。諸本無「郡」字者，誤也。

秋七月，初置太山、琅邪都尉官。〔一〕

〔一〕漢官儀曰：「秦郡有尉一人，典兵禁，捕盜賊，景帝更名都尉，建武〔七〕〔六〕年省，唯邊郡往往置都尉及屬國都尉。」今二郡寇賊不息，故置。

南匈奴左〔薁鞬〕臺〔耆〕、且渠伯德等叛，寇美稷，〔一〕安定屬國都尉張奐討除之。

〔一〕美稷，西河縣也。

二年春正月，初聽中官得行三年服。〔一〕

〔一〕中官，常侍以下。

二月甲申，東海王臻薨。

三月，蜀郡屬國夷叛。

秋七月，鮮卑寇雲中。太山賊公孫舉等寇青、兗、徐三州，遣中郎將段熲討，破斬之。

冬十一月，置太官右監丞官。〔一〕

〔一〕漢官儀太官右監丞，秩比六百石也。

十二月，京師地震。

三年春正月己未，大赦天下。

夏四月，九眞蠻夷叛，太守兒式討之，戰歿；遣九眞都尉魏朗擊破之。復屯據日南。

閏月庚辰晦，日有食之。

六月，初以小黃門爲守宮令，置冗從右僕射官。〔一〕

〔一〕漢官儀曰「守宮令一人，黃門冗從僕射一人，並秩六百石」也。

京師蝗。秋七月，河東地裂。

冬十一月，司徒尹頌薨。

長沙蠻叛，寇益陽。〔一〕

〔一〕縣名，屬長沙國，在益水之陽，今潭州縣也，故城在縣東。

司空韓縯爲司徒，太常北海孫朗爲司空。〔一〕

〔一〕朗字代平。

延熹元年春三月己酉，初置鴻德苑令。〔一〕

〔一〕漢官儀曰：「苑令一人，秩六百石。」

夏五月己酉，大會公卿以下，賞賜各有差。

甲戌晦，日有食之。京師蝗。

六月戊寅，大赦天下，改元延熹。

丙戌，分中山置博陵郡，以奉孝崇皇園陵。〔一〕大雩。

〔一〕博陵郡，故城在今瀛州博野縣也。後徙安平。

秋七月己巳，雲陽地裂。

甲子，太尉黃瓊免，太常胡廣爲太尉。

冬十月，校獵廣成，遂幸上林苑。

十二月，鮮卑寇邊，使匈奴中郎將張奐率南單于擊破之。

二年春二月，鮮卑寇鴈門。

己亥，阜陵王便薨。

蜀郡夷寇蠶陵，殺縣令。

三月，復斷刺史、二千石行三年喪。

夏，京師雨水。

六月，鮮卑寇遼東。

秋七月，初造顯陽苑，置丞。

丙午，皇后梁氏崩。乙丑，葬懿獻皇后于懿陵。

大將軍梁冀謀爲亂。八月丁丑，帝御前殿，詔司隸校尉張彪將兵圍冀第，收大將軍印

綬，冀與妻皆自殺。衞尉梁淑、河南尹梁胤、屯騎校尉梁讓、越騎校尉梁忠、長水校尉梁戟等，及中外宗親數十人，皆伏誅。太尉胡廣坐免。司徒韓縯、司空孫朗下獄。〔一〕

〔一〕東觀記曰：「並坐不衞宮，止長壽亭，減死一等，以爵贖之。」

壬午，立皇后鄧氏，追廢懿陵爲貴人冢。詔曰：「梁冀姦暴，濁亂王室。孝質皇帝聰敏早茂，冀心懷忌畏，私行殺毒。永樂太后親尊莫二，〔一〕冀又遏絕，禁還京師，〔二〕使朕離母子之愛，隔顧復之恩。禍害深大，罪釁日滋。賴宗廟之靈，及中常侍單超、徐璜、具瑗、左悺、〔三〕唐衡、尚書令尹勳等激憤建策，內外協同，漏刻之閒，桀逆梟夷。〔四〕斯誠社稷之祐，臣下之力，宜班慶賞，以酬忠勳。其封超等五人爲縣侯，勳等七人爲亭侯。」〔五〕於是舊故恩私，多受封爵。

〔一〕和平元年有司奏，太后所居皆以永樂爲稱，置官屬太僕、少府焉。

〔二〕謂太后常居博園，不得在洛陽。

〔三〕說文曰：「悹，憂也。」音工奐反。今作心旁官，即「悹」字也，今相傳音綰。

〔四〕梟，縣首於木也。

〔五〕五縣侯謂單超新豐侯、徐璜武原侯、具瑗東武陽侯、左悺上蔡侯、唐衡汝陽侯。七亭侯謂尹勳宜陽都鄉、霍諝鄴都亭、張敬山陽西鄉、歐陽參脩武仁亭、李瑋宜陽金門、虞放冤句呂都亭、周永下邳高遷鄉。

大司農黄瓊爲太尉，光祿大夫中山祝恬爲司徒，〔一〕大鴻臚梁國盛允爲司空。〔二〕初置祕書監官。〔三〕

〔一〕恬字伯休，盧奴人。

〔二〕允字伯代。

〔三〕漢官儀：「祕書監一人，秩六百石。」

冬十月壬申，行幸長安。乙酉，幸未央宫。甲午，祠高廟。十一月庚子，遂有事十一陵。壬寅，中常侍單超爲車騎將軍。

十二月己巳，至自長安，賜長安民粟人十斛，園陵人五斛，行所過縣三斛。

燒當等八種羌叛，寇隴右，護羌校尉段熲追擊於羅亭，破之。〔一〕

〔一〕東觀記曰追到積石山，即與羅亭相近，在今鄯州也。

天竺國來獻。

三年春正月丙申，大赦天下。

丙午，車騎將軍單超薨。

閏月，燒何羌叛，寇張掖，護羌校尉段熲追擊於積石，大破之。〔一〕

〔一〕積石山在今鄯州龍支縣南，即禹貢云「導河積石」是也。

白馬令李雲坐直諫，下獄死。

夏四月，上郡言甘露降。 五月甲戌，漢中山崩。

六月辛丑，司徒祝恬薨。 秋七月，司空盛允爲司徒，太常虞放爲司空。〔一〕

〔一〕放字子仲，陳留人也。

長沙蠻寇郡界。

九月，太山、琅邪賊勞丙等復叛，寇掠百姓，遣御史中丞趙某〔一〕持節督州郡討之。

〔一〕史闕名也。

丁亥，詔無事之官權絕奉，豐年如故。

冬十一月，日南蠻賊率衆詣郡降。

勒姐羌圍允街，〔一〕段熲擊破之。

〔一〕勒姐，羌號也。 姐音子野反。

太山賊叔孫無忌攻殺都尉侯章。 十二月，遣中郎將宗資討破之。

武陵蠻寇江陵，車騎將軍馮緄討，皆降散。 荆州刺史度尚討長沙蠻，平之。

四年春正月辛酉，南宮嘉德殿火。戊子，丙署火。〔一〕大疫。二月壬辰，武庫火。

〔一〕丙署，署名也。續漢志曰：「丙署長七人，秩四百石，黃綬，宦者爲之，主中宮別處。」

司徒盛允免，大司農种暠爲司徒。三月，省宂從右僕射官。〔一〕太尉黃瓊免。夏四月，太常劉矩爲太尉。

〔一〕永壽三年置。

甲寅，封河閒王開子博爲任城王。

五月辛酉，有星孛于心。丁卯，原陵長壽門火。己卯，京師雨雹。〔一〕六月，京兆、扶風及涼州地震。庚子，岱山及博尤來山並穨裂。〔二〕

〔一〕東觀記曰大如雞子。續漢志曰「誅殺過差，寵小人」也。

〔二〕博，今博城縣也。太山有徂來山，一名尤來。

己酉，大赦天下。

司空虞放免，前太尉黃瓊爲司空。

犍爲屬國夷寇鈔百姓，益州刺史山昱擊破之。

零吾羌與先零諸種並叛，寇三輔。

秋七月，京師雩。

減公卿以下奉，貸王侯半租。占賣關內侯、虎賁、羽林、緹騎營士、五大夫錢各有差。

九月，司空黃瓊免，大鴻臚劉寵爲司空。

冬十月，天竺國來獻。

南陽黃武與襄城惠得、昆陽樂季訞言相署，皆伏誅。

先零沈氐羌與諸種羌寇并涼二州，十一月，中郎將皇甫規擊破之。

十二月，夫餘王遣使來獻。

五年春正月，省太官右監丞。〔一〕

〔一〕永壽三年置。

壬午，南宮丙署火。

三月，沈氐羌寇張掖、酒泉。

壬午，濟北王次薨。

夏四月，長沙賊起，寇桂陽、蒼梧。〔一〕

〔一〕東觀記曰：「時攻沒蒼梧，取銅虎符，太守甘定、刺史侯輔各奔出城。」桂陽，郡，在桂水之陽，今連州縣。

驚馬逸象突入宮殿。乙丑，恭陵東闕火。〔二〕戊辰，虎賁掖門火。己巳，太學西門自

壞。五月，康陵園寢火。〔三〕

〔二〕安帝陵也。

〔三〕殤帝陵也。

長沙、零陵賊起，攻桂陽、蒼梧、南海、交阯，遣御史中丞盛脩督州郡討之，不克。

乙亥，京師地震。詔公、卿各上封事。甲申，中藏府承祿署火。秋七月己未，南宮承善闥火。〔一〕

〔一〕爾雅曰：「宮中門謂之闈。」廣雅曰：「闈謂之闥。」

烏吾羌寇漢陽、隴西、金城，諸郡兵討破之。

八月庚子，詔減虎賁、羽林住寺不任事者半奉，勿與冬衣；〔一〕其公卿以下給冬衣之半。

〔一〕東觀記曰：「以京師水旱疫病，帑藏空虛，虎賁、羽林不任事者住寺，減半奉。」據此，謂簡選疲弱不勝軍事者，留住寺也。

艾縣賊焚燒長沙郡縣，寇益陽，殺令。〔一〕又零陵蠻亦叛，寇長沙。

〔一〕東觀記曰：「時賊乘刺史車，屯據臨湘，居太守舍。賊萬人以上屯益陽，殺長吏。」艾，縣名，屬豫章郡，故城在今洪州建昌縣。

己卯，罷琅邪都尉官。〔一〕

〔一〕永壽元年置。

冬十月，武陵蠻叛，寇江陵，南郡太守李肅坐奔北弃市；辛丑，以太常馮緄爲車騎將軍，討之。假公卿以下奉。又換王侯租以助軍糧，出濯龍中藏錢還之。十一月，馮緄大破叛蠻於武陵。

京兆虎牙都尉宗謙坐臧，下獄死。〔一〕

〔一〕京兆虎牙都尉屯長安，見西羌傳。

滇那羌寇武威、張掖、酒泉。

太尉劉矩免，太常楊秉爲太尉。

六年春二月戊午，司徒种暠薨。

三月戊戌，大赦天下。

衞尉潁川許栩爲司徒。〔一〕

〔一〕栩字季闕，鄢人。

夏四月辛亥，康陵東署火。

五月，鮮卑寇遼東屬國。

秋七月甲申，平陵園寢火。〔一〕

〔一〕平陵，昭帝陵也。

桂陽盜賊李研等寇郡界。

武陵蠻復叛，太守陳奉與戰，大破降之。

隴西太守孫羌討滇那羌，破之。

八月，車騎將軍馮緄免。

冬十月丙辰，校獵廣成，遂幸函谷關、上林苑。

十一月，司空劉寵免。

南海賊寇郡界。

十二月，衞尉周景爲司空。

七年春正月庚寅，沛王榮薨。

三月癸亥，隕石于鄠。

夏四月丙寅，梁王成薨。

五月己丑，京師雨雹。

秋七月辛卯，趙王乾薨。

野王山上有死龍。

荆州刺史度尚擊零陵、桂陽盜賊及蠻夷，大破平之。

冬十月壬寅，南巡狩。庚申，幸章陵，祠舊宅，遂有事于園廟，賜守令以下各有差。戊辰，幸雲夢，臨漢水；還，幸新野，祠湖陽、新野公主、魯哀王、壽張敬侯廟。〔一〕

〔一〕光武姊湖陽長公主、新野長公主，兄魯哀王，舅壽張敬侯樊重，並光武時立廟。

護羌校尉段熲擊當煎羌，破之。

十二月辛丑，車駕還宮。

八年春正月，遣中常侍左悺之苦縣，祠老子。〔一〕

〔一〕史記曰：「老子者，楚苦縣厲鄉曲仁里人也。名耳，字聃，姓李氏。爲周守藏（吏）〔史〕。」有神廟，故就祠之。苦縣屬陳國，故城在今亳州谷陽縣也。苦音戶，又如字。

勃海王悝謀反，降爲（癭）〔廮〕陶王。〔一〕

〔一〕（癭）〔廮〕陶，縣，屬鉅鹿郡，故城在今趙州（癭）〔廮〕陶縣西南。

丙申晦，日有食之。詔公、卿、校尉舉賢良方正。

〔二月〕己酉，南宮嘉德署黃龍見。千秋萬歲殿火。

太僕左稱有辠自殺。

癸亥，皇后鄧氏廢。河南尹鄧萬世、〔一〕虎賁中郎將鄧會下獄死。〔二〕

〔一〕鄧后之叔父。

〔二〕鄧后之兄子。

護羌校尉段熲擊罕姐羌，破之。

三月辛巳，大赦天下。

夏四月甲寅，安陵園寢火。〔一〕

〔一〕惠帝陵也。

丁巳，壞郡國諸房祀。〔一〕

〔一〕房謂祠堂也。王渙傳曰：「時唯密縣存故太傅卓茂廟，洛陽留令王渙祠。」

濟陰、東郡、濟北河水清。

五月壬申，罷太山都尉官。〔一〕丙戌，太尉楊秉薨。

〔一〕永壽元年置。

〔六月〕丙辰，緱氏地裂。

桂陽胡蘭、朱蓋等復反，攻沒郡縣，轉寇零陵，零陵太守陳球拒之；遣中郎將度尚、長沙太守抗徐等擊蘭、蓋，大破斬之。〔一〕蒼梧太守張敍爲賊所執，又桂陽太守任胤背敵畏懦，皆弃市。

〔一〕謝承書曰：「抗徐字伯徐，丹陽人。少爲郡佐史，有膽智策略，三府表徐有將率之任，特遷長沙太守。」風俗通曰：「衞大夫三抗之後，漢有抗喜，爲漢中太守。」

閏月甲午，南宮長秋和歡殿後鉤楯、掖庭、朔平署火。〔一〕

〔一〕長秋，宮名。漢官曰：「朔平署司馬一人。」

六月，段熲擊當煎羌於湟中，大破之。〔一〕

〔一〕湟，水名，在今鄯州湟水縣。

秋七月，太中大夫陳蕃爲太尉。

八月戊辰，初令郡國有田者畝斂稅錢。〔一〕

〔一〕畝十錢也。

九月丁未，京師地震。

冬十月，司空周景免，太常劉茂爲司空。〔一〕

〔一〕茂字叔盛，彭城人也。

辛巳，立貴人竇氏爲皇后。

勃海妖賊蓋登等〔一〕稱「太上皇帝」，有玉印、珪、璧、鐵券，相署置，皆伏誅。〔二〕

〔一〕蓋音古盍反。

〔二〕續漢書曰：「時登等有玉印五，皆如白石，文曰『皇帝信璽』、『皇帝行璽』，其三無文字。璧二十二，珪五，鐵券十一。開王廟，帶王綬，衣絳衣，相署置也。」

十一月壬子，德陽殿西閤、黃門北寺火，延及廣義、神虎門，燒殺人。〔一〕

〔一〕廣義、神虎，洛陽宮西門也，在金商門外。袁山松書曰：「是時連月火災，諸宮寺或一日再三發。又夜有訛言，擊鼓相驚。陳蕃等上疏諫曰『唯善政可以已之』，書奏不省。」

使中常侍管霸之苦縣，祠老子。

九年春正月辛（亥）〔卯〕朔，日有食之。詔公、卿、校尉、郡國舉至孝。

沛國戴異得黃金印，無文字，遂與廣陵人龍尙等共祭井，作符書，稱「太上皇」，伏誅。〔一〕

〔一〕東觀記曰：「戴異鉏田得金印，到廣陵以與龍尙。」

己酉，詔曰：「比歲不登，民多飢窮，又有水旱疾疫之困。盜賊徵發，南州尤甚。〔一〕災異日食，譴告累至。政亂在予，仍獲咎徵。其令大司農絕今歲調度徵求，及前年所調未畢者，勿復收責。其災旱盜賊之郡，勿收租，餘郡悉半入。」

三月癸巳，京師有火光轉行，人相驚譟。

司隸、豫州飢死者什四五，至有滅戶者，遣三府掾賑稟之。

〔一〕謂長沙、桂陽、零陵等郡也，並屬荆州。

陳留太守韋毅坐臧自殺。

夏四月，濟陰、東郡、濟北、平原河水清。

司徒許栩免。五月，太常胡廣爲司徒。

六月，南匈奴及烏桓、鮮卑寇緣邊九郡。

秋七月，沈氐羌寇武威、張掖。詔舉武猛，三公各二人，卿、校尉各一人。

太尉陳蕃免。

庚午，祠黃、老於濯龍宮。

遣使匈奴中郎將張奐擊南匈奴、烏桓、鮮卑。

九月，光祿勳周景爲太尉。

南陽太守成瑨、太原太守劉質，並以譖弃市。〔一〕

〔一〕時小黄門趙津犯法，質考殺之，宦官怨恚，有司承旨奏質等。

司空劉茂免。

大秦國王遣使奉獻。〔一〕

〔一〕時國王安敦獻象牙、犀角、玳瑁等。

冬十二月，洛城傍竹柏枯傷。

光祿勳汝南宣酆爲司空。〔一〕

〔一〕酆字伯應，封東陽亭侯。

南匈奴、烏桓率衆詣張奐降。

司隸校尉李膺等二百餘人受誣爲黨人，並坐下獄，書名王府。〔一〕

〔一〕河內牢脩告之，事具劉淑傳。

永康元年春正月，先零羌寇三輔，中郎將張奐破平之。當煎羌寇武威，護羌校尉段熲追擊於鸞鳥，大破之。〔一〕西羌悉平。

〔一〕鸞鳥，縣名，屬武威郡。鸞音藿。

夫餘王寇玄菟，太守公孫域與戰，破之。

夏四月，先零羌寇三輔。

五月丙申，京師及上黨地裂。

廬江賊起，寇郡界。

壬子晦，日有食之。詔公、卿、校尉舉賢良方正。

六月庚申，大赦天下，悉除黨錮，改元永康。〔一〕

〔一〕時李膺等頗引宦者子弟，宦官多懼，請帝以天時當赦，帝許之，故除黨錮也。

丙寅，阜陵王統薨。

秋八月，魏郡言嘉禾生，甘露降。巴郡言黃龍見。〔一〕

〔一〕續漢志曰：「時人欲就沱浴，見沱水濁，因戲相恐：『此中有黃龍。』語遂行人〔閒〕，聞郡，欲以爲美，故上言之，時史以書帝紀。桓帝政化衰缺，而多言瑞應，皆此類也。先儒言瑞興非時，則爲妖孽，而人言生龍，皆龍孽也。」

六州大水，勃海海溢。詔州郡賜溺死者七歲以上錢，人二千；一家皆被害者，悉爲收斂；其亡失穀食，稟人三斛。

冬十月，先零羌寇三輔，使匈奴中郎將張奐擊破之。

十一月，西河言白菟見。

十二月壬申，復(瘦)〔廮〕陶王悝爲勃海王。

丁丑，帝崩于德陽前殿，年三十六。戊寅，尊皇后曰皇太后，太后臨朝。

是歲，復博陵、河閒二郡，比豐、沛。

論曰：前史稱桓帝好音樂，善琴笙。〔一〕飾芳林而考濯龍之宮，〔二〕設華蓋以祠浮圖、老子，〔三〕斯將所謂「聽於神」乎！〔四〕及誅梁冀，奮威怒，天下猶企其休息。而五邪嗣虐，流衍四方。〔五〕自非忠賢力爭，屢折姦鋒，〔六〕雖願依斟流彘，亦不可得已。〔七〕

〔一〕前史謂東觀記。

〔二〕薛綜注東京賦云：「濯龍，殿名。」芳林謂兩旁樹木蘭也。考，成也。既成而祭之。左傳曰「考仲子之宮」也。

〔三〕浮圖，今佛也。續漢志曰：「祠老子於濯龍宮，文罽爲壇，飾淳金(鉛)〔釦〕器，設華蓋之坐，用郊天樂。」

〔四〕左傳曰：「史嚚曰：『國將興，聽於人；將亡，聽於神。』」

〔五〕五邪謂單超、徐璜、左悺、唐衡、具瑗也。

〔六〕忠賢謂李膺、陳蕃、竇武、黃瓊、朱穆、劉淑、劉陶等，各上書極諫，以折宦官等姦謀之鋒也。

〔七〕帝王紀曰：「夏帝相爲羿所逐，相乃都商丘，依同姓諸侯斟灌、斟尋氏。」史記曰：「周厲王好利暴虐，周人相與畔，而襲厲王，王出奔于彘。」言帝寵幸宦豎，令執威權，賴忠臣李膺等竭力諫爭，以免篡弒之禍。不然，則雖願如夏相依斟，周王流彘，不可得也。斟灌、斟尋，國，故城在今青州。彘，晉地也。

贊曰：桓自宗支，越躋天祿。〔一〕政移五倖，刑淫三獄。〔二〕傾宮雖積，皇身靡續。〔三〕

〔一〕越謂非次也。躋，升也。天祿，天位也。左傳子家羈曰：「天祿不再。」

〔二〕倖，佞也。淫，濫也。五倖即上「五邪」也。三獄謂李固、杜喬，李雲、杜衆，成瑨、劉質也。

〔三〕帝王紀曰：「紂多發美女以充傾宮之室，婦人衣綾紈者三百餘人。」據桓帝納三皇后，又博採宮女五六千人，並無子也。

校勘記

二八八頁六行 謁高廟光武廟　按：殿本考證引何焯說，謂「光武廟」上疑脫「壬午謁」三字。

二九〇頁八行 以順帝陽嘉中封爲敦道亭侯　按：汲本、殿本「爲敦」二字誤倒。又按：敦即勃之俗字，汲本、殿本俱作「勃」。

二九〇頁一三行 大司農杜喬爲太尉　按：「大司農」當作「光祿勳」。杜喬傳「遷光祿勳，建和元年代胡廣爲太尉」。袁紀亦云光祿勳杜喬代胡廣爲太尉。

二九一頁一行 〔八月〕乙未立皇后梁氏　集解引惠棟說，謂考異云皇后紀、袁紀皆云八月，而無日。以長曆考之，七月戊申朔，無乙未，乙未八月十八日，此上脫「八月」二字。今據補。

二九一頁九行 殺國相射暠　按：清河王傳云文等劫相謝暠，章懷注云帝紀「謝」作「射」，蓋紀傳不同。

集解引惠棟說，謂三輔決錄云漢末大鴻臚射咸，本姓謝名服，天子以將軍出征，姓謝名服不祥，改之爲射氏名咸。案此謝氏至漢末時始改射，故吳時有射慈。咸在桓帝初，不應先姓射氏，當從傳爲正。又按：據淸河王傳章懷注，則紀本作「射」，汲本、殿本作「謝」，殆後人據傳改也。

二九二頁一一行 封帝弟(顧)〔碩〕爲平原王　按：河閒王開傳作「帝兄都鄉侯碩」，孝崇匽王后紀又作「帝弟平原王石」。校補引侯康說，謂作「碩」者是，顧則形近之誤，石則聲近之誤也。作「帝弟」者是，桓帝爲蠡吾侯長子，不得有兄也。今據改。

二九三頁一〇行 沒入者免爲庶民　按：「民」當作「人」，此後人回改之譌。

二九四頁一一行 公羊傳之文也　按：集解引蘇輿說，謂公羊傳無此文，語見管子。

二九五頁五行 和平元年春正月甲子　按：李慈銘謂據通鑑目錄甲子是朔，「甲子」下當脫一「朔」字。

二九五頁六行 (己)〔乙〕丑詔曰　按：汲本、殿本作「己亥」，袁紀作「己丑」，通鑑作「乙丑」，校補謂當以通鑑爲正。今據改。

二九六頁八行 甲午葬順烈皇后　按：李慈銘謂按通鑑目錄，三月癸亥朔，不得有甲午，若是甲子，則距崩十一日，太促，疑「甲」當作「庚」。

二九六頁一三行 冬十一月辛巳　按：汲本、殿本、集解本無「辛巳」二字。

二九七頁一四行　秋七月庚辰日有食之　按：推是年七月合朔己卯，無日食，參閱續五行志六校記。

三〇一頁一四行　建武〔七〕〔六〕年　汲本作「十年」，校補謂據光武紀及續志，皆「六年」之誤。今據改。

三〇二頁一行　南匈奴左〔薁鞬〕臺〔耆〕且渠伯德等叛　沈家本謂按張奐傳及南匈奴傳「左」下奪「薁鞬」二字，「臺」下奪「耆」字。今據補。按：通鑑亦作「左薁鞬臺耆」，考異云從張奐傳。

三〇三頁一一行　春正月己未　按：「己未」當依袁宏紀作「癸未」，是年正月癸未朔，無己未。

三〇四頁二行　秋七月己巳　按：當依續志作「乙巳」，詳五行志四校記。

三〇六頁四行　允字伯代　按：據司徒盛允碑，允字伯世，此作「代」，章懷避唐諱改也。

三〇七頁一四行　武陵蠻寇江陵車騎將軍馮緄討皆降散荆州刺史度尚討長沙蠻平之　集解引惠棟説，謂考異云事在五年，重出。按：校補謂案後五年十月，緄始由太常爲車騎將軍，十一月，大破蠻於武陵，此爲重出。度尚傳度自右校令擢爲荆州刺史，亦在延熹五年，其討蠻同屬五年事，今載入三年紀，而五年紀無之，是爲誤出。

三〇九頁一四行　乙丑恭陵東闕火　按：錢大昕謂五行志作「恭北陵」，恭北陵者，順帝母李氏陵也。

三一〇頁一一行　以京師水旱疫病　按：「京」原譌「軍」，逕據汲本、殿本改正。

三一一頁六行　京兆虎牙都尉宗謙　按：集解引惠棟説，謂續志作「宋謙」。

三一三頁二—三行　秋七月辛卯趙王乾薨野王山上有死龍　按：校補引錢大昭説，謂襄楷傳七年六月十三

日河內野王山上有龍死，長可數十丈，續志作六月壬子，此云「七月」，似誤。

三二三頁一一行　為周守藏(吏)〔史〕　據汲本、殿本改。

三二三頁一三行　降為(癭)〔廮〕陶王　據殿本改。注同。　按：廮字從广嬰聲，鉅鹿有廮陶縣，見說文。作「癭」者誤。

三二四頁二行　〔二月〕己酉南宮嘉德署黃龍見千秋萬歲殿火　集解引錢大昕說，謂按此上承正月丙申晦日食，則「己酉」上當脫「二月」二字，五行志亦云二月。今據補。　按：錢氏又謂依此文似龍見一事，火災又一事。志於「黃龍」下無「見」字，「萬歲殿」下多「皆」字，則「黃龍」亦是殿名，與嘉德署同日火也。

三二四頁七行　護羌校尉段熲擊罕姐羌　按：殿本「罕」作「勒」，與段熲傳合。張森楷校勘記謂案西羌傳有罕羌，無罕姐羌，則「罕」字譌也。　又按：通鑑亦作「罕姐」，章珏校記據張敦仁通鑑刊本識誤云「罕」作「勒」。

三二五頁一行　〔六月〕丙辰緱氏地裂　校補謂案續志乃六月丙辰也，紀文脫「六月」二字。且五月既書壬申於前，不應有丙辰也。今據補。

三二五頁二行　桂陽胡蘭朱蓋等復反　按：「陽」原譌「楊」，逕改正。

三二五頁一三行　畝十錢也　按：集解引通鑑胡注，謂宦者傳張讓等說帝斂天下田，畝稅十錢，非此時事

也。蓋漢法田租三十稅一，而計畝斂錢，則自此始。又校補引沈銘彝說，謂此所云畝斂稅錢，乃出於常賦三十取一之外，今所謂稅錢始此。

三一六頁六行 帶王綬 按：汲本、殿本「王」作「玉」。

三一六頁一一行 春正月辛（亥）〔卯〕朔 據集解引錢大昕說改。

三一八頁一行 南陽太守成瑨 按：集解引惠棟說，謂「瑨」車騎將軍馮緄碑作「晉」。

三一八頁一行 太原太守劉質 按：集解引惠棟說，謂「質」馮緄碑及天文志作「瓆」。又引錢大昕說，謂按陳蕃、王允、劉般、襄楷傳俱作「劉瓆」，攷說文無瓆字，當以質爲正也。

三一九頁一〇行 語遂行人（閒）〔聞〕郡 按：汲本有「閒」字，無「聞」字。今據續志補一「聞」字。

三二〇頁九行 飾淳金（鉛）〔釦〕器 據續志改。按：鉛與釦形近而誤。汲本、殿本作「鋇」，誤。

後漢書卷八

孝靈帝紀第八

孝靈皇帝諱宏，〔一〕肅宗玄孫也。曾祖河閒孝王開，祖淑，父萇，世封解瀆亭侯，〔二〕帝襲侯爵。母董夫人。桓帝崩，無子，皇太后與父城門校尉竇武定策禁中，使守光祿大夫劉儵持節，將左右羽林至河閒奉迎。〔三〕

〔一〕謚法曰：「亂而不損曰靈。」（伏侯古今注曰）宏之字曰大。

〔二〕淑以河閒王子封為解瀆亭侯，萇襲父封，故言世封也。解瀆亭在今定州義豐縣東北也。

〔三〕續漢志曰：「桓帝之初，京都童謠曰：『城上烏，尾畢逋，父為吏，子為徒。一徒死，百乘車。車班班，入河閒。河閒姹女工數錢，以錢為室金為堂，石上慊慊舂黃粱。（粱）〔梁〕下有懸鼓，我欲擊之丞卿怒。』『城上烏』者，處高獨食，不與下共，謂人主多聚斂也。『父為吏，子為徒』者，言蠻夷叛逆，父既為軍吏，子弟又為卒徒往擊之也。『一徒死，百乘車』者，言前一人討胡既死矣，後又遣百乘車往也。『車班班』者，言乘輿班班入河閒迎靈帝也。『姹女數錢』，言帝既立，其母永樂太后好聚金以為堂室也。『石上慊慊』者，言太后雖積金錢，猶慊慊常若不足，使人舂黃粱而食之也。『我欲擊之』者，言太后教帝使賣官受錢，天下忠篤之士怨望，欲擊鼓求見（丞）卿，（縣）〔主〕鼓者復

怒而止我也。」

建寧元年春正月壬午，城門校尉竇武爲大將軍。己亥，帝到夏門亭，〔一〕使竇武持節，以王青蓋車迎入殿中。庚子，卽皇帝位，年十二。改元建寧。以前太尉陳蕃爲太傅，與竇武及司徒胡廣參錄尙書事。

〔一〕東觀記曰：「到夏門外萬壽亭，羣臣謁見。」

使護羌校尉段熲討先零羌。

二月辛酉，葬孝桓皇帝于宣陵，〔一〕廟曰威宗。

〔一〕在洛陽東南三十里，高十二丈，周三百步。

庚午，謁高廟。辛未，謁世祖廟。大赦天下。賜民爵及帛各有差。

段熲大破先零羌於逢義山。〔一〕

〔一〕山在今原州（高）平〔高〕縣。「逢」一作「逄」。

閏月甲午，追尊皇祖爲孝元皇，夫人夏氏爲孝元皇后，考爲孝仁皇，夫人董氏爲愼園貴人。〔一〕

〔一〕愼園在今瀛州樂壽縣東南，俗呼爲二皇陵。

夏四月戊辰，太尉周景薨。司空宣酆免，長樂衞尉王暢爲司空。

五月丁未朔，日有食之。詔公卿以下各上封事，及郡國守相舉有道之士各一人；又故刺史、二千石清高有遺惠，爲衆所歸者，皆詣公車。

太中大夫劉矩爲太尉。

六月，京師雨水。

秋七月，破羌將軍段熲復破先零羌於涇陽。〔一〕

〔一〕涇陽，縣名，屬安定，故城在今原州平涼縣南也。

八月，司空王暢免，宗正劉寵爲司空。

九月〔丁〕〔辛〕亥，中常侍曹節矯詔誅太傅陳蕃、大將軍竇武及尚書令尹勳、侍中劉瑜、屯騎校尉馮述，皆夷其族。皇太后遷于南宮。〔一〕司徒胡廣爲太傅，錄尚書事。司空劉寵爲司徒，大鴻臚許栩爲司空。

〔一〕太后與竇武密謀欲誅曹節，今武等既誅，故太后被遷。

冬十月甲辰晦，日有食之。令天下繫囚罪未決入縑贖，各有差。

十一月，太尉劉矩免，太僕沛國聞人襲爲太尉。〔一〕

〔一〕姓聞人，名襲，字定卿。風俗通曰：「少正卯，魯之聞人，其後氏焉。」

十二月，鮮卑及濊貊寇幽并二州。

二年春正月丁丑，大赦天下。

三月乙巳，尊愼園董貴人爲孝仁皇后。〔一〕

〔一〕續漢志曰：「置永樂宮，儀如桓帝尊匽貴人之禮。」

夏四月癸巳，大風，雨雹。詔公卿以下各上封事。

五月，太尉聞人襲罷，司空許栩免。六月，司徒劉寵爲太尉，太常許訓爲司徒，〔一〕太僕長沙劉囂爲司空。〔二〕

〔一〕訓字季師，平輿人。

〔二〕囂字重寧。

秋七月，破羌將軍段熲大破先零羌於射虎塞外谷，東羌悉平。

九月，江夏蠻叛，州郡討平之。

丹陽山越賊圍太守陳夤，夤擊破之。

冬十月丁亥，中常侍侯覽諷有司奏前司空虞放、太僕杜密、長樂少府李膺、司隸校尉朱（瑀）〔寓〕、潁川太守巴肅、沛相荀（翌）〔昱〕、河內太守魏朗、山陽太守翟超皆爲鉤黨，下獄，〔一〕死者百餘人，妻子徙邊，諸附從者錮及五屬。〔二〕制詔州郡大舉鉤黨，於是天下豪桀

及儒學行義者，一切結爲黨人。〔三〕

〔一〕鉤謂相牽引也。事具劉淑、李膺傳。

〔二〕五屬謂五服內親也。

〔三〕續漢志曰：「建寧中，京都長者皆以葦方笥爲裝具，時有識者竊言，葦笥郡國讞篋也。後黨人禁錮，會赦，有疑者皆讞廷尉，人名悉入方笥中。」

（庚子）〔戊戌〕晦，日有食之。

十一月，太尉劉寵免，太僕郭禧爲太尉。〔一〕

〔一〕字公房，扶溝人也。禧音僖。

鮮卑寇幷州。

是歲，長樂太僕曹節爲車騎將軍，百餘日罷。

三年春正月，河內人婦食夫，河南人夫食婦。

三月丙寅晦，日有食之。

夏四月，太尉郭禧罷，太中大夫聞人襲爲太尉。秋七月，司空劉囂罷。八月，大鴻臚橋玄爲司空。

九月，執金吾董寵下獄死。

冬，濟南賊起，攻東平陵。〔一〕

〔一〕東平陵，縣名，屬濟南國，故城在今（濟）〔齊〕州東。

鬱林烏滸民相率內屬。〔一〕

〔一〕烏滸，南方夷號也。廣州記曰：「其俗食人，以鼻飲水，口中進啖如故。」

四年春正月甲子，帝加元服，大赦天下。賜公卿以下各有差，唯黨人不赦。

二月癸卯，地震，海水溢，河水清。

三月辛酉朔，日有食之。

太尉聞人襲免，太僕李咸爲太尉。〔一〕

〔一〕字元卓，汝南西平人。

詔公卿至六百石各上封事。

大疫，使中謁者巡行致醫藥。

司徒許訓免，司空橋玄爲司徒。夏四月，太常來豔爲司空。〔一〕

〔一〕豔字季德，南陽新野人。

五月，河東地裂，雨雹，山水暴出。

秋七月，司空來豔免。

癸丑，立貴人宋氏爲皇后。〔一〕

〔一〕執金吾宋酆女，前年入掖庭爲貴人。

司徒橋玄免。太常宗俱爲司空，〔二〕前司空許栩爲司徒。

〔二〕俱字伯儷，南陽安衆人。

冬，鮮卑寇幷州。

熹平元年春三月壬戌，太傅胡廣薨。

夏五月己巳，大赦天下，改元熹平。

長樂太僕侯覽有罪，自殺。

六月，京師雨水。

癸巳，皇太后竇氏崩。秋七月甲寅，葬桓思皇后。

宦官諷司隸校尉段熲捕繫太學諸生千餘人。〔一〕冬十月，渤海王悝被誣謀反，丁亥，悝及妻子皆自殺。

〔一〕時有人書朱雀闕云「天下大亂，公卿皆尸祿」，故捕之。事見宦者傳。

十一月，會稽人許生自稱「越王」，寇郡縣，〔一〕遣楊州刺史臧旻、丹陽太守陳夤討破之。

〔一〕東觀記曰：「會稽許昭聚衆自稱大將軍，立父生爲越王，攻破郡縣。」

十二月，司徒許栩罷，大鴻臚袁隗爲司徒。

鮮卑寇幷州。

是歲，甘陵王恢薨。

二年春正月，大疫，使使者巡行致醫藥。

丁丑，司空宗俱薨。

二月壬午，大赦天下。

以光祿勳楊賜爲司空。

三月，太尉李咸免。夏五月，以司隸校尉段熲爲太尉。

沛相師遷坐誣罔國王，下獄死。〔一〕

〔一〕國王，陳愍王寵也。臣賢案：陳敬王傳云「國相師遷」。又東觀記曰「陳行相師遷奏，沛相魏愔，前爲陳相，與陳王

寵交通」。明魏愔爲沛相，此言師還爲沛相，蓋誤也。

六月，北海地震。東萊、北海海水溢。〔一〕

〔一〕續漢志曰：「時出大魚二枚，各長八九丈，高二丈餘。」

秋七月，司空楊賜免，太常潁川唐珍爲司空。

冬十二月，日南徼外國重譯貢獻。

太尉段熲罷。

鮮卑寇幽并二州。

癸酉晦，日有食之。

三年春正月，夫餘國遣使貢獻。

二月己巳，大赦天下。

太常陳耽爲太尉。〔一〕

〔一〕耽字漢公，東海人也。

三月，中山王暢薨，無子，國除。

夏六月，封河閒王利子康爲濟南王，奉孝仁皇祀。

秋，洛水溢。

冬十月癸丑，令天下繫囚罪未決，入縑贖。

十一月，楊州刺史臧旻率丹陽太守陳寅，大破許生於會稽，斬之。

任城王博薨。

十二月，鮮卑寇北地，北地太守夏育追擊破之。鮮卑又寇并州。

司空唐珍罷，永樂少府許訓爲司空。

四年春三月，詔諸儒正五經文字，刻石立于太學門外。

封河閒王建(孫)〔子〕佗爲任城王。〔一〕

〔一〕建，桓帝弟也。

夏四月，郡國七大水。

五月丁卯，大赦天下。

延陵園災〔一〕，遣使者持節告祠延陵。

〔一〕成帝陵也，在今咸陽縣西。

鮮卑寇幽州。

六月，弘農、三輔螟。

遣守宮令之鹽監，穿渠爲民興利。〔一〕

〔一〕前書地理志及續漢郡國志並無〔鹽〕監，今蒲州安邑縣西南有鹽池〔監也〕。

令郡國遇災者，減田租之半；其傷害十四以上，勿收責。

冬十月丁巳，令天下繫囚罪未決，入縑贖。

拜沖帝母虞美人爲憲園貴人，〔一〕質帝母陳夫人爲渤海孝王妃。〔二〕

〔一〕順帝虞美人也。憲園在洛陽東北。

〔二〕渤海孝王鴻之夫人也。

改平準爲中準，〔一〕使宦者爲令，列於內署。自是諸署悉以閹人爲丞、令。

〔一〕漢官儀曰：「平準令一人，秩六百石也。」

五年夏四月癸亥，大赦天下。

益州郡夷叛，太守李顒討平之。

復崇高山名爲嵩高山。〔一〕

〔一〕前書武帝祠中嶽，改嵩高爲崇高。東觀記曰：「使中郎將堂谿典請雨，因上言改之，名爲嵩高山。」

大雩。使侍御史行詔獄亭部，理冤枉，原輕繫，休囚徒。

五月，太尉陳耽罷，司空許訓爲太尉。

閏月，永昌太守曹鸞坐訟黨人，弃市。〔一〕詔黨人門生故吏父兄子弟在位者，皆免官禁錮。

〔一〕訟謂申理之也。其言切直，帝怒，檻車送槐里獄掠殺之也。

六月壬戌，太常南陽劉逸〔一〕爲司空。

〔一〕逸字大過，安衆人。

秋七月，太尉許訓罷，光祿勳劉寬爲太尉。

冬十月壬午，御殿後槐樹自拔倒豎。

司徒袁隗罷。十一月丙戌，光祿大夫楊賜爲司徒。

十二月，甘陵王定薨。

試太學生年六十以上百餘人，除郎中、太子舍人至王家郎、郡國文學吏。〔一〕

〔一〕漢官儀曰：「太子舍人、王家郎中並秩二百石，無員。」

是歲，鮮卑寇幽州。沛國言黃龍見譙。

六年春正月辛丑，大赦天下。

二月，南宮平城門及武庫東垣屋自壞。〔一〕

〔一〕平城門，洛陽城南門也。蔡邕曰：「平城門，正陽之門，與宮連，郊祀法駕所從出，門之最尊者。」武庫，禁兵所藏。東垣，庫之外障。易傳曰：「小人在位，厥妖城門自壞。」

夏四月，大旱，七州蝗。

鮮卑寇三邊。〔一〕

〔一〕謂東、西與北邊。

市賈民爲宣陵孝子者數十人，皆除太子舍人。

秋七月，司空劉逸免，衞尉陳球爲司空。

八月，遣破鮮卑中郎將田晏出雲中，使匈奴中郎將臧旻與南單于出鴈門，護烏桓校尉夏育出高柳，並伐鮮卑，晏等大敗。

冬十月癸丑朔，日有食之。

太尉劉寬免。

帝臨辟雍。

辛丑，京師地震。

辛亥，令天下繫囚罪未決，入縑贖。

十一月，司空陳球免。十二月甲寅，太常河南孟戫爲太尉。〔一〕庚辰，司徒楊賜免。太常陳耽爲司空。

〔一〕戫字叔達，音乙六反。

鮮卑寇遼西。

永安太僕王旻下獄死。〔一〕

〔一〕永安宮之太僕也。

光和元年春正月，合浦、交阯烏滸蠻叛，招引九眞、日南民攻沒郡縣。

太尉孟戫罷。

二月辛亥朔，日有食之。

癸丑，光祿勳陳國袁滂爲司徒。〔一〕

〔一〕滂字公熹。

己未，地震。

始置鴻都門學生。〔一〕

〔一〕鴻都，門名也，於內置學。時其中諸生，皆勑州、郡、三公舉召能爲尺牘辭賦及工書鳥篆者相課試，至千人焉。

三月辛丑，大赦天下，改元光和。

太常常山張顥爲太尉。〔一〕

〔一〕顥字智明。搜神記曰：「顥爲梁相，新雨後，有鵲飛翔近地，令人擿之，墯地化爲圓石，顥命椎破，得一金印，文曰『忠孝侯印』。」

夏四月丙辰，地震。

侍中寺雌雞化爲雄。

司空陳耽免，太常來豔爲司空。

五月壬午，有白衣人入德陽殿門，亡去不獲。〔一〕六月丁丑，有黑氣墯所御溫德殿庭中。〔二〕秋七月壬子，青虹見御坐玉堂後殿庭中。〔三〕八月，有星孛于天市。

〔一〕東觀記曰：「白衣人言『梁伯夏教我上殿』，與中黃門桓賢語，因忽不見。」

〔二〕東觀記曰：「墯所御溫明殿庭中，如車蓋隆起，奮迅，五色，有頭，體長十餘丈，形皃似龍。」

〔三〕洛陽宮殿名，南宮有玉堂前、後殿。據楊賜傳，云墯嘉德殿前。

九月，太尉張顥罷，太常陳球爲太尉。司空來豔薨。冬十月，屯騎校尉袁逢爲司空。

皇后宋氏廢，后父執金吾酆下獄死。

丙子晦，日有食之。

十一月，太尉陳球免。十二月丁巳，光祿大夫橋玄爲太尉。

是歲，鮮卑寇酒泉。京師馬生人。〔一〕初開西邸賣官，自關內侯、虎賁、羽林，入錢各有差。〔二〕私令左右賣公卿，公千萬，卿五百萬。

〔一〕京房易傳曰：「諸侯相伐，厥妖馬生人。」

〔二〕山陽公載記曰：「時賣官，二千石二千萬，四百石四百萬，其以德次應選者半之，或三分之一，於西園立庫以貯之。」

二年春，大疫，使常侍、中謁者巡行致醫藥。

三月，司徒袁滂免，大鴻臚劉郃爲司徒。〔一〕乙丑，太尉橋玄罷，太中大夫段熲爲太尉。

〔一〕郃字季承。

京兆地震。

司空袁逢罷，太常張濟爲司空。〔一〕

〔一〕濟字元江，細陽人。

夏四月甲戌朔，日有食之。

辛巳，中常侍王甫及太尉段熲並下獄死。

丁酉，大赦天下，諸黨人禁錮小功以下皆除之。〔一〕

〔一〕時上祿長和海上言：「黨人錮及五族，有乖典訓。」帝從之。

東平王端薨。

五月，衞尉劉寬爲太尉。

秋七月，使匈奴中郎將張脩有罪，下獄死。〔一〕

〔一〕時張脩擅斬單于呼微，更立羌渠爲單于，故坐死。

冬十月甲申，司徒劉郃、永樂少府陳球、衞尉陽球、步兵校尉劉納謀誅宦者，事泄，皆下獄死。

巴郡板楯蠻叛，遣御史中丞蕭瑗督益州刺史討之，不剋。

十二月，光祿勳楊賜爲司徒。

鮮卑寇幽并二州。

是歲，河間王利薨。洛陽女子生兒，兩頭四臂。〔一〕

〔一〕京房易傳曰：「二首，下不一也，厥妖人生兩頭。」

三年春正月癸酉，大赦天下。

二月，公府駐駕廡自壞。〔一〕

〔一〕公府，三公府也。駐駕，停車處也。廡，廊屋也，音無禹反。續漢志云：「南北四十餘閒壞。」

三月，梁王元薨。

夏四月，江夏蠻叛。

六月，詔公卿舉能通[古文]尚書、毛詩、左氏、穀梁春秋各一人，悉除議郎。

秋，表是地震，涌水出。〔一〕

〔一〕表是，縣，屬酒泉郡，故城在今甘州張掖縣西北也。

八月，令繫囚罪未決，入縑贖，各有差。

冬閏月，有星孛于狼、弧。〔一〕

〔一〕二星名也。

鮮卑寇幽、并二州。

十二月己巳，立貴人何氏為皇后。〔一〕

〔一〕南陽宛人也，車騎將軍何(貢)〔眞〕女也。

是歲，作罼圭、靈昆苑。〔一〕

〔一〕罼圭苑有二，東罼圭苑周一千五百步，中有魚梁臺，西罼圭苑周三千三百步，並在洛陽宣平門外也。

四年春正月，初置騄驥廄丞，〔一〕領受郡國調馬。〔二〕豪右辜搉，馬一匹至二百萬。〔三〕

〔一〕騄驥，善馬也。〔二〕調謂徵發也。

〔三〕前書音義曰：「辜，障也。搉，專也。謂障餘人賣買而自取其利。」

二月，郡國上芝英草。夏四月庚子，大赦天下。

交阯刺史朱儁討交阯、合浦烏滸蠻，破之。

六月庚辰，雨雹。〔一〕秋七月，河南言鳳皇見新城，羣鳥隨之；賜新城令及三老、力田帛，各有差。九月庚寅朔，日有食之。

〔一〕續漢書曰：「雹大如雞子。」

太尉劉寬免，衞尉許馘爲太尉。

閏月辛酉，北宮東掖庭永巷署災。〔一〕

〔一〕永巷，宮中署名也。漢官儀曰：「令一人，宦者爲之，秩六百石，掌宮婢侍使。」

司徒楊賜罷。冬十月，太常陳耽爲司徒。

鮮卑寇幽并二州。

是歲帝作列肆於後宮，使諸采女販賣，更相盜竊爭鬭。帝著商估服，飲宴爲樂。又於西園弄狗，著進賢冠，帶綬。〔一〕又駕四驢，帝躬自操轡，驅馳周旋，京師轉相放效。〔二〕

〔一〕三禮圖曰：「進賢冠，文官服之，前高七寸，後高三寸，長八寸。」續漢志曰：「靈帝寵用便嬖子弟，轉相汲引，賣關內侯直五百萬。令長強者貪如豺狼，弱者略不類物，實狗而冠也。」昌邑王見狗冠方山冠，龔遂曰：「王之左右皆狗而冠。」

〔二〕續漢志曰：「驢者乃服重致遠，上下山谷，野人之所用耳，何有帝王君子而驂駕之乎！天意若曰，國且大亂，賢愚倒植，凡執政者皆如驢也。」

五年春正月辛未，大赦天下。

二月，大疫。

三月，司徒陳耽免。

夏四月，旱。

太常袁隗爲司徒。

五月庚申，永樂宮署災。〔一〕秋七月，有星孛于太微。

〔一〕續漢志曰：「德陽前殿西北入門內永樂太后宮署災。」

巴郡板楯蠻詣太守曹謙降。

癸酉，令繫囚罪未決，入縑贖。

八月，起四百尺觀於阿亭道。

冬十月，太尉許馘罷，太常楊賜爲太尉。

校獵上林苑，歷函谷關，遂巡狩于廣成苑。十二月，還，幸太學。

六年春正月，日南徼外國重譯貢獻。

二月，復長陵縣，比豐、沛。三月辛未，大赦天下。

夏，大旱。

秋，金城河水溢。五原山岸崩。

始置圃囿署，以宦者爲令。

冬，東海、東萊、琅邪井中冰厚尺餘。

大有年。

中平元年春二月，鉅鹿人張角自稱「黃天」，其部（師）〔帥〕有三十六（萬）〔方〕，皆著黃巾，同日反叛。〔一〕安平、甘陵人各執其王以應之。〔二〕

〔一〕續漢書曰：「三十六萬餘人。」

〔二〕安平王續、甘陵王忠。

三月戊申，以河南尹何進爲大將軍，將兵屯都亭。置八關都尉官。〔一〕壬子，大赦天下黨人，還諸徙者，〔二〕唯張角不赦。詔公卿出馬、弩，舉列將子孫及吏民有明戰陣之略者，詣公車。遣北中郎將盧植討張角，左中郎將皇甫嵩、右中郎將朱儁討潁川黃巾。庚子，南陽黃巾張曼成攻殺郡守褚貢。

〔一〕都亭在洛陽。八關謂函谷、廣城、伊闕、大谷、轘轅、旋門、小平津、孟津也。

〔二〕時中常侍呂彊言於帝曰：「黨錮久積，若與黃巾合謀，悔之無救。」帝懼，皆赦之。

夏四月，太尉楊賜免，太僕弘農鄧盛爲太尉。〔一〕司空張濟罷，大司農張溫爲司空。

〔一〕盛字伯能。

朱儁爲黃巾波才所敗。

侍中向栩、張鈞坐言宦者，下獄死。〔一〕

〔一〕時鈞上書曰：「今斬常侍，縣其首於南郊以謝天下，卽兵自消也。」帝以章示常侍，故下獄也。

汝南黃巾敗太守趙謙於邵陵。〔一〕廣陽黃巾殺幽州刺史郭勳及太守劉衞。

〔一〕邵陵，縣名，屬汝南郡，故城在今豫州郾城縣東。

五月，皇甫嵩、朱儁復與波才等戰於長社，大破之。〔一〕

〔一〕長社，今許州縣也，故城在長葛縣西。

六月，南陽太守秦頡擊張曼成，斬之。

交阯屯兵執刺史及合浦太守來達，自稱「柱天將軍」，遣交阯刺史賈琮討平之。

皇甫嵩、朱儁大破汝南黃巾於西華。〔一〕詔嵩討東郡，朱儁討南陽。盧植破黃巾，圍張角於廣宗。宦官誣奏植，抵罪。〔二〕遣中郎將董卓攻張角，不尅。

〔一〕西華，縣，屬汝南郡，故城在今陳州項城縣西。

〔二〕植連破張角，垂當拔之，小黃門左豐言於帝曰：「盧中郎固壘息軍，以待天誅。」帝怒，遂檻車徵植，減死一等。

洛陽女子生兒，兩頭共身。〔一〕

〔一〕續漢志曰：「上西門外女子生兒，兩頭，異肩共胷，以爲不祥，墮地弃之。其後政在私門，上下無別，二頭之象。」

秋七月，巴郡妖巫張脩反，寇郡縣。〔一〕

〔一〕劉艾紀曰：「時巴郡巫人張脩療病，愈者雇以米五斗，號爲『五斗米師』。」

河南尹徐灌下獄死。

八月，皇甫嵩與黃巾戰於倉亭，獲其帥。〔一〕

〔一〕其帥，卜已也。倉亭在東郡。

乙巳，詔皇甫嵩北討張角。

九月，安平王續有罪誅，國除。

冬十月，皇甫嵩與黃巾賊戰於廣宗，獲張角弟梁。角先死，乃戮其屍。〔一〕以皇甫嵩爲左車騎將軍。十一月，皇甫嵩又破黃巾于下曲陽，斬張角弟寶。

〔一〕發棺斷頭，傳送馬市。

湟中義從胡北宮伯玉與先零羌叛，以金城人邊章、韓遂爲軍帥，攻殺護羌校尉伶徵、金城太守陳懿。〔一〕

〔一〕伶，姓也，周有大夫伶州鳩。

癸巳，朱儁拔宛城，斬黃巾別帥孫夏。

詔減太官珍羞，御食一肉；廄馬非郊祭之用，悉出給軍。

十二月己巳，大赦天下，改元中平。

是歲，下邳王意薨，無子，國除。郡國生異草，備龍蛇鳥獸之形。〔一〕

〔一〕風俗通曰：「亦作人狀，操持兵弩，一一備具。」續漢志曰：「龍蛇鳥獸，其狀毛羽頭目足翅皆具。是歲黃巾賊起，漢遂微弱。」

二年春正月，大疫。

琅邪王據薨。

二月己酉，南宮大災，火半月乃滅。〔一〕（己）〔癸〕亥，廣陽門外屋自壞。〔二〕

〔一〕續漢志曰：「時燒靈臺殿、樂成殿，延及北闕度道，西燒嘉德、和驩殿。」

〔二〕洛陽城西面南頭門也。

稅天下田，畝十錢。〔一〕

〔一〕以修宮室。

黑山賊張牛角等十餘輩並起，所在寇鈔。

司徒袁隗免。三月，廷尉崔烈爲司徒。

北宮伯玉等寇三輔，遣左車騎將軍皇甫嵩討之，不尅。

夏四月庚戌，大風，雨雹。

五月，太尉鄧盛罷，太僕河（南）〔內〕張延爲太尉。〔一〕

〔一〕延字公威，歆之子。

秋七月，三輔螟。

左車騎將軍皇甫嵩免。八月，以司空張溫爲車騎將軍，討北宮伯玉。九月，特進楊賜爲司空。冬十月庚寅，司空楊賜薨，光祿大夫許相爲司空。〔一〕

〔一〕相字公弼，平輿人，許訓之子。

前司徒陳耽、諫議大夫劉陶坐直言，下獄死。

十一月，張溫破北宮伯玉於美陽，因遣盪寇將軍周慎追擊之，圍榆中；〔一〕又遣中郎將董卓討先零羌。慎、卓並不克。

〔一〕縣名，故城在今蘭州金城縣東也。

鮮卑寇幽、并二州。

是歲，造萬金堂於西園。洛陽民生兒，兩頭四臂。

三年春二月，江夏兵趙慈反，殺南陽太守秦頡。

庚戌，大赦天下。

太尉張延罷。車騎將軍張溫爲太尉，中常侍趙忠爲車騎將軍。

復修玉堂殿，鑄銅人四，黄鍾四，〔一〕及天祿、蝦蟇，又鑄四出文錢。〔二〕

〔一〕其音中黄鍾也。子爲黄鍾。

〔二〕天祿，獸也。時使掖廷令畢嵐鑄銅人，列於倉龍、玄武闕外，鍾懸於玉堂及雲臺殿前，天祿、蝦蟇吐水於平門外。事具宦者傳。案：今鄧州南陽縣北有宗資碑，旁有兩石獸，鐫其膊一曰天祿，一曰辟邪。據此，即天祿、辟邪並獸名也。漢有天祿閣，亦因獸以立名。

五月壬辰晦，日有食之。

六月，荆州刺史王敏討趙慈，斬之。

車騎將軍趙忠罷。

秋八月，懷陵上有雀萬數，悲鳴，因鬭相殺。〔一〕

〔一〕懷陵，沖帝陵也。續漢志曰：「天戒若曰：諸懷爵祿而尊厚者，還自相害也。」

冬十月，武陵蠻叛，寇郡界，郡兵討破之。

前太尉張延爲宦人所譖，下獄死。

十二月，鮮卑寇幽并二州。

四年春正月己卯，大赦天下。

二月，滎陽賊殺中牟令。〔一〕

〔一〕中牟，今鄭州縣。劉艾紀曰：「令落皓及主簿潘業，臨陣不顧，皆被害。」

己亥，南宮內殿罘罳自壞。〔一〕

〔一〕前書音義曰：「罘罳，連闕曲閣也，音浮思。」

三月，河南尹何苗討滎陽賊，破之，拜苗爲車騎將軍。

夏四月，涼州刺史耿鄙討金城賊韓遂，鄙兵大敗，遂寇漢陽，漢陽太守傅燮戰沒。扶風人馬騰、漢陽人王國並叛，寇三輔。

太尉張溫免，司徒崔烈爲太尉。五月，司空許相爲司徒，光祿勳沛國丁宮爲司空。〔一〕

〔一〕宮字元雄。

六月，洛陽民生男，兩頭共身。〔一〕

〔一〕劉艾紀曰「上西門外劉倉妻生」也。

漁陽人張純與同郡張舉舉兵叛，攻殺右北平太守劉政、遼東太守楊終、護烏桓校尉公綦稠等。舉（兵）自稱天子，寇幽、冀二州。

秋九月丁酉，令天下繫囚罪未決，入縑贖。

冬十月，零陵人觀鵠〔一〕自稱「平天將軍」，寇桂陽，長沙太守孫堅擊斬之。

〔一〕覩，姓；鵠，名。

十一月，太尉崔烈罷，大司農曹嵩爲太尉。

十二月，休屠各胡叛。

是歲，賣關內侯，假金印紫綬，傳世，入錢五百萬。

五年春正月，休屠各胡寇西河，殺郡守邢紀。

丁酉，大赦天下。

二月，有星孛于紫宮。

黃巾餘賊郭太等起於西河白波谷，寇太原、河東。

三月，休屠各胡攻殺并州刺史張懿，遂與南匈奴左部胡合，殺其單于。

夏四月，汝南葛陂黃巾攻沒郡縣。〔一〕

〔一〕葛陂在今豫州新蔡縣西北。

太尉曹嵩罷。五月，永樂少府樊陵爲太尉。〔一〕

〔一〕陵字德雲，胡陽人也。

六月丙寅，大風。

太尉樊陵罷。

益州黃巾馬相攻殺刺史郗儉，自稱天子，又寇巴郡，殺郡守趙部，益州從事賈龍擊相，斬之。

郡國七大水。

秋七月，射聲校尉馬日磾爲太尉。

八月，初置西園八校尉。〔一〕

〔一〕樂資山陽公載記曰：「小黃門蹇碩爲上軍校尉，虎賁中郎將袁紹爲中軍校尉，屯騎校尉鮑鴻爲下軍校尉，議郎曹操爲典軍校尉，趙融爲助軍左校尉，馮芳爲助軍右校尉，諫議大夫夏牟爲左校尉，淳于瓊爲右校尉：凡八校〔尉〕，皆統於蹇碩。」

司徒許相罷，司空丁宮爲司徒。光祿勳南陽劉弘爲司空。〔一〕衞尉董重爲票騎將軍。

〔一〕字子高，安衆人。

九月，南單于叛，與白波賊寇河東。遣中郎將孟益率騎都尉公孫瓚討漁陽賊張純等。

冬十月，（壬午御殿後槐樹自拔倒豎）青、徐黃巾復起，寇郡縣。

甲子，帝自稱「無上將軍」，燿兵於平樂觀。〔一〕

〔一〕平樂觀在洛陽城西。

十一月，涼州賊王國圍陳倉，右將軍皇甫嵩救之。遣下軍校尉鮑鴻討葛陂黃巾。巴郡板楯蠻叛，遣上軍別部司馬趙瑾討平之。公孫瓚與張純戰於石門，大破之。〔一〕

〔一〕時烏桓反叛，與賊張純等攻薊中，故瓚追擊之。石門，山名也，在今營州西南。

是歲，改刺史，新置牧。

六年春二月，左將軍皇甫嵩大破王國於陳倉。

三月，幽州牧劉虞購斬漁陽賊張純。

下軍校尉鮑鴻下獄死。

夏四月丙午朔，日有食之。

太尉馬日磾免，幽州牧劉虞爲太尉。

丙辰，帝崩于南宮嘉德殿，年三十四。戊午，皇子辯即皇帝位，年十七。尊皇后曰皇太后，太后臨朝。大赦天下，改元爲光（喜）〔熹〕。封皇弟協爲渤海王。後將軍袁隗爲太傅，與大將軍何進參錄尚書事。上軍校尉蹇碩下獄死。〔一〕五月辛巳，票騎將軍董重下獄

珪等所執，公卿百官皆隨其後，到河上乃得還。」

〔三〕獻帝春秋曰：「河南中部掾閔貢見天子出，率騎追之，(北)〔比曉〕到河上。天子飢渴，貢宰羊進之，厲聲責讓等曰：『君以閹宦之隸，刀鋸之殘，越從洿泥，扶侍日月，賣弄國恩，階賤爲貴，劫迫帝主，蕩覆王室，假息漏刻，遊魂河津。自亡新以來，姦臣賊子未有如君者。今不速死，吾射殺汝。』讓等惶怖，叉手再拜叩頭，向天子辭曰：『臣等死，陛下自愛。』遂投河而死。」

辛未，還宮。大赦天下，改光(喜)〔熹〕爲昭寧。

并州牧董卓殺執金吾丁原。司空劉弘免，董卓自爲司空。

九月甲戌，董卓廢帝爲弘農王。

自六月雨，至于是月。

論曰：秦本紀說趙高譎二世，指鹿爲馬，〔一〕而趙忠、張讓亦紿靈帝不得登高臨觀，〔二〕故知亡敝者同其致矣。然則靈帝之爲靈也優哉！

〔一〕史記曰，趙高欲爲亂，恐羣臣不聽，乃先設驗。持鹿獻胡亥曰：「馬也。」胡亥曰：「丞相誤也。」以問羣臣，左右或言馬，或言鹿者高皆陰法中之，自此左右不敢言之也。

〔二〕時宦官並起第宅，擬則宮室。帝嘗登永安候臺，宦官恐望見之，乃使趙忠等諫曰：「人君不當登高，登高則百姓散離。」自是不敢復登臺榭。見宦者傳。

贊曰：靈帝負乘，委體宦孽。〔一〕徵亡備兆，小雅盡缺。〔二〕麋鹿霜露，遂棲宮衞。〔三〕

〔一〕易曰：「負且乘，致寇至。」言帝以小人而乘君子之器。

〔二〕詩小雅曰：「小雅廢，則四夷交侵，中國微矣。」缺亦廢也。

〔三〕史記曰，伍子胥諫吳王，吳王不聽，子胥曰：「臣今見麋鹿遊于姑蘇之臺，宮中生荆棘，露沾衣也。」言帝爲政貪亂，任寄不得其人，尋以獻帝遷播，洛陽丘墟，故麋鹿棲宮衞也。衞，協韻音于別反。

校勘記

三三七頁三行　父萇　按：集解引錢大昕說，謂河間王開傳作「長」，古書長萇多通用。

三三七頁六行　（伏侯古今注曰）宏之字曰大　據集解引沈宇說删。按：沈氏謂據伏湛傳注，章懷親見伏侯古今注，其書終於質帝，不及桓帝，今桓獻二紀俱無此六字，此傳寫者妄增。

三三七頁九行　（粱）〔梁〕下有懸鼓　據殿本改。按：續志亦作「梁」。

三三七頁一三行　欲擊鼓求見〔丞〕卿（懸）〔主〕鼓者復怒而止我也　據續志補改。

三三八頁一一行　今原州（高）平〔高〕縣　據集解引惠棟說改。

三三八頁一五行　夏四月戊辰　按：校補引錢大昭說，謂是月戊寅朔，不得有戊辰。校補又謂袁紀亦書「夏四月戊辰以王暢爲司空」，則誤不自范書始。

三二九頁八行 九月(丁)〔辛〕亥 集解引惠棟說，謂是年九月乙巳朔，無丁亥，當從袁紀作「辛亥」。今據改。

三三〇頁二行 司隸校尉朱(瑀)〔寓〕 集解引錢大昕說，謂黨錮及竇武傳皆作「朱寓」，此作「瑀」，誤。今據改。

三三〇頁一三行 沛相荀(翌)〔昱〕 洪頤煊讀書叢錄謂「翌」當作「昱」，荀淑傳、黨錮傳序及竇武傳並作「昱」。今據改。

三三一頁六行 (庚子)〔戊戌〕晦日有食之 據集解引錢大昕說改，與五行志合。

三三一頁一二行 三月丙寅晦日有食之 按：推是年四月合朔丁卯晨夜，日食不能見。參閱續五行志六校記。

三三二頁三行 故城在今(濟)〔齊〕州東 錢大昕廿二史考異謂「濟州」當作「齊州」。今據改。按：唐無「濟州」。

三三二頁九行 太尉聞人襲免 集解引惠棟說，謂案蔡質漢官典職儀載建寧四年七月立宋皇后儀，稱太尉襲使持節奉璽綬。襲於三月罷，不應七月尚與立后之事。何焯云蔡氏所載是詔書，不應有誤，當是本紀所書拜罷未審也。按：校補謂袁紀建寧四年三月，太尉劉寵、司空喬玄以災異免，免太尉者不作聞人襲，其他拜罷亦多與范書異，則何說信也。

三三頁三行 癸丑立貴人宋氏爲皇后　集解引何焯說，謂禮儀志載蔡質所記立后儀，下詔之日非癸丑，乃乙未。奉璽綬者乃聞人襲，非李咸，疑范氏誤。今按：此云七月癸丑，蔡質所記則云七月乙未。建寧四年七月己未朔，無癸丑，亦無乙未。疑此「癸丑」上脫「八月」二字，而蔡質所記之七月乙未，亦八月乙未之誤也。

三四頁二行 會稽人許生自稱越王　按：集解引何焯說，謂「許生」吳志作「許昌」。又引惠棟說，謂天文志、臧洪傳皆作「許生」。

三四頁二行 丹陽太守陳夤討破之　集解引惠棟說，謂「夤」天文志作「寅」。按：前建寧二年作「陳夤」，下熹平三年又作「陳寅」，紀前後亦不一律也。

三四頁四行 會稽許昭聚衆自稱大將軍　按：集解引何焯說，謂「許昭」吳志作「許韶」。又引惠棟說，謂晉諱昭，故作「韶」。

三四頁七行 甘陵王恢薨　按：集解引錢大昕說，謂淸河王慶傳梁太后立安平孝王子經侯理爲甘陵王，是爲威王，理立二十五年薨，子貞王定嗣，定立四年薨，子獻王忠嗣，別無名恢者。考理以桓帝建和二年封，至熹平元年恰二十五年，則恢與理實一人也。

三五頁八行 癸酉晦日有食之　按：熹平二年十二月乙巳朔，三年正月乙亥朔，則晦爲甲戌而非癸酉。今推熹平三年正月合朔甲戌，日食可見，紀書月日有誤。參閱續五行志六校記。

三三五頁一三行　三月中山王暢薨無子國除　按：集解引錢大昕說，謂按中山王焉傳，穆王暢立三十四年薨，子節王稚嗣，無子，國除。是暢本有子，而國亦未卽除也。

三三六頁八行　封河閒王建〔孫〕〔子〕佗爲任城王　集解引錢大昕說，謂光武十王傳佗爲建子，非建孫。今據改。

三三六頁一〇行　夏四月郡國七大水　按：校補謂續志但云「郡國三水」。

三三七頁三行　並無〔鹽〕監今蒲州安邑縣西南有鹽池〔監也〕　據刊誤並參照校補改。

三三八頁七行　逸字大過　按：殿本、集解本「過」作「迵」。

三三九頁二行　二月南宮平城門及武庫東垣屋自壞　按：集解引惠棟說，謂謝承書及續漢志皆云光和元年事，疑紀誤也。

三三九頁一五行　辛丑京師地震　按：是年十月癸丑朔，不得有辛丑。校補謂袁紀於癸丑朔日食下接書地震，不另出日，似兩事同日，「辛丑」或卽「癸丑」之誤。

三四〇頁一行　辛亥令天下繫囚罪未決入縑贖　按：是年十月癸丑朔，不得有辛亥，辛亥當在下月，疑有誤。

三四〇頁一〇行　二月辛亥朔日有食之　按：今推是年二月合朔辛亥，無日食。參閱續五行志六校記。

三四三頁二行　中常侍王甫及太尉段熲並下獄死　按：李慈銘謂「並」下當增「有罪」二字。

三四四頁七行　詔公卿舉能通〔古文〕尚書　殿本考證引顧炎武說，謂「尚書」上脫「古文」二字。今據補。按：李慈銘謂以古文尚書及毛詩、左氏、穀梁春秋皆不立學官，故詔能通之者得拜議郎也，與安紀延光二年所書正同。

三四四頁一一行　冬閏月　按：光和三年無閏月，「閏月」二字衍。

三四五頁一行　車騎將軍何(貢)〔眞〕女也　據校補引洪亮吉說改。

三四五頁一三行　衞尉許馘爲太尉　按：集解引惠棟說，謂「許馘」袁宏紀作「許郁」。

三四五頁一四行　掌宮婢侍使　按：刊誤謂「使」當作「史」，卽尚書郎侍史之類。

三四七頁一三行　冬東海東萊琅邪井中冰厚尺餘　按：校補引錢大昭說，謂續五行志「東海」作「北海」。

三四八頁二行　其部(師)〔帥〕有三十六(萬)〔方〕　據殿本考證及集解引惠棟說改。

三四八頁一五行　張鈞　按：集解引惠棟說，謂袁宏紀作「均」。

三四九頁一三行　續漢志曰　按：「志」原作「書」，逕據汲本、殿本改。

三五〇頁一五行　下邳王意薨無子國除　按：集解引錢大昕說，謂下邳王衍傳中平元年意薨，子哀王宜嗣，數月薨，無子，建安十一年國除。是意亦有子。

三五一頁五行　(己)〔癸〕亥廣陽門外屋自壞　集解引錢大昕說，謂五行志作「癸亥」，以四分術推之，是年二月庚子朔，不得有己亥日，紀誤。今據改。

三五一頁一四行　太僕河(南)〔內〕張延爲太尉　據集解引惠棟說改。

三五二頁四行　冬十月庚寅司空楊賜薨　集解引錢大昕說，謂以四分術推，是月丙申朔，無庚寅，庚寅乃九月二十四也，月日必有一誤。今按：楊賜傳云二年九月復代張溫爲司空，其月薨，則紀作「十月」，誤也。

三五四頁一三行　遼東太守楊終　按：集解引惠棟說，謂水經注作「楊紘」。

三五四頁一三行　舉(兵)自稱天子　據刊誤刪。

三五五頁八行　黃巾餘賊郭太　按：「太」原作「大」，逕據汲本、殿本改。集解引惠棟說，謂「太」本作「泰」，范氏以家諱改也。

三五五頁一三行　陵字德雲胡陽人也　按：陵，樊英之孫，英傳稱南陽魯陽人，此作「胡陽」，非。

三五六頁八行　凡八校〔尉〕　據汲本、殿本補。

三五六頁一三行　九月南單于叛與白波賊寇河東　按：集解引惠棟說，謂考異云匈奴傳六年帝崩之後，於扶羅乃與白波賊爲寇，紀誤。

三五六頁一三行　冬十月(壬午御殿後槐樹自拔倒豎)青徐黃巾復起　按：熹平五年已書「冬十月壬午御殿後槐樹自拔倒豎」，此重出，且是年十月己酉朔，無壬午，今刪。

三五七頁一三行　年三十四　按：當作「三十三」。張熷讀史舉正謂帝即位年十二，是年改元建寧，至此凡

二十二年，時帝年三十三。

三五七頁一三行 改元爲光(喜)〔熹〕 據汲本、殿本改。下同。

三五八頁三行 董重〔孝仁〕皇后之(弟)〔兄〕子也 據集解引陳景雲說改。

三五九頁二行 (北)〔比曉〕到河上 集解謂御覽引獻帝春秋作「比曉到河上」，注脫「曉」字，復誤「比」爲「北」也。今據改。

三五九頁六行 辛未還宮 集解引陳景雲說，謂上文已書「辛未」，不應複書。

後漢書卷九

孝獻帝紀第九

孝獻皇帝諱協，靈帝中子也。〔一〕母王美人，爲何皇后所害。中平六年四月，少帝卽位，封帝爲勃海王，徙封陳留王。

〔一〕謚法曰：「聰明睿智曰獻。」協之字曰合。張璠記曰：「靈帝以帝似己，故名曰協。」帝王紀曰：「協字伯和。」

九月甲戌，卽皇帝位，年九歲。遷皇太后於永安宮。〔一〕大赦天下。改昭寧爲永漢。丙子，董卓殺皇太后何氏。

〔一〕董卓遷也。洛陽宮殿名曰：「永安宮周迴六百九十八丈，故基在洛陽故城中。」

初令侍中、給事黃門侍郎員各六人。〔一〕賜公卿以下至黃門侍郎家一人爲郎，以補宦官所領諸署，侍於殿上。〔二〕

〔一〕續漢志曰：「侍中，比二千石，無員。」漢官儀曰：「侍中，左蟬右貂，本秦丞相史，往來殿內，故謂之侍中。分掌乘輿服物，下至褻器虎子之屬。武帝時，孔安國爲侍中，以其儒者，特聽掌御唾壺，朝廷榮之。至東京時，屬少府，亦

無員。駕出，則一人負傳國璽，操斬蛇劍，〔參〕乘。（輿）〔與〕中官俱止禁中。」又曰：「給事黃門侍郎，六百石，無員。掌侍從左右，給事中使，關通中外。」應劭曰：「黃門侍郎，每日暮向青瑣門拜，謂之夕郎。」輿服志曰：「禁門曰黃闥，以中人主之，故號曰黃門令。」然則黃門郎給事黃闥之內，故曰黃門郎。本既無員，於此各置六人也。獻帝起居注曰：「自誅黃門後，侍中、侍郎出入禁中，機事頗露，由是王允乃奏侍中、黃門不得出入。不通賓客，自此始也。」

〔三〕靈帝（建元）〔熹平〕四年，改平準為中準，使宦者為令。自是諸內署令、丞悉以閹人為之，故今並令士人代領之。

乙酉，以太尉劉虞為大司馬。董卓自為太尉，加鈇鉞、虎賁。〔一〕丙戌，太中大夫楊彪為司空。甲午，豫州牧黃琬為司徒。

〔一〕禮記曰：「諸侯賜鈇鉞然後專殺。」說文曰：「鈇，莝刃也。」蒼頡篇曰：「鈇，斧也。」加鈇鉞者，得專殺也。

遣使弔祠故太傅陳蕃、大將軍竇武等。冬十月乙巳，葬靈思皇后。

白波賊寇河東，〔一〕董卓遣其將牛輔擊之。

〔一〕薛瑩書曰：「黃巾郭泰等起於西河白波谷，時謂之白波賊。」

十一月癸酉，董卓〔自〕為相國。十二月戊戌，司徒黃琬為太尉，司空楊彪為司徒，光祿勳荀爽為司空。

省扶風都尉，置漢安都護。〔一〕

〔一〕扶風都尉，比二千石，武帝元鼎四年置，中興不改，至此以羌擾三輔，故省之。置都護，令總統西方。

詔除光熹、昭寧、永漢三號，還復中平六年。

初平元年春正月，山東州郡起兵以討董卓。

辛亥，大赦天下。

癸酉，董卓殺弘農王。

白波賊寇東郡。

二月乙亥，太尉黃琬、司徒楊彪免。

庚辰，董卓殺城門校尉伍瓊、督軍校尉周珌。〔一〕以光祿勳趙謙爲太尉，〔二〕太僕王允爲司徒。

〔一〕珌音必。東觀記曰：「周珌，豫州刺史愼之子也。」續漢書、魏志並作「毖」，音秘。

〔二〕謝承書曰：「謙字彥信，太尉趙戒之孫，蜀郡成都人也。」

丁亥，遷都長安。董卓驅徙京師百姓悉西入關，自留屯畢圭苑。

壬辰，白虹貫日。

三月乙巳，車駕入長安，幸未央宮。〔一〕

〔一〕未央宮，蕭何所造也。張璠記曰：「將入宮日，大雨，晝晦，翟雉飛入長安宮。」

己酉，董卓焚洛陽宮廟及人家。

戊午，董卓殺太傅袁隗、太僕袁基，夷其族。〔一〕

〔一〕隗，紹之叔父。基，袁術之母兄。卓以山東兵起，依紹、術爲主，故誅其親屬。獻帝春秋曰：「尺口以上男女五十餘人，皆下獄死。」

夏五月，司空荀爽薨。六月辛丑，光祿大夫种拂爲司空。

大鴻臚韓融、少府陰脩、執金吾胡母班、〔一〕將作大匠吳脩、越騎校尉王瓌安集關東，後將軍袁術、河內太守王匡各執而殺之，〔二〕唯韓融獲免。

〔一〕風俗通云：「胡母，姓，本陳胡公之後也。公子完奔齊，遂有齊國，齊宣王母弟別封母鄉，遠本胡公，近取母邑，故曰胡母氏也。」

〔二〕英雄記曰：「匡字公節，太山人也。輕財好施，以任俠聞，爲袁紹河內太守。」

董卓壞五銖錢，更鑄小錢。〔一〕

〔一〕光武中興，除王莽貨泉，更用五銖錢。

冬十一月庚戌，鎭星、熒惑、太白合於尾。

是歲，有司奏，和、安、順、桓四帝無功德，不宜稱宗，又恭懷、敬隱、恭愍三皇后並非正嫡，不合稱后，皆請除尊號。制曰：「可。」〔一〕孫堅殺荊州刺史王叡，〔二〕又殺南陽太守張咨。

〔一〕和帝號穆宗，安帝號恭宗，順帝號敬宗，桓帝號威宗。和帝尊母梁貴人曰恭懷皇后，安帝尊祖母宋貴人曰敬隱皇后，順帝尊母李氏曰恭愍皇后。

〔二〕王氏譜曰：「叡字通曜，晉太保祥伯父也。」吳錄曰：「叡素遇堅無禮，堅此時欲殺叡。叡曰：『我何罪？』堅曰：『坐無所知。』叡窮迫，刮金飲之而死。」

二年春正月辛丑，大赦天下。

二月丁丑，董卓自爲太師。

袁術遣將孫堅與董卓將胡軫戰於陽人，〔一〕軫軍大敗。董卓遂發掘洛陽諸帝陵。夏四月，董卓入長安。

〔一〕陽人，聚名，屬河南郡，故城在今汝州梁縣西。史記秦滅東周，徙其君於陽人聚，即此地也。

六月丙戌，地震。

秋七月，司空种拂免，光祿大夫濟南淳于嘉爲司空。太尉趙謙罷，太常馬日磾爲太尉。

九月，蚩尤旗見于角、亢。〔一〕

〔一〕天官書曰：「蚩尤之旗，類彗而後曲，象旗。」熒惑之精也。呂氏春秋云：「其色黃上白下，見則王者征伐四方。」角、亢，蒼龍之星。

冬十月壬戌，董卓殺衞尉張溫。

十一月，青州黃巾寇太山，太山太守應劭擊破之。黃巾轉寇勃海，公孫瓚與戰於東光，復大破之。〔一〕

〔一〕東光，今滄州縣。

是歲，長沙有人死經月復活。

三年春正月丁丑，大赦天下。

袁術遣將孫堅攻劉表於襄陽，堅戰歿。

袁紹及公孫瓚戰于界橋，〔一〕瓚軍大敗。

〔一〕今貝州宗城縣東有古界城，近枯漳水，則界橋在此也。

夏四月辛巳，誅董卓，夷三族。司徒王允錄尙書事，總朝政，遣使者張种撫慰山東。

青州黃巾擊殺兗州刺史劉岱於東平。東郡太守曹操大破黃巾於壽張，降之。

五月丁酉，大赦天下。

丁未，征西將軍皇甫嵩爲車騎將軍。

董卓部曲將李傕、郭汜、樊稠、張濟等反，攻京師。六月戊午，陷長安城，太常种拂、太

僕魯旭、大鴻臚周奐、〔一〕城門校尉崔烈、越騎校尉王頎並戰歿，〔二〕吏民死者萬餘人。李傕等並自爲將軍。

〔一〕三輔決錄注曰：「奐字文明，茂陵人。」

〔二〕頎音祈。

己未，大赦天下。

李傕殺司隸校尉黃琬，甲子，殺司徒王允，皆滅其族。丙子，前將軍趙謙爲司徒。

秋七月庚子，太尉馬日磾爲太傅，錄尚書事。八月，遣日磾及太僕趙岐，持節慰撫天下。

車騎將軍皇甫嵩爲太尉。司徒趙謙罷。

九月，李傕自爲車騎將軍，郭汜後將軍，樊稠右將軍，張濟鎮東將軍。濟出屯弘農。

甲申，司空淳于嘉爲司徒，光祿大夫楊彪爲司空，並錄尚書事。

冬十二月，太尉皇甫嵩免。光祿大夫周忠爲太尉，參錄尚書事。

四年春正月甲寅朔，日有食之。〔一〕

〔一〕袁宏紀曰：「時未晡八刻。太史令王立奏曰：『晷過度，無變也。』朝臣皆賀。帝令候焉，未晡一刻而食。賈詡奏曰：『立司候不明，疑誤上下，請付理官。』帝曰：『天道遠，事驗難明，欲歸咎史官，益重朕之不德也。』」

丁卯，大赦天下。

三月，袁術殺楊州刺史陳溫，據淮南。

長安宣平城門外屋自壞。〔一〕

〔一〕三輔黄圖曰：「長安城東面北頭門也。」

夏五月癸酉，無雲而雷。六月，扶風大風，雨雹。華山崩裂。

太尉周忠免，太僕朱儁爲太尉，錄尚書事。

下邳賊闕宣自稱天子。〔一〕

〔一〕風俗通曰：「闕，姓也，承闕黨童子之後也。縱橫家有闕子著書。」

雨水。遣侍御史裴茂訊詔獄，原輕繫。六月辛丑，天狗西北行。〔一〕

〔一〕前書音義曰：「有聲爲天狗，無聲爲枉矢。」

九月甲午，試儒生四十餘人，上第賜位郎中，次太子舍人，下第者罷之。詔曰：「孔子歎『學之不講』，〔一〕不講則所識日忘。今耆儒年踰六十，去離本土，營求糧資，不得專業。結童入學，白首空歸，長委農野，永絕榮望，朕甚愍焉。其依科罷者，聽爲太子舍人。」〔二〕

〔一〕講，習也。論語之文。

〔二〕劉艾獻帝紀曰：「時長安中爲之謠曰：『頭白皓然，食不充粮。裹衣褰裳，當還故鄉。聖主愍念，悉用補郎。舍是

布衣，被服玄黃。』」

冬十月，太學行禮，車駕幸永福城門，臨觀其儀，賜博士以下各有差。

辛丑，京師地震。有星孛于天市。〔一〕

〔一〕袁宏紀曰：「孛于天市，將從天子移都，其後上東遷之應也。」

司空楊彪免，太常趙溫爲司空。

公孫瓚殺大司馬劉虞。

十二月辛丑，地震。

司空趙溫免，乙巳，衞尉張喜爲司空。〔一〕

〔一〕獻帝春秋（曰）「喜」作「嘉」。

是歲，琅邪王容薨。

興平元年春正月辛酉，大赦天下，改元興平。甲子，帝加元服。二月壬午，追尊謚皇妣王氏爲靈懷皇后，甲申，改葬于文昭陵。丁亥，帝耕于藉田。

三月，韓遂、馬騰與郭汜、樊稠戰於長平觀，遂、騰敗績，左中郎將劉範、前益州刺史种劭戰歿。〔一〕

〔一〕前書音義曰：「長平，阪名也，上有觀，在池陽宮南，去長安五十里，今涇水南原畦城是也。」袁宏紀曰：「是時馬騰以李傕等專亂，以益州刺史劉焉宗室大臣，遣使招引共誅傕。焉遣子範將兵就騰。故涼州刺史种劭，太常拂之子也。拂爲傕所害，劭欲報仇，遂爲此戰。」

夏六月丙子，分涼州河西四郡爲廱州。〔一〕

〔一〕謂金城、酒泉、燉煌、張掖。

丁丑，地震；戊寅，又震。乙巳晦，日有食之，帝避正殿，寢兵，不聽事五日。大蝗。

秋七月壬子，太尉朱儁免。戊午，太常楊彪爲太尉，錄尚書事。

三輔大旱，自四月至于是月。帝避正殿請雨，遣使者洗囚徒，原輕繫。〔一〕是時穀一斛五十萬，豆麥一斛二十萬，人相食啖，白骨委積。帝使侍御史侯汶出太倉米豆，爲飢人作糜粥，經日而死者無降。帝疑賦卹有虛，乃親於御坐前量試作糜，乃知非實，〔二〕使侍中劉艾出讓有司。於是尚書令以下皆詣省閤謝，奏收侯汶考實。詔曰：「未忍致汝于理，可杖五十。」自是之後，多得全濟。

〔一〕洗謂盪滌也。

〔二〕袁宏紀曰：「時敕侍中劉艾取米豆五升於御前作糜，得滿三盂，於是詔尚書曰：『米豆五升，得糜三盂，而人委頓，何也？』」

八月，馮翊羌叛，寇屬縣，郭汜、樊稠擊破之。

九月，桑復生椹，人得以食。

司徒淳于嘉罷。

冬十月，長安市門自壞。

以衞尉趙溫爲司徒，錄尚書事。

十二月，分安定、扶風爲新平郡。

是歲，楊州刺史劉繇與袁術將孫策戰于曲阿，〔一〕繇軍敗績，孫策遂據江東。〔二〕太傅馬日磾薨于壽春。〔三〕

〔一〕策字伯符，孫堅子。曲阿，今潤州縣。

〔二〕吳志曰：「孫策既破繇，遂度兵據會稽，策自領會稽太守。」

〔三〕壽春，縣名，屬九江郡，今壽春縣也。

二年春正月癸丑，大赦天下。

二月乙亥，李傕殺樊稠而與郭汜相攻。三月丙寅，李傕脅帝幸其營，焚宮室。

夏四月甲午，立貴人伏氏爲皇后。

丁酉，郭汜攻李傕，矢及御前。〔一〕是日，李傕移帝幸北塢。〔二〕

〔一〕山陽公載記曰：「時弓弩並發，矢下如雨，及御所止高樓殿前帷簾也。」

〔二〕服虔通俗文曰「營居曰塢，一曰庳城」也。山陽公載記曰：「時帝在南塢，傕在北塢。時流矢中傕左耳，乃迎帝幸北塢。帝不肯從，強之乃行。」

大旱。

五月壬午，李傕自爲大司馬。六月庚午，張濟自陝來和傕、汜。

秋七月甲子，車駕東歸。郭汜自爲車騎將軍，楊定爲後將軍，楊奉爲興義將軍，董承爲安集將軍，並侍送乘輿。張濟爲票騎將軍，還屯陝。八月甲辰，幸新豐。冬十月戊戌，郭汜使其將伍習夜燒所幸學舍，逼脅乘輿。楊定、楊奉與郭汜戰，破之。壬寅，幸華陰，露次道南。是夜，有赤氣貫紫宮。〔一〕張濟復反，與李傕、郭汜合。十一月庚午，李傕、郭汜等追乘輿，戰於東澗，王師敗績，殺光祿勳鄧泉、衞尉士孫瑞、廷尉宣播、大長秋苗祀、〔二〕步兵校尉魏桀、侍中朱展、射聲校尉沮儁。〔三〕壬申，幸曹陽，露次田中。〔四〕楊奉、董承引白波帥胡才、李樂、韓暹及匈奴左賢王去卑，率師奉迎，與李傕等戰，破之。十二月庚辰，車駕乃進。李傕等復來追戰，王師大敗，殺略宮人，少府田芬、大司農張義等皆戰歿。進幸陝，夜度河。乙亥，幸安邑。

〔一〕獻帝春秋曰：「赤氣廣六七尺，東至寅，西至戌地。」

〔二〕獻帝春秋「播」作「璠」也。

〔三〕風俗通曰：「沮，姓也。黃帝時史官沮誦之後。」音側余反。

〔四〕曹陽，澗名，在今陝州西南七里，俗謂之七里澗。崔浩云：「自南山北通於河。」

是歲，袁紹遣將麴義與公孫瓚戰於鮑丘，〔一〕瓚軍大敗。

〔一〕鮑丘，水名，出北塞中，南流經九莊嶺東，俗謂之大榆河。又東南經漁陽縣故城東，是瓚之戰處。見水經注。

建安元年春正月癸酉，郊祀上帝於安邑，大赦天下，改元建安。

二月，韓暹攻衞將軍董承。

夏六月乙未，幸聞喜。秋七月甲子，車駕至洛陽，幸故中常侍趙忠宅。丁丑，郊祀上帝，大赦天下。己卯，謁太廟。八月辛丑，幸南宮楊安殿。

癸卯，安國將軍張楊爲大司馬，韓暹爲大將軍，楊奉爲車騎將軍。

是時，宮室燒盡，百官披荊棘，依牆壁閒。州郡各擁彊兵，而委輸不至，羣僚飢乏，尚書郎以下自出採稆，〔一〕或飢死牆壁閒，或爲兵士所殺。

〔一〕稆音呂。埤蒼曰：「穭自生也。」稆與穭同。

辛亥，鎮東將軍曹操自領司隸校尉，錄尚書事。曹操殺侍中臺崇、尚書馮碩等。〔一〕封衞將軍董承爲輔國將軍伏完等十三人爲列侯，贈沮儁爲弘農太守。

〔一〕風俗通曰：「金天氏裔孫曰臺駘，其後氏焉。」山陽公載記（曰）「臺」字作「壺」。

庚申，遷都許。己巳，幸曹操營。

九月，太尉楊彪、司空張喜罷。冬十一月丙戌，曹操自爲司空，行車騎將軍事，百官總己以聽。

二年春，袁術自稱天子。三月，袁紹自爲大將軍。

夏五月，蝗。秋九月，漢水溢。

是歲飢，江淮閒民相食。袁術殺陳王寵。孫策遣使奉貢。

三年夏四月，遣謁者裴茂率中郎將段煨討李傕，夷三族。〔一〕

〔一〕獻帝起居注曰「傳傕首到許，有詔高縣之」也。

呂布叛。

冬十一月，盜殺大司馬張楊。

十二月癸酉，曹操擊呂布於徐州，斬之。

四年春三月，袁紹攻公孫瓚于易京，獲之。〔一〕

〔一〕公孫瓚頻失利，乃臨易河築京以自固，故號易京。其城三重，周回六里。今內城中有土京，在幽州歸義縣南。爾雅曰：「絕高謂之京，非人力爲之丘。」

衞將軍董承爲車騎將軍。

夏六月，袁術死。

是歲，初置尚書左右僕射。武陵女子死十四日復活。〔一〕

〔一〕續漢志曰：「女子李娥，年六十餘死，瘞於城外。有行人聞冢中有聲，告家人出之。」

五年春正月，車騎將軍董承、偏將軍王服、越騎校尉种輯受密詔誅曹操，事洩。壬午，曹操殺董承等，夷三族。

秋七月，立皇子馮爲南陽王。壬午，南陽王馮薨。

九月庚午朔，日有食之。詔三公舉至孝二人，九卿、校尉、郡國守相各一人。皆上封事，靡有所諱。

曹操與袁紹戰於官度，〔一〕紹敗走。

〔一〕裴松之北征記曰：「中牟臺下臨汴水，是爲官度，袁紹、曹操壘尙存焉。」在今鄭州中牟縣北。

冬十月辛亥，有星孛于大梁。〔一〕

〔一〕大梁，酉之分。

東海王祗薨。

是歲，孫策死，〔一〕弟權襲其餘業。〔二〕

〔一〕爲許貢客所射傷。

〔二〕權字仲謀。

六年春〔三〕〔二〕月丁卯朔，日有食之。

七年夏五月庚戌，袁紹薨。

于窴國獻馴象。〔一〕

〔一〕馴象謂隨人意也。

是歲，越巂男子化爲女子。

八年冬十月己巳，公卿初迎冬於北郊，〔一〕總章始復備八佾舞。〔二〕

〔一〕斯禮久廢，故曰初。

〔二〕袁宏紀云：「迎氣北郊，始用八佾。」佾，列也。謂舞者之行列。往因亂廢，今始備之。總章，樂官名。古之安代樂。

初置司直官，督中都官。〔一〕

〔一〕司直，秩比二千石，武帝元狩五年置，掌佐丞相，舉不法也。建武十一年省，今復置之。

九年秋八月戊寅，曹操大破袁尚，平冀州，自領冀州牧。

冬十月，有星孛于東井。

十二月，賜三公已下金帛各有差。自是三年一賜，以爲常制。

十年春正月，曹操破袁譚於青州，斬之。〔一〕

〔一〕魏書曰：「操攻譚不剋，乃自執桴鼓，應時破之。」

夏四月，黑山賊張燕率衆降。〔一〕

〔一〕魏志曰：「燕，本姓褚，常山眞定人也。黃巾起，燕合聚少年爲羣盜，萬餘人，博陵人張牛角爲主。牛角死，燕代爲主，故改姓張。燕剽勇，軍中號曰張飛燕。衆至百萬，號曰黑山賊。」

秋九月，賜百官尤貧者金帛各有差。

十一年春正月，有星孛于北斗。

三月，曹操破高幹於幷州，獲之。〔一〕

〔一〕典論曰：「上洛都尉王琰敗之，追斬其首。」

秋七月，武威太守張猛殺雍州刺史邯鄲商。〔一〕

〔一〕袁宏漢紀（曰）「雍州」作「涼州」也。

是歲，立故琅邪王容子熙爲琅邪王。齊、北海、阜陵、下邳、常山、甘陵、濟（陰）〔北〕、平原八國皆除。

十二年秋八月，曹操大破烏桓於柳城，斬其蹋頓。〔一〕

〔一〕蹋頓，匈奴王號。柳城，縣名，屬遼西郡，今營州縣。

冬十月辛卯，有星孛于鶉尾。〔一〕

〔一〕鶉尾，巳之分也。

乙巳，黃巾賊殺濟南王贇。〔一〕

〔一〕河閒孝王五代孫。

十一月，遼東太守公孫康殺袁尚、袁熙。

十三年春正月，司徒趙溫免。

夏六月，罷三公官，置丞相、御史大夫。　癸巳，曹操自爲丞相。

秋七月，曹操南征劉表。

八月丁未，光祿勳郗慮爲御史大夫。〔一〕

〔一〕續漢書曰：「慮字鴻豫，山陽高平人也。少受學於鄭玄。」

壬子，曹操殺太中大夫孔融，夷其族。

是月，劉表卒，少子琮立，琮以荊州降操。

冬十月癸未朔，日有食之。

曹操以舟師伐孫權，權將周瑜敗之於烏林、赤壁。

十四年冬十月，荊州地震。

十五年春二月乙巳朔，日有食之。

十六年秋九月庚戌，曹操與韓遂、馬超戰於渭南，遂等大敗，關西平。〔一〕

〔一〕曹瞞傳曰：「時婁子伯說操曰：『今天寒，可起沙爲城，以水灌之，可一夜而成。』公從之，比明城立。超、遂數挑戰不利，操縱虎騎夾擊，大破之，超、遂走涼州。」

是歲，趙王赦薨。

十七年夏五月癸未，誅衞尉馬騰，夷三族。

六月庚寅晦，日有食之。

秋七月，洧水、潁水溢。螟。

八月，馬超破涼州，殺刺史韋康。

九月庚戌，立皇子熙爲濟陰王，懿爲山陽王，邈爲濟北王，敦爲東海王。〔一〕

〔一〕山陽公載記曰：「時許靖在巴郡，聞立諸王，曰：『將欲歙之，必姑張之；將欲奪之，必姑與之。其孟德之謂乎！』」

冬十二月，星孛于五諸侯。〔一〕

〔一〕五諸侯，星名也。

十八年春正月庚寅，復禹貢九州。〔一〕

〔一〕獻帝春秋曰：「時省幽、幷州，以其郡國幷於冀州；省司隸校尉及涼州，以其郡國幷爲雍州；省交州，幷荆州、益州。於是有兖、豫、青、徐、荆、楊、冀、益、雍也。」九數雖同，而禹貢無益州有梁州，然梁、益亦一地也。

夏五月丙申，曹操自立爲魏公，加九錫。〔一〕

〔一〕案禮含文嘉曰：「九錫謂一曰車馬，二曰衣服，三曰樂器，四曰朱戶，五曰納陛，六曰虎賁士百人，七曰斧鉞，八曰弓矢，九曰秬鬯。」

大雨水。

徙趙王珪爲博陵王。

是歲，歲星、鎮星、熒惑俱入太微。〔一〕彭城王和薨。

〔一〕是年秋，三星逆行入太微，守帝坐五十日。

十九年，夏四月，旱。五月，雨水。

劉備破劉璋，據益州。

冬十月，曹操遣將夏侯淵討宋建于枹罕，獲之。〔一〕

〔一〕枹罕，縣，屬金城郡，今河州縣也。魏志曰：「淵字妙才，沛國譙人。」

十一月丁卯，曹操殺皇后伏氏，滅其族及二皇子。〔一〕

〔一〕山陽公載記曰：「劉備在蜀聞之，遂發喪。」

二十年春正月甲子，立貴人曹氏爲皇后。賜天下男子爵，人一級，孝悌、力田二級。賜諸王侯公卿以下穀各有差。

秋七月，曹操破漢中，張魯降。

二十一年夏四月甲午，曹操自進號魏王。

五月己亥朔，日有食之。

秋七月，匈奴南單于來朝。

是歲，曹操殺琅邪王熙，國除。〔一〕

〔一〕坐謀欲渡江，被誅。

二十二年夏六月，丞相軍師華歆爲御史大夫。

冬，有星孛于東北。

是歲大疫。

二十三年春正月甲子，少府耿紀、丞相司直韋晃起兵誅曹操，不克，夷三族。〔一〕

〔一〕三輔決錄〔注〕曰：「時有京兆金禕，字德偉，自以代爲漢臣，乃發憤，與耿紀、韋晃欲挾天子以攻魏，南援劉備。事敗，夷三族。」

三月，有星孛于東方。〔一〕

〔一〕杜預注左傳云「平旦，衆星皆沒，而孛星乃見」，故不言所在之次。

二十四年春二月壬子晦，日有食之。

夏五月，劉備取漢中。

秋七月庚子，劉備自稱漢中王。

八月，漢水溢。

冬十一月，孫權取荆州。

二十五年春正月庚子，魏王曹操薨。〔一〕 子丕襲位。〔二〕

〔一〕魏志曰，操字孟德，薨時年六十六。

〔二〕魏志曰，丕字子桓，操之太子。

二月丁未朔，日有食之。

三月，改元延康。

冬十月乙卯，皇帝遜位，魏王丕稱天子。〔一〕 奉帝爲山陽公，〔二〕邑一萬戶，位在諸侯王上，奏事不稱臣，受詔不拜，以天子車服郊祀天地，宗廟、祖、臘皆如漢制，都山陽之濁鹿城。〔三〕 四皇子封王者，皆降爲列侯。

〔一〕遜，讓也。 獻帝春秋曰：「帝時召羣臣卿士告祠高廟，詔太常張音持節，奉策璽綬，禪位于魏王。 乃爲壇於繁陽故城，魏王登壇，受皇帝璽綬。」

〔二〕山陽，縣名，屬河內郡，故城在今懷州脩武縣西北。

〔三〕濁鹿一名濁城，亦名清陽城，在今懷州脩武縣東北。

明年，劉備稱帝于蜀，孫權亦自王於吳，於是天下遂三分矣。

魏青龍二年三月庚寅，山陽公薨。自遜位至薨，十有四年，年五十四，謚孝獻皇帝。八月壬申，以漢天子禮儀葬于禪陵，〔一〕置園邑令丞。

〔一〕續漢書曰：「天子葬，太僕駕四輪輈為賓車，大練為屋幙。中黃門、虎賁各二十人執紼。司空擇土造穿，太史卜日，將作作黃腸題湊、便房，如禮。大駕，大僕御。方相氏黃金四目，蒙熊皮，玄衣朱裳，執戈揚楯，立乘四馬先駈。旂長三刃，十有二旒曳地，畫日、月、升龍。書旐曰『天子之柩』。謁者二人，立乘六馬為次。太常跪〔曰〕哭，〔日〕十五舉音，止哭。晝漏上〔水〕，請發。司徒、河南尹先引車轉，太常曰請拜送。車著白絲三紼，紼長三十丈，圍七寸；六行，行五十人。公卿已下子弟凡三百人，皆素幘，委貌冠，衣素裳，挽。校尉三〔百〕人，皆赤幘，不冠，持幢幡，皆銜枚。羽林孤兒、巴俞櫂歌者六十人，為六列。司馬八人，執鐸。至陵南羨門，司徒跪請就下房，都導東園武士奉入房，執事下明器，太祝進醴獻。司空將校復土。」櫂音徒了反。帝王紀曰：「禪陵在濁鹿城西北十里，在今懷州脩武縣北二十五里。陵高二丈，周回二百步。」劉澄之地記云：「以漢禪魏，故以名焉。」

太子早卒，孫康立五十一年，晉太康六年薨。子瑾立四年，太康十年薨。子秋立二十年，永嘉中為胡賊所殺，國除。

論曰：傳稱鼎之為器，雖小而重，故神之所寶，不可奪移。〔一〕至令負而趨者，此亦窮運之歸乎！〔二〕天厭漢德久矣，山陽其何誅焉！〔三〕

〔一〕左氏傳王孫滿曰：「桀有昏德，鼎遷於商；商紂暴虐，鼎遷於周。德之休明，雖小，重也；其姦回昏亂，雖大，輕

也。」故言神之所寶，不可奪移。

〔二〕言神器至重，被人負而趨走者，斯亦窮盡之運歸於此時乎，言不可復振也。莊子曰：「藏舟於壑，藏山於澤，謂之固矣。然而有力者負之而趨，而昧者不知。」

〔三〕厭，倦；誅，責也。漢自和帝以後，政教陵遲，故言天厭漢德久矣。禍之來也，非獨山陽公之過，其何所誅責乎？左傳宋子魚曰：「天既厭商德。」孔子曰：「於予（予）〔與〕何誅。」

贊曰：獻生不辰，身播國屯。〔一〕終我四百，永作虞賓。〔二〕

〔一〕辰，時也。播，遷也。言獻帝生不逢時，身既播遷，國又屯難。詩曰：「我生不辰。」左傳曰：「震蕩播越。」

〔二〕春秋演孔圖曰：「劉四百歲之際，褒漢王輔，皇王以期，有名不就。」宋均注曰：「雖褒族人爲漢王以自輔，以當有應期，名見播錄者，故名不就也。」虞賓謂舜以堯子丹朱爲賓，（商）〔虞〕書曰「虞賓在位」是也。以喻山陽公爲魏之賓也。

校勘記

三六七頁三行　靈帝中子也　按：集解引惠棟說，謂續志作「靈帝少子」。

三六八頁一行　〔參〕乘（輿）〔與〕中官俱止禁中　依刊誤刪補。按御覽卷二一九引漢官儀，正作「參乘，與中官俱止禁中」。

三六八頁六行　靈帝（建元）〔熹平〕四年改平準爲中準　據殿本、集解本改，與靈紀合。按：兩「準」字原

俱作「准」，逕據汲本、殿本改。

三六八頁一三行　董卓〔自〕爲相國　據殿本考證引何焯說補。

三七二頁七行　袁術遣將孫堅攻劉表於襄陽堅戰歿　按：校補謂案通鑑堅被黄祖部曲兵射殺，敍在二年冬十月後。

三七二頁一四行　董卓部曲將李傕郭汜　汲本「汜」作「氾」，殿本則前作「汜」，後又作「氾」，不一律。按：通鑑作「汜」，胡注汜音祀，又孚梵反。然則作「汜」或「氾」，初無一定，亦猶汜水之又作氾水矣。

三七三頁七行　太僕趙岐　按：「岐」原譌「歧」，逕據汲本、殿本改正。後如此，不悉出校記。

三七四頁五行　夏五月癸酉　按：「五」原譌「三」，逕改正。

三七四頁一一行　試儒生四十餘人　按袁紀作「三十餘人」。

三七五頁九行　獻帝春秋〔曰〕喜作嘉　按：「曰」字當衍，今删。

三七六頁一〇行　帝疑賦邺有虚　按：御覽八三八引「賦」作「賑」。

三七八頁二行　帷簾　按：「簾」原誤「廉」，逕據汲本、殿本改正。

三七八頁一一行　殺光祿勳鄧泉　按：集解引錢大昕說，謂五行志作「鄧淵」，此章懷避諱改。

三七八頁一四行　少府田芬　按：集解引惠棟說，謂五行志作「田邠」。

三八〇頁一行　封衞將軍董承爲輔國將軍伏完等十三人爲列侯　按：惠棟、王鳴盛、錢大昕皆謂「董承」下衍「爲」字。李慈銘謂當云「以執金吾伏完爲輔國將軍，封衞將軍董承等十三人爲列侯」，紀文傳寫脱誤。

三八〇頁三行　山陽公載記(曰)　據刊誤刪。

三八二頁九行　六年春(三)〔二〕月丁卯朔日有食之　集解引錢大昕說，謂五行志作「十月癸未」。按：推是年二月丁卯朔，日食可見，「三月」乃「二月」之誤，今改，與通鑑目錄引本志合。

三八四頁八行　袁宏漢紀(曰)　按：「曰」字當衍，今刪。

三八四頁九行　濟(陰)〔北〕　據集解引錢大昕說及校補引錢大昭說改。

三八四頁一一行　斬其蹋頓　殿本考證引何焯說，謂「其」字應衍。校補謂案烏桓傳，蹋頓爲遼西烏桓王丘力居從子，代丘力居立爲王，是蹋頓乃烏桓王名，故何氏謂「其」字應衍，不解注何以釋爲匈奴王號。今按：如依烏桓傳，則「其」字當刪，「蹋頓」應加標號。

三八八頁二行　曹操遣將夏侯淵討宋建于枹罕　按：汲本、集解本「宋建」作「朱建」。集解引錢大昕說，謂天文志作「宋建」，董卓傳作「宗建」，三國志亦作「宋建」。

三八九頁五行　三輔決録〔注〕曰　按：三輔決録趙岐著。集解引陳景雲說，謂「決録」下當有「注」字，趙岐卒於建安六年，不及見此事。今據補。

三八九頁五行　時有京兆全禕　按：汲本、殿本「全禕」作「金禕」。

三八九頁七行　有星孛于東方　按：袁紀「東方」作「東井」。

三九〇頁七行　冬十月乙卯皇帝遜位魏王丕稱天子　按：集解引惠棟說，謂魏受禪碑作「十月辛未」。據裴松之注魏志，漢實以十月乙卯策詔魏王，使張愔奉璽綬，而魏王辭讓，往返三四而後受也。又據侍中劉廙奏，問太史令許芝，今月十七日乙未，可治壇墠。又據尚書桓階等奏，云輒下太史令擇元辰，今月二十九日可登壇受命。蓋自十七日乙未至二十九日，正得辛未。以此據之，漢魏二紀皆謬，而獨此碑爲是也。

三九一頁五行　太常跪〔曰〕哭(日)十五舉音止哭　據刊誤改。

三九一頁六行　晝漏上〔水〕請發　據續志補。

三九一頁七行　校尉三(百)人　據續志删。

三九二頁五行　於予(予)〔與〕何誅　據刊誤改。

三九二頁八行　春秋演孔圖　按：原作「春秋孔演圖」，誤，逕乙正。

三九二頁九行　(商)〔虞〕書曰　據殿本、集解本改。

後漢書卷十上

皇后紀第十上

夏、殷以上，后妃之制，其文略矣。周禮王者立后，〔一〕三夫人，九嬪，二十七世婦，八十一女御，以備內職焉。后正位宮闈，同體天王。夫人坐論婦禮，〔二〕九嬪掌教四德，〔三〕世婦主喪、祭、賓客，〔四〕女御序于王之燕寢。〔五〕頒官分務，各有典司。女史彤管，記功書過。〔六〕居有保阿之訓，動有環佩之響。〔七〕進賢才以輔佐君子，哀窈窕而不淫其色。〔八〕所以能述宣陰化，修成內則，〔九〕閨房肅雍，險謁不行也。〔一〇〕故康王晚朝，關雎作諷；〔一一〕宣后晏起，姜氏請愆。〔一二〕及周室東遷，禮序凋缺。〔一三〕諸侯僭縱，軌制無章。齊桓有如夫人者六人，〔一四〕晉獻升戎女爲元妃，〔一五〕終於五子作亂，〔一六〕冢嗣遘屯。〔一七〕爰逮戰國，風憲逾薄，適情任欲，顛倒衣裳，〔一八〕以至破國亡身，不可勝數。斯固輕禮弛防，先色後德者也。

〔一〕鄭玄注禮記曰：「后之言後，言在夫之後也。」

〔二〕鄭玄注周禮云「夫人之於后，猶三公之於王，坐而論婦禮」也。

〔三〕九嬪比九卿。周禮曰「九嬪，掌婦學之法，以教九御」也。四德謂婦德、婦言、婦容、婦功也。

〔四〕婦，服也，明其能服事於人也，比二十七大夫。周禮：「世婦，掌祭祀、賓客、喪紀之事。祭之日，涖陳女宮之具，凡內羞之物，掌弔臨于卿大夫之喪。」

〔五〕御謂進御于王也，比八十一元士。周禮曰「女御，〔掌〕敍于王之燕寢，以歲時獻功事」也。

〔六〕周禮云「女史，掌王后之禮，書內令，凡后之事以禮從」也。鄭玄注云「亦如大史之於王」也。彤管，赤管筆也。詩云：「詒我彤管。」注云「古者，后夫人必有女史彤管之法」也。

〔七〕列女傳曰：「齊孝公孟姬，華氏之女。從孝公遊，車奔，姬墮，車碎，孝公使駟馬立車載姬。姬泣曰：『妾聞妃下堂，必從傅母保阿，進退則鳴玉佩環；今立車無軿，非敢受命。』」

〔八〕詩序云：「關雎，樂得淑女以配君子，憂在進賢，不淫其色，哀窈窕，思賢才，而無傷善之心。」毛萇注云：「窈窕，幽閒也。」

〔九〕周禮內宰職曰：「以陰禮教六宮，以婦職之法教九御。」

〔一〇〕肅，敬也。雍，和也。謁，請也。言能輔佐君子，和順恭敬，不行私謁。詩序曰：「雖則王姬，猶執婦道，以成肅雍之德。」又曰：「而無險詖私謁之心。」

〔一一〕前書音義曰：「后夫人雞鳴佩玉去君所。周康王后不然，故詩人歎而傷之。」見魯詩。

〔一二〕列女傳曰：「周宣姜后，齊侯之女也。宣王嘗夜臥晏起，后夫人不出房。姜后既出，乃脫簪珥，待罪於永巷，使傅母通言於王曰：『妾不才，淫心見矣，至使君王失禮而晏起，以見君王樂色忘德。敢請罪，惟君王之命。』王曰：『寡人之過，夫人何辜。』遂勤政事，成中興之名焉。」

〔一三〕幽王時，西夷、犬戎共攻殺幽王于驪山之下。太子宜臼立，是爲平王，東遷洛邑，以避犬戎，政遂微弱。

〔一四〕左傳曰，桓公多內寵，有如夫人者六人：長衞姬，少衞姬，鄭姬，葛嬴，密姬，宋華子也。

〔一五〕元妃，嫡夫人也。史記曰，晉獻公伐驪戎，得驪姬，愛幸，立以爲妃。

〔一六〕桓公六夫人，生六子。桓公卒，立公子昭，於是公子無虧、公子元、公子潘、公子商人、公子雍等五公子皆求立，公子昭奔宋，是作亂也。

〔一七〕冢，大也。蹇，遇也。屯，難也。晉獻公受驪姬之譖，殺太子申生，故曰遇屯。

〔一八〕上曰衣，下曰裳。詩曰：「綠兮衣兮，綠衣黃裳。」鄭玄曰：「褖衣黑，今反以黃爲裏，非其禮制，諭妾上僭也。」

秦并天下，多自驕大，宮備七國，〔一〕爵列八品。〔二〕漢興，因循其號，而婦制莫釐。〔三〕高祖帷薄不修，〔四〕孝文衽席無辯。〔五〕然而選納尚簡，飾翫少華。自武、元之後，世增淫費，至乃掖庭三千，增級十四。〔六〕妖倖毀政之符，外姻亂邦之迹，前史載之詳矣。

〔一〕史記曰：「始皇破六國，寫放其宮室，作之咸陽北坂上，南臨渭水，殿屋複道，周閣相屬，所得諸侯美人，以充入之。」并秦爲七也。

〔二〕前書曰：「漢興因秦之稱號，正嫡稱皇后，妾皆稱夫人，又有美人、良人、八子、七子、長使、少使之號。」

〔三〕釐，理。

〔四〕大戴禮曰：「大臣坐汚穢男女無別者，不曰汚穢，曰帷薄不修。」謂周昌入奏事，高帝擁戚姬，是不修也。

〔五〕鄭玄注禮記曰：「衽，臥席也。」孝文幸愼夫人，每與皇后同坐，是無辯也。

〔六〕婕妤一，娙娥二，容華三，充衣四，已上武帝置；昭儀五，元帝置；美人六，良人七，七子八，八子九，長使十，少使十一，五官十二，順常十三，無涓、共和、娛靈、保林、良使、夜者十四，此六官品秩同爲一等也。

斛。

及光武中興，斲彫爲朴，〔一〕六宮稱號，唯皇后、貴人。〔二〕貴人金印紫綬，奉不過粟數十斛。又置美人、宮人、采女三等，並無爵秩，歲時賞賜充給而已。漢法常因八月筭人，〔三〕遣中大夫與掖庭丞及相工，於洛陽鄉中閱視良家童女，年十三以上，二十已下，姿色端麗，合法相者，載還後宮，擇視可否，乃用登御。所以明慎聘納，詳求淑哲。明帝聿遵先旨，宮教頗修，登建嬪后，必先令德，內無出閫之言，〔四〕權無私溺之授，可謂矯其敝矣。向使因設外戚之禁，編著甲令，〔五〕改正后妃之制，貽厥方來，豈不休哉！雖御己有度，而防（閒）〔閑〕未篤，故孝章以下，漸用色授，恩隆好合，遂忘淄蠹。〔六〕

〔一〕彫謂刻鏤也。史記曰：「漢興，破觚而爲圜，斲琱而爲璞。」

〔二〕鄭玄注周禮曰「皇后正寢一，燕寢五，是爲六宮」也。夫人已下分居焉。

〔三〕漢儀注曰：「八月初爲筭賦，故曰筭人。」

〔四〕閫，門限也。禮記曰「外言不入於閫，內言不出於閫」也。

〔五〕前書音義曰：「甲令者，前帝第一令也，有甲令、乙令、丙令。」

〔六〕淄，黑也。蠹，食木蟲。以諭傾敗也。

自古雖主幼時艱，王家多釁，必委成冢宰，簡求忠賢，未有專任婦人，斷割重器。唯秦

羋太后始攝政事，〔一〕故穰侯權重於昭王，家富於嬴國。〔二〕漢仍其謬，知患莫改。東京皇統屢絕，權歸女主，外立者四帝，〔三〕臨朝者六后，〔四〕莫不定策帷帟，委事父兄，貪孩童以久其政，抑明賢以專其威。〔五〕任重道悠，利深禍速。身犯霧露於雲臺之上，〔六〕家嬰縲紲於囹犴之下。〔七〕湮滅連踵，傾輈繼路。〔八〕而赴蹈不息，燋爛爲期，終於陵夷大運，淪亡神寶。〔九〕詩書所歎，略同一揆。故考列行跡，以爲皇后本紀。雖成敗事異，而同居正號者，並列于篇。其以私恩追尊，非當時所奉者，則隨它事附出。〔一〇〕親屬別事，各依列傳。其餘無所見，則係之此紀，〔一一〕以纘西京外戚云爾。〔一二〕

〔一〕羋音亡爾反。

〔二〕太后，昭王母也，號宣太后。史記曰，昭王立，年少，宣太后自知事，以同母弟魏冉爲將軍，任政，封爲穰侯。太后攝政，始於此也。

〔三〕謂安、質、桓、靈。

〔四〕章帝竇太后、和熹鄧太后、安思閻太后、順烈梁太后、桓思竇太后、靈思何太后也。

〔五〕周禮：「幕人，掌幃帟幄幕之事。」鄭玄注曰：「帟，幄中坐上承塵也。」殤帝崩，鄧太后與兄騭等迎立安帝，年十三。沖帝崩，梁太后與兄冀迎立質帝，年八歲。質帝崩，太后與兄冀迎立桓帝，年十五。桓帝崩，竇太后與父武迎立靈帝，年十二。

〔六〕霧露謂疾病也。不可指言死，故假霧露以言之。靈帝時，中常侍曹節矯詔遷太后於雲臺。謝弼上封事曰：「伏惟皇

太后援立明聖，幽居空宮，如有霧露之疾，陛下當何面目以見天下！」

〔七〕縲，索也。紲，繫也。囹圄，周獄名也。鄉亭之獄曰犴，音五旦反。謂外戚等被誅也。

〔八〕踵，跡也。軔，車輮也。賈誼曰：「前車覆，後車誡。」

〔九〕陵夷猶頹替。神寶，帝位也。

〔一〇〕謂安帝母左姬及祖母宋貴人之類，並見清河孝王傳。

〔一一〕謂賈貴人、虞美人之類是。

〔一二〕纘，繼也。

光武郭皇后諱聖通，眞定槀人也。〔一〕爲郡著姓。父昌，讓田宅財產數百萬與異母弟，國人義之。仕郡功曹。娶眞定恭王女，號郭主，〔二〕生后及子況。昌早卒。郭主雖王家女，而好禮節儉，有母儀之德。更始二年春，光武擊王郎，至眞定，因納后，有寵。及卽位，以爲貴人。

〔一〕槀，縣名，故城在今恆州槀城縣西。

〔二〕恭王名普，景帝七代孫。

建武元年，生皇子彊。帝善況小心謹愼，年始十六，拜黃門侍郎。二年，貴人立爲皇后，彊爲皇太子，封況緜蠻侯。以后弟貴重，賓客輻湊。況恭謙下士，頗得聲譽。十四年，

遷城門校尉。其後，后以寵稍衰，數懷怨懟。十七年，遂廢爲中山王太后，進后中子右翊公輔爲中山王，以常山郡益中山國。徙封況大國，爲陽安侯。〔一〕后從兄竟，以騎都尉從征伐有功，封爲新郪侯，官至東海相。〔二〕竟弟匡爲發干侯，〔三〕官至太中大夫。后叔父梁，早終，無子。其壻南陽陳茂，以恩澤封南䜌侯。〔四〕

〔一〕陽安，縣，屬汝南郡，故城在今豫州朗山縣，故道國城是也。

〔二〕新郪，縣，屬汝南郡，故城在今潁州汝陰縣西北郪丘城是也。音七私反。

〔三〕發干，縣，屬東郡，故城在今博州堂邑縣西南。

〔四〕䜌音力全反。

二十年，中山王輔復徙封沛王，后爲沛太后。況遷大鴻臚。帝數幸其第，會公卿諸侯親家飲燕，賞賜金錢縑帛，豐盛莫比，京師號況家爲金穴。二十六年，后母郭主薨，帝親臨喪送葬，百官大會，遣使者迎昌喪柩，與主合葬，追贈昌陽安侯印綬，謚曰思侯。二十八年，后薨，葬于北芒。

帝憐郭氏，詔況子璜尙淯陽公主，除璜爲郎。顯宗即位，況與帝舅陰識、陰就並爲特進，數授賞賜，恩寵俱渥。禮待陰、郭，每事必均。永平二年，況卒，贈賜甚厚，帝親自臨喪，謚曰節侯，子璜嗣。

元和三年，肅宗北巡狩，過眞定，會諸郭，朝見上壽，引入倡飲甚歡，〔一〕以太牢具上郭主冢，賜粟萬斛，錢五十萬。永元初，璜爲長樂少府，〔二〕子擧爲侍中，兼射聲校尉。及大將軍竇憲被誅，擧以憲女壻謀逆，故父子俱下獄死，家屬徙合浦，〔三〕宗族爲郎吏者，悉免官。新郪侯竟初爲騎將，〔四〕從征伐有功，拜東海相。永平中卒，子嵩嗣；嵩卒，追坐染楚王英事，國廢。建初二年，章帝紹封嵩子勤爲伊亭侯，勤無子，國除。發干侯匡，官至太中大夫，建武三十年卒，子勳嗣；勳卒，子駿嗣，永平十三年，亦坐楚王英事，失國。建初三年，復封駿爲觀都侯，卒，無子，國除。郭氏侯者凡三人，皆絕國。

〔一〕說文曰：「倡，樂也。」聲類曰「俳」。

〔二〕長樂少府，掌皇太后宮，秩二千石。居長信宮曰長信少府，長樂宮曰長樂少府。

〔三〕郡名，今廉州縣。

〔四〕前書曰：「車、戶、騎將，屬光祿，秩比千石。」

論曰：物之興衰，情之起伏，理有固然矣。而崇替去來之甚者，必唯寵惑乎？當其接牀笫，承恩色，雖險情贅行，莫不德焉。〔一〕及至移意愛，析嬿私，雖惠心妍狀，愈獻醜焉。愛升，則天下不足容其高；歡隊，故九服無所逃其命。斯誠志士之所沉溺，君人之所抑揚，未或

違之者也。郭后以衰離見貶，恚怨成尤，而猶恩加別館，增寵黨戚。至乎東海逡巡，去就以禮，使後世不見隆薄進退之隙，不亦光於古乎！

〔一〕說文曰：「贅，肬也。」老子曰：「餘食贅行。」河上公注曰：「行之無當爲贅。」莊子曰：「附贅縣肬。」言醜惡也。

光烈陰皇后諱麗華，〔一〕南陽新野人。初，光武適新野，聞后美，心悅之。後至長安，見執金吾車騎甚盛，因歎曰：「仕宦當作執金吾，娶妻當得陰麗華。」更始元年六月，遂納后於宛當成里，時年十九。及光武爲司隸校尉，方西之洛陽，令后歸新野。及鄧奉起兵，后兄識爲之將，后隨家屬徙淯陽，止於奉舍。

〔一〕謚法曰：「執德遵業曰烈。」東觀記：「有陰子公者，生子方，方生幼公，公生君孟，名睦，即后之父也。」今世本「睦」作「陸」。

光武即位，令侍中傅俊迎后，與湖陽、寧平主諸宮人俱到洛陽，以后爲貴人。〔二〕帝以后雅性寬仁，欲崇以尊位，后固辭，以郭氏有子，終不肯當，故遂立郭皇后。建武四年，從征彭寵，生顯宗於元氏。九年，有盜劫殺后母鄧氏及弟訢，〔三〕帝甚傷之，乃詔大司空曰：「吾微賤之時，娶於陰氏，因將兵征伐，遂各別離。幸得安全，俱脫虎口。〔三〕以貴人有母儀之

美，宜立爲后，而固辭弗敢當，列於媵妾。〔四〕朕嘉其義讓，許封諸弟。未及爵土，而遭患逢禍，母子同命，愍傷于懷。小雅曰：『將恐將懼，惟予與汝。將安將樂，汝轉弃予。』〔五〕風人之戒，可不慎乎？其追爵謚貴人父陸爲宣恩哀侯，弟訢爲宣義恭侯，以弟就嗣哀侯後。及尸柩在堂，使太中大夫拜授印綬，如在國列侯禮。魂而有靈，嘉其寵榮！」

〔一〕寧平，縣，屬淮陽，故城在今亳州谷陽縣西南。

〔二〕音欣。

〔三〕莊子曰，孔子見盜跖，謂柳下惠曰：「幾不免於虎口。」

〔四〕爾雅曰：「媵，送也。」孫炎曰：「送女曰媵。」

〔五〕谷風之詩。

十七年，廢皇后郭氏而立貴人。制詔三公曰：「皇后懷執怨懟，數違教令，不能撫循它子，訓長異室。宮闈之內，若見鷹鸇。〔一〕既無關雎之德，而有呂、霍之風，豈可託以幼孤，恭承明祀。今遣大司徒涉、〔二〕宗正吉持節，其上皇后璽綬。陰貴人鄉里良家，歸自微賤。〔三〕『自我不見，于今三年。』〔四〕宜奉宗廟，爲天下母。主者詳案舊典，時上尊號。異常之事，非國休福，不得上壽稱慶。」后在位恭儉，少嗜玩，不喜笑謔。性仁孝，多矜慈。七歲失父，雖已數十年，言及未曾不流涕。帝見，常歎息。

〔一〕爾雅曰：「宮中小門謂之闈。」
〔二〕戴涉也。
〔三〕公羊傳曰：「婦人謂嫁曰歸。」
〔四〕詩豳風東山之詞也。

顯宗卽位，尊后爲皇太后。永平三年冬，帝從太后幸章陵，置酒舊宅，會陰、鄧故人諸家子孫，並受賞賜。七年，崩，在位二十四年，年六十，合葬原陵。

明帝性孝愛，追慕無已。十七年正月，當謁原陵，夜夢先帝、太后如平生歡。既寤，悲不能寐，卽案歷，明旦日吉，遂率百官及故客上陵。其日，降甘露於陵樹，帝令百官采取以薦。會畢，帝從席前伏御牀，視太后鏡奩中物，〔一〕感動悲涕，令易脂澤裝具。左右皆泣，莫能仰視焉。

〔一〕奩，鏡匣也，音廉。

明德馬皇后諱某，〔一〕伏波將軍援之小女也。少喪父母。兄客卿敏惠早夭，母藺夫人悲傷發疾慌惚。后時年十歲，幹理家事，勑制僮御，〔二〕內外諮稟，事同成人。初，諸家莫知

者，後聞之，咸歎異焉。后嘗久疾，太夫人令筮之，筮者曰：「此女雖有患狀而當大貴，兆不可言也。」後又呼相者使占諸女，見后，大驚曰：「我必爲此女稱臣。然貴而少子，若養它子者得力，乃當踰於所生。」

〔一〕謚法曰：「忠和純淑曰德。」諱某者，史失其名。下皆類此。
〔二〕榦，正也。廣雅曰「僮、御，皆使者」也。

初，援征五溪蠻，卒於師，虎賁中郎將梁松、黃門侍郎竇固等因譖之，由是家益失埶，又數爲權貴所侵侮。后從兄嚴不勝憂憤，白太夫人絕竇氏婚，求進女掖庭。乃上書曰：「臣叔父援孤恩不報，〔一〕而妻子特獲恩全，戴仰陛下，爲天爲父。人情既得不死，便欲求福。竊聞太子、諸王妃匹未備，援有三女，大者十五，次者十四，小者十三，儀狀髮膚，上中以上。〔二〕皆孝順小心，婉靜有禮。〔三〕願下相工，簡其可否。如有萬一，援不朽於黃泉矣。又援姑姊妹並爲成帝婕妤，葬於延陵。臣嚴幸得蒙恩更生，冀因緣先姑，當充後宮。」由是選后入太子宮。時年十三。奉承陰后，傍接同列，禮則脩備，上下安之。遂見寵異，常居後堂。

〔一〕孤，負也。
〔二〕東觀記曰：「明帝馬皇后美髮，爲四起大髻，但以髮成，尚有餘，繞髻三匝。眉不施黛，獨左眉角小缺，補之如粟。常稱疾而終身得意。」

〔三〕婉，順。

顯宗即位，以后爲貴人。時后前母姊女賈氏亦以選入，生肅宗。帝以后無子，命令養之。謂曰：「人未必當自生子，但患愛養不至耳。」后於是盡心撫育，勞悴過於所生。肅宗亦孝性淳篤，恩性天至，母子慈愛，始終無纖介之閒。〔一〕后常以皇嗣未廣，每懷憂歎，薦達左右，若恐不及。後宮有進見者，每加慰納。若數所寵引，輒增隆遇。永平三年春，有司奏立長秋宮，〔二〕帝未有所言。皇太后曰：「馬貴人德冠後宮，即其人也。」遂立爲皇后。

〔一〕纖介猶細微也。閒，隙也。

〔二〕皇后所居宮也。長者久也，秋者萬物成孰之初也，故以名焉。請立皇后，不敢指言，故以宮稱之。

先是數日，夢有小飛蟲無數赴著身，又入皮膚中而復飛出。既正位宮闈，愈自謙肅。身長七尺二寸，方口，美髮。能誦易，好讀春秋、楚辭，尤善周官、董仲舒書。〔一〕常衣大練，裙不加緣。〔二〕朔望諸姬主朝請，〔三〕望見后袍衣疏麤，反以爲綺縠，就視，乃笑。后辭曰：「此繒特宜染色，故用之耳。」六宮莫不歎息。帝嘗幸苑囿離宮，后輒以風邪露霧爲戒，辭意款備，多見詳擇。帝幸濯龍中，〔四〕並召諸才人，下邳王已下皆在側，請呼皇后。帝笑曰：「是家志不好樂，雖來無歡。」是以遊娛之事希嘗從焉。

〔一〕周官，周禮也。仲舒書，玉杯、蕃露、清明、竹林之屬也。蕃音繁。

〔二〕大練，大帛也。杜預注左傳曰：「大帛，厚繒也。」太后兄廖上書曰「今陛下躬服厚繒」是也。

〔三〕漢律春曰朝，秋曰請。

〔四〕續漢志曰，濯龍，園名也，近北宮。

十五年，帝案地圖，將封皇子，悉半諸國。后見而言曰：「諸子裁食數縣，於制不已儉乎？」帝曰：「我子豈宜與先帝子等乎？歲給二千萬足矣。」時楚獄連年不斷，囚相證引，坐繫者甚衆。后慮其多濫，乘閒言及，惻然。帝感悟之，夜起彷徨，爲思所納，〔一〕卒多有所降宥。時諸將奏事及公卿較議難平者，〔二〕帝數以試后。后輒分解趣理，各得其情。每於侍執之際，輒言及政事，多所毗補，而未嘗以家私干。(欲)〔故〕寵敬日隆，始終無衰。

〔一〕思后所納之言。

〔二〕廣雅曰：「較，明也。」

及帝崩，肅宗即位，尊后曰皇太后。諸貴人當徙居南宮，太后感析別之懷，各賜王赤綬，加安車駟馬，白越三千端，〔一〕雜帛二千匹，黃金十斤。自撰顯宗起居注，削去兄防參醫藥事。帝請曰：「黃門舅旦夕供養且一年，既無褒異，又不錄勤勞，無乃過乎！」太后曰：「吾不欲令後世聞先帝數親後宮之家，故不著也。」

〔一〕白越，越布。

建初元年，〔帝〕欲封爵諸舅，太后不聽。明年夏，大旱，言事者以爲不封外戚之故，有司因此上奏，宜依舊典。〔一〕太后詔曰：「凡言事者皆欲媚朕以要福耳。昔王氏五侯同日俱封，〔二〕其時黃霧四塞，不聞澍雨之應。又田蚡、竇嬰，寵貴橫恣，傾覆之禍，爲世所傳。〔三〕故先帝防慎舅氏，不令在樞機之位。〔四〕諸子之封，裁令半楚、淮陽諸國，常謂『我子不當與先帝子等』。今有司柰何欲以馬氏比陰氏乎！吾爲天下母，而身服大練，食不求甘，左右但著帛布，無香薰之飾者，欲身率下也。以爲外親見之，當傷心自勑，但笑言太后素好儉。前過濯龍門上，見外家問起居者，車如流水，馬如游龍，倉頭衣綠褠，領袖正白，〔五〕顧視御者，不及遠矣。故不加譴怒，但絕歲用而已，冀以默愧其心，而猶懈怠，無憂國忘家之慮。知臣莫若君，況親屬乎？吾豈可上負先帝之旨，下虧先人之德，重襲西京敗亡之禍哉！」固不許。〔六〕

〔一〕漢制，外戚以恩澤封侯，故曰舊典也。

〔二〕成帝封太后弟王譚、王商、王立、王根、王逢時等，同時爲關內侯。

〔三〕田蚡，景帝王皇后同母弟武安侯也。爲丞相，貪驕，與淮南王霸上私語。後薨，武帝曰：「使武安侯在者，族矣！」竇嬰，文帝竇皇后從兄子魏其侯也，爲丞相，坐與灌夫朋黨弃市也。

〔四〕樞機，近要之官也。春秋運斗樞曰：「北斗，第一天樞，第二琁，第三機也。」

〔五〕褠，臂衣，今之臂韝，以縛左右手，於事便也。

〔六〕西京外戚呂祿、呂產、竇嬰、上官桀安父子、霍禹等皆被誅。

帝省詔悲歎，復重請曰：「漢興，舅氏之封侯，猶皇子之爲王也。太后誠存謙虛，柰何令臣獨不加恩三舅乎？且衞尉年尊，兩校尉有大病，〔一〕如令不諱，使臣長抱刻骨之恨。宜及吉時，不可稽留。」

〔一〕衞尉，太后兄廖。兩校尉，兄防、兄光也。

太后報曰：「吾反覆念之，思令兩善。豈徒欲獲謙讓之名，而使帝受不外施之嫌哉！〔一〕昔竇太后欲封王皇后之兄，〔二〕丞相條侯言受高祖約，無軍功，非劉氏不侯。〔三〕今馬氏無功於國，豈得與陰、郭中興之后等邪？常觀富貴之家，祿位重疊，猶再實之木，其根必傷。〔四〕且人所以願封侯者，欲上奉祭祀，下求溫飽耳。今祭祀則受四方之珍，衣食則蒙御府餘資，斯豈不足，而必當得一縣乎？吾計之孰矣，勿有疑也。夫至孝之行，安親爲上。今數遭變異，穀價數倍，憂惶晝夜，不安坐臥，而欲先營外封，違慈母之拳拳乎！〔五〕吾素剛急，有匈中氣，不可不順也。若陰陽調和，邊境清靜，然後行子之志。吾但當含飴弄孫，〔六〕不能復關政矣。」

〔一〕以恩澤封爵外家爲外施也。

〔二〕竇太后，文帝后也。王皇后，景帝后也。兄卽王信，後封爲蓋侯。

〔三〕條侯，周亞夫也。前書曰：「高帝與功臣約，非劉氏不王，非有功不侯。不如約，天下共擊之。」

〔四〕文子曰「再實之木根必傷，掘臧之家後必殃」也。

〔五〕拳拳猶勤勤也，音權。

〔六〕方言曰：「餄，餳也。陳、楚、宋、衞之閒通語。」

時新平主家御者失火，延及北閣後殿。太后以爲己過，起居不歡。時當謁原陵，自引守備不愼，慙見陵園，遂不行。初，太夫人葬，起墳微高，太后以爲言，兄廖等卽時減削。其外親有謙素義行者，輒假借溫言，賞以財位。如有纖介，則先見嚴恪之色，然後加譴。其美車服不軌法度者，便絕屬籍，遣歸田里。廣平、鉅鹿、樂成王車騎朴素，無金銀之飾，帝以白太后，太后卽賜錢各五百萬。於是內外從化，被服如一，諸家惶恐，倍於永平時。乃置織室，蠶於濯龍中，〔一〕數往觀視，以爲娛樂。常與帝旦夕言道政事，及教授諸小王，論議經書，述敍平生，雍和終日。

〔一〕前書有東織、西織，屬少府，平帝改名織室。

四年，天下豐稔，方垂無事，帝遂封三舅廖、防、光爲列侯。並辭讓，願就關內侯。太后聞之，曰：「聖人設教，各有其方，知人情性莫能齊也。〔一〕吾少壯時，但慕竹帛，志不顧命。〔二〕

今雖已老，而復『戒之在得』，〔三〕故日夜惕厲，思自降損。〔四〕居不求安，食不念飽。冀乘此道，不負先帝。所以化導兄弟，共同斯志，欲令瞑目之日，無所復恨。何意老志復不從哉？萬年之日長恨矣！」廖等不得已，受封爵而退位歸第焉。

〔一〕禮記王制曰：「凡居人材，必因天地寒煖燥溼，廣谷大川異制，人居其閒異俗。修其敎不易其俗，齊其政不易其宜。中國戎夷五方之人，皆有性也，不可推移。」

〔二〕言少慕古人，書名竹帛，不顧命之長短。

〔三〕論語孔子曰：「少之時，戒之在色；及其老也，戒之在得。」得，貪嗇也。言彌復吝惜封爵，不欲濫封親戚也。

〔四〕惕，懼也。厲，危也。

太后其年寢疾，不信巫祝小醫，數勑絕禱祀。至六月，崩。在位二十三年，年四十餘。合葬顯節陵。

賈貴人，南陽人。建武末選入太子宮，中元二年生肅宗，而顯宗以爲貴人。帝既爲太后所養，專以馬氏爲外家，故貴人不登極位，賈氏親族無受寵榮者。及太后崩，乃策書加貴人王赤綬，〔一〕安車一駟，永巷宮人二百，〔二〕御府雜帛二萬匹，大司農黃金千斤，錢二千萬。諸史並闕後事，故不知所終。

〔一〕續漢書曰諸侯王赤綬也。

〔二〕永巷，宮中署名也，後改爲掖庭。永巷宮人，即官婢也。

章德竇皇后諱某，扶風平陵人，大司(徒)〔空〕融之曾孫也。祖穆，父勳，坐事死，事在竇融傳。勳尚東海恭王彊女沘陽公主，后其長女也。家既廢壞，數呼相工問息耗，〔一〕見后者皆言當大尊貴，非臣妾容貌。年六歲能書，親家皆奇之。建初二年，后與女弟俱以選例入見長樂宮，進止有序，風容甚盛。肅宗先聞后有才色，數以訊諸姬傅。〔二〕及見，雅以爲美，馬太后亦異焉，因入掖庭，見於北宮章德殿。后性敏給，傾心承接，稱譽日聞。明年，遂立爲皇后，妹爲貴人。七年，追爵謚后父勳爲安成思侯。〔三〕后寵幸殊特，專固後宮。

〔一〕薛氏韓詩章句曰：「耗，惡也。」息耗猶言善惡也。

〔二〕訊，問也。傅謂傅母。

〔三〕安成，縣，屬汝南郡，故城在今豫州吳房縣東南。

初，宋貴人生皇太子慶，梁貴人生和帝。后既無子，並疾忌之，數閒於帝，漸致疏嫌。因誣宋貴人挾邪媚道，遂自殺，廢慶爲清河王，語在慶傳。

梁貴人者，褒親愍侯梁竦之女也。少失母，爲伯母舞陰長公主所養。〔一〕年十六，亦以建初二年與中姊俱選入掖庭爲貴人。四年，生和帝。后養爲己子。欲專名外家而忌梁氏。八年，乃作飛書以陷竦，〔二〕竦坐誅，貴人姊妹以憂卒。自是宮房惵息，〔三〕后愛日隆。

〔一〕長公主，光武女，梁松尚焉。

〔二〕飛書，若今匿名書也。

〔三〕惵，懼也，音牒。周書曰「臨捕以威，而氣惵懼」也。

及帝崩，和帝即位，尊后爲皇太后。皇太后臨朝，尊母沘陽公主爲長公主，益湯沐邑三千戶。兄憲，弟篤、景，並顯貴，擅威權，後遂密謀不軌。永元四年，發覺被誅。

九年，太后崩，未及葬，而梁貴人姊（嬺）〔嫕〕〔一〕上書陳貴人枉歿之狀。太尉張酺、司徒劉方、司空張奮上奏，依光武黜呂太后故事，〔二〕貶太后尊號，不宜合葬先帝。百官亦多上言者。帝手詔曰：「竇氏雖不遵法度，而太后常自減損。朕奉事十年，深惟大義，禮，臣子無貶尊上之文。恩不忍離，義不忍虧。案前世上官太后亦無降黜，〔三〕其勿復議。」於是合葬敬陵。在位十八年。

〔一〕音一計反。

〔二〕中元元年，黜呂后不宜配食高廟。

〔三〕上官太后，昭帝后也。父安與燕王謀反誅。太后以年少，又霍光外孫，故不廢也。

帝以貴人酷歿，斂葬禮闕，乃改殯於承光宮，上尊謚曰恭懷皇后，〔一〕追服喪制，百官縞素，與姊大貴人俱葬西陵，儀比敬園。〔二〕

〔一〕謚法曰：「敬事尊上曰恭，慈仁哲行曰懷。」

〔二〕敬園，安帝祖母宋貴人之園也。

和帝陰皇后諱某，光烈皇后兄執金吾識之曾孫也。后少聰慧，善書藝。永元四年，選入掖庭，以先后近屬，故得爲貴人。有殊寵。八年，遂立爲皇后。

自和熹鄧后入宮，〔一〕愛寵稍衰，數有恚恨。后外祖母鄧朱出入宮掖。十四年夏，有言后與朱共挾巫蠱道，〔二〕事發覺，帝遂使中常侍張愼與尚書陳褒於掖庭獄雜考案之。朱及二子奉、毅與后弟軼、輔、敞辭語相連及，以爲祠祭祝詛，大逆無道。奉、毅、輔考死獄中。帝使司徒魯恭持節賜后策，上璽綬，遷于桐宮，以憂死。立七年，葬臨平亭部。〔三〕父特進綱自殺，軼、敞及朱家屬徙日南比景縣，宗親外內昆弟皆免官還田里。永初四年，鄧太后詔赦陰氏諸徙者悉歸故郡，還其資財五百餘萬。

〔一〕熹音許其反。

〔二〕巫師爲蠱，故曰巫蠱。左傳注曰：「蠱，惑也。」

〔三〕葬於亭部內之地也。

和熹鄧皇后諱綏，〔一〕太傅禹之孫也。父訓，護羌校尉；母陰氏，光烈皇后從弟女也。后年五歲，太傅夫人愛之，自爲翦髮。夫人年高目冥，誤傷后額，忍痛不言。左右見者怪而問之，后曰：「非不痛也，太夫人哀憐爲斷髮，難傷老人意，故忍之耳。」六歲能史書，〔二〕十二通詩、論語。諸兄每讀經傳，輒下意難問。〔三〕志在典籍，不問居家之事。母常非之，曰：「汝不習女工以供衣服，乃更務學，寧當舉博士邪？」后重違母言，晝修婦業，暮誦經典，家人號曰「諸生」。父訓異之，事無大小，輒與詳議。

〔一〕蔡邕曰：「謚法，有功安人曰熹。」

〔二〕史書，周宣王太史籀所作大篆十五篇也。前書曰「教學童之書」也。

〔三〕下意猶出意也。

永元四年，當以選入，會訓卒，后晝夜號泣，終三年不食鹽菜，憔悴毀容，親人不識之。后嘗夢捫天，〔一〕蕩蕩正青，若有鍾乳狀，乃仰嗽飲之。以訊諸占夢，言堯夢攀天而上，湯夢

及天而咶之，〔二〕斯皆聖王之前占，吉不可言。又相者見后驚曰：「此成湯之法也。」〔三〕家人竊喜而不敢宣。后叔父陔言：「常聞活千人者，子孫有封。兄訓爲謁者，使修石臼河，歲活數千人。天道可信，家必蒙福。」初，太傅禹歎曰：「吾將百萬之衆，未嘗妄殺一人，其後世必有興者。」

〔一〕捫，摸也。

〔二〕咶音是。

〔三〕續漢書曰：「相者待詔相工蘇大曰：『此成湯之骨法。』」

七年，后復與諸家子俱選入宮。后長七尺二寸，姿顏姝麗，〔一〕絕異於衆，左右皆驚。八年冬，入掖庭爲貴人，時年十六。恭肅小心，動有法度。承事陰后，夙夜戰兢。接撫同列，常克己以下之，雖宮人隸役，皆加恩借。帝深嘉愛焉。及后有疾，特令后母兄弟入視醫藥，不限以日數。后言於帝曰：「宮禁至重，而使外舍久在內省，〔二〕上令陛下有幸私之譏，下使賤妾獲不知足之謗。上下交損，誠不願也。」帝曰：「人皆以數入爲榮，貴人反以爲憂，深自抑損，誠難及也。」每有讌會，諸姬貴人競自修整，簪珥光采，袿裳鮮明，〔三〕而后獨著素，裝服無飾。其衣有與陰后同色者，即時解易。若並時進見，則不敢正坐離立，行則僂身自卑。〔四〕帝每有所問，常逡巡後對，不敢先陰后言。帝知后勞心曲體，歎曰：「修德之勞，

乃如是乎！」後陰后漸疏，每當御見，輒辭以疾。時帝數失皇子，后憂繼嗣不廣，恒垂涕歎息，數選進才人，以博帝意。

〔一〕姝，美色也。詩曰：「彼姝者子。」

〔二〕外舍，外家。

〔三〕說文曰：「簪，笄也。珥，瑱也，以玉充耳。」釋名曰：「婦人上服曰袿。」

〔四〕離，並也。禮記曰：「離坐離立，無往參焉。」

陰后見后德稱日盛，不知所爲，遂造祝詛，欲以爲害。帝嘗寢病危甚，陰后密言：「我得意，不令鄧氏復有遺類！」后聞，乃對左右流涕言曰：「我竭誠盡心以事皇后，竟不爲所祐，而當獲罪於天。婦人雖無從死之義，然周公身請武王之命，〔一〕越姬心誓必死之分，〔二〕上以報帝之恩，中以解宗族之禍，下不令陰氏有人豕之譏。」〔三〕即欲飲藥，宮人趙玉者固禁之，因詐言屬有使來，上疾已愈。后信以爲然，乃止。明日，帝果瘳。

〔一〕武王有疾，周公爲之請命於大王、王季、文王，曰「若爾三王有丕子之責于天，以旦代某之身」也。

〔二〕越姬，楚昭王之姬，越王句踐女也。昭王讌遊，越姬從，謂姬曰：「樂乎？」對曰：「樂則樂矣，而不可久也。」王曰：「願與子生死若此。」姬曰：「君王樂遊，要妾以死，不敢聞命。」後王病，有赤雲夾日如飛鳥。王問周太史。史曰：「是害王身，請移於將相。」王曰：「將相於孤，猶股肱也。」不聽。姬曰：「大哉君王之德。妾請從王死矣。昔日遊樂，是以不敢聽命，今君王復禮，國人爲君王死，何況妾乎？妾願先驅狐狸於地下。昔日口雖不言，心許之矣。

妾聞信者不負其心。」遂自殺。故曰「心誓」。事見列女傳也。

〔三〕高帝愛幸戚夫人。帝崩，呂太后斷夫人手足，去眼熏耳，使居鞠室中，名曰「人彘」也。

十四年夏，陰后以巫蠱事廢，后請救不能得，帝便屬意焉。后愈稱疾篤，深自閉絕。會有司奏建長秋宮，帝曰：「皇后之尊，與朕同體，承宗廟，母天下，豈易哉！唯鄧貴人德冠後庭，乃可當之。」至冬，立爲皇后。辭讓者三，然後即位。手書表謝，深陳德薄，不足以充小君之選。是時，方國貢獻，競求珍麗之物，自后即位，悉令禁絕，歲時但供紙墨而已。帝每欲官爵鄧氏，后輒哀請謙讓，故兄騭終帝世不過虎賁中郎將。

元興元年，帝崩，長子平原王有疾，而諸皇子夭沒，前後十數，後生者輒隱祕養於人閒。殤帝生始百日，后乃迎立之。尊后爲皇太后，太后臨朝。和帝葬後，宮人並歸園，太后賜周、馮貴人策曰：「朕與貴人託配後庭，共歡等列，十有餘年。不獲福祐，先帝早弃天下，孤心煢煢，〔一〕靡所瞻仰，夙夜永懷，感愴發中。今當以舊典分歸外園，慘結增歎，燕燕之詩，曷能喻焉？〔二〕其賜貴人王青蓋車，采飾輅，驂馬各一駟，黃金三十斤，雜帛三千匹，白越四千端。」又賜馮貴人王赤綬，以未有頭上步搖、環珮，加賜各一具。〔三〕

〔一〕煢煢，孤特之貌也。詩曰：「煢煢在疚。」

〔二〕詩鄁（鄘）序曰：「衞莊姜送歸妾也。」其詩曰：「燕燕于飛，差池其羽。之子于歸，遠送于野。瞻望不及，泣涕如

雨。」

〔三〕周禮「王后首服爲副」，所以副首爲飾，若今步搖也。釋名曰：「皇后首副，其上有垂珠，步則搖也。」

是時新遭大憂，法禁未設。宮中亡大珠一篋，太后念，欲考問，必有不辜。乃親閱宮人，觀察顏色，卽時首服。又和帝幸人吉成，御者共枉吉成以巫蠱事，遂下掖庭考訊，辭證明白。太后以先帝左右，待之有恩，平日尚無惡言，今反若此，不合人情，更自呼見實覈，果御者所爲。莫不歎服，以爲聖明。常以鬼神難徵，淫祀無福，乃詔有司罷諸祠官不合典禮者。又詔赦除建武以來諸犯妖惡，及馬、竇家屬所被禁錮者，皆復之爲平人。減大官、導官、尚方、內者服御珍膳靡麗難成之物，〔一〕自非供陵廟，稻粱米不得導擇，朝夕一肉飯而已。舊太官湯官經用歲且二萬萬，〔二〕太后勑止，（曰）〔日〕殺省珍費，自是裁數千萬。及郡國所貢，皆減其過半。悉斥賣上林鷹犬。其蜀、漢釦器九帶佩刀，並不復調。〔三〕止畫工三十九種。又御府、尚方、織室錦繡、冰紈、綺縠、金銀、珠玉、犀象、瑇瑁、彫鏤翫弄之物，皆絕不作。離宮別館儲峙米糒薪炭，悉令省之。〔四〕又詔諸園貴人，其宮人有宗室同族若羸老不任使者，令園監實覈上名，自御北宮增喜觀閱問之，恣其去留，卽日免遣者五六百人。

〔一〕漢官儀曰：「大官，主膳羞也。」前書音義曰：「導官，主導擇米以供祭祀。尚方，掌工作刀劍諸物及刻玉爲器。」漢官儀曰：「內者，主帷帳。」並署名也。

〔二〕經，常也。

〔三〕蜀，蜀郡也。漢，廣漢郡也。二郡主作供進之器，元帝時貢禹上書「蜀、廣漢主金銀器，各用五百萬」是也。釦音口，以金銀緣器也。

〔四〕儲峙猶蓄積也。糒，乾飯。

及殤帝崩，太后定策立安帝，猶臨朝政。以連遭大憂，百姓苦役，〔一〕殤帝康陵方中祕藏，〔二〕及諸工作，事事減約，十分居一。

〔一〕大憂謂和帝、殤帝崩。

〔二〕方中，陵中也。冢藏之中，故言祕也。

詔告司隸校尉、河南尹、南陽太守曰：「每覽前代外戚賓客，假借威權，輕薄謥詷，〔一〕至有濁亂奉公，爲人患苦。咎在執法怠懈，不輒行其罰故也。今車騎將軍騭等雖懷敬順之志，而宗門廣大，姻戚不少，賓客姦猾，多干禁憲。〔二〕其明加檢敕，勿相容護。」自是親屬犯罪，無所假貸。太后愍陰氏之罪廢，赦其徙者歸鄉，敕還資財五百餘萬。永初元年，爵號太夫人爲新野君，萬戶供湯沐邑。〔三〕

〔一〕言怱遽也。謥音七洞反。詷音洞。

〔二〕干，犯也。

〔三〕湯沐者，取其賦稅以供湯沐之具也。

二年夏，京師旱，親幸洛陽寺錄冤獄。有囚實不殺人而被考自誣，羸困輿見，畏吏不敢言，將去，舉頭若欲自訴。太后察視覺之，卽呼還問狀，具得枉實，卽時收洛陽令下獄抵罪。行未還宮，澍雨大降。

三年秋，太后體不安，左右憂惶，禱請祝辭，願得代命。太后聞之，卽譴怒，切勑掖庭令以下，但使謝過祈福，不得妄生不祥之言。舊事，歲終當饗遣衞士，〔一〕大儺逐疫。〔二〕太后以陰陽不和，軍旅數興，詔饗會勿設戲作樂，減逐疫侲子之半，〔三〕悉罷象橐駝之屬。豐年復故。太后自入宮掖，從曹大家受經書，兼天文、筭數。晝省王政，夜則誦讀，而患其謬誤，懼乖典章，乃博選諸儒劉珍等及博士、議郎、四府掾史五十餘人，詣東觀讎校傳記。〔四〕事畢奏御，賜葛布各有差。又詔中官近臣於東觀受讀經傳，以教授宮人，左右習誦，朝夕濟濟。及新野君薨，太后自侍疾病，至乎終盡，憂哀毀損，事加於常。贈以長公主赤綬、東園祕器、玉衣繡衾，〔五〕又賜布三萬匹，錢三千萬。騭等遂固讓錢布不受。使司空持節護喪事，儀比東海恭王，謚曰敬君。太后諒闇旣終，〔六〕久旱，太后比三日幸洛陽，錄囚徒，理出死罪三十六人，耐罪八十人，其餘減罪死右趾已下至司寇。

〔一〕舊事，衞士得代歸者，上親饗焉。前書蓋寬饒傳曰「歲盡交代，上臨饗罷衞卒」是也。

〔二〕禮記月令：「〔命〕有〔司〕大儺，旁磔，〔出〕土牛，以送寒氣。」鄭玄注云：「儺，陰氣也。此月之中，日歷虛、危，有墳

墓四星之氣為厲鬼，隨彊陰出以害人。」故儺却之也。

〔三〕侲子，逐疫之人也，音振。薛綜注西京賦云：「侲之言善也，善童幼子也。」續漢書曰：「大儺，選中黃門子弟，年十歲以上，十二以下，百二十人為侲子。皆赤幘皁製，執大鞀。」

〔四〕讎，對也。

〔五〕東園，署名，屬少府。主作凶器，故言祕也。

〔六〕諒闇，居喪之廬也。或為「諒陰」。諒，信也；陰，默也。言居憂信默不言。

七年正月，初入太廟，齋七日，賜公卿百僚各有差。庚戌，謁宗廟，率命婦羣妾相禮儀，〔一〕與皇帝交獻親薦，成禮而還。〔二〕因下詔曰：「凡供薦新味，多非其節，或鬱養強孰，或穿掘萌牙，味無所至而夭折生長，豈所以順時育物乎！傳曰：『非其時不食。』〔三〕自今當奉祠陵廟及給御者，皆須時乃上。」凡所省二十三種。

〔一〕相，助也。儀禮曰：「命夫者，男子之為大夫也。命婦者，大夫之妻也。」

〔二〕周禮，宗廟祭之日，旦，王服袞冕而入，立於阼；后服副褘，從王而入。王以圭瓚酌鬱鬯以獻尸，次后以璋瓚酌鬱鬯以獻尸，此謂交獻也。卒事凡九獻焉。

〔三〕論語曰：「不時不食。」言非其時物則不食之。前書邵信臣曰：「不時之物，有傷於人，不宜以奉供養。」

自太后臨朝，水旱十載，四夷外侵，盜賊內起。每聞人飢，或達旦不寐，而躬自減徹，以救災戹，故天下復平，歲還豐穰。

元初五年，平望侯劉毅〔一〕以太后多德政，欲令早有注記，上書安帝曰：「臣聞易載羲農而皇德著，〔二〕書述唐虞而帝道崇，故雖聖明，必書功於竹帛，流音於管弦。〔三〕伏惟皇太后膺大聖之姿，體乾坤之德，〔四〕齊蹤虞妃，比跡任姒。〔五〕孝悌慈仁，允恭節約，杜絕奢盈之源，防抑逸欲之兆。正位內朝，流化四海。〔六〕及元興、延平之際，國無儲副，仰觀乾象，參之人譽，援立陛下為天下主，永安漢室，綏靜四海。又遭水潦，東州飢荒。〔七〕垂恩元元，冠蓋交路，菲薄衣食，躬率羣下，損膳解驂，以贍黎苗。〔八〕惻隱之恩，猶視赤子。〔九〕克己引愆，顯揚仄陋。崇晏晏之政，〔一〇〕敷在寬之教。〔一一〕興滅國，繼絕世，錄功臣，復宗室。追還徙人，蠲除禁錮。政非惠和，不圖於心；制非舊典，不訪於朝。弘德洋溢，充塞宇宙；〔一二〕洪澤豐沛，漫衍八方。華夏樂化，戎狄混并。丕功著於大漢，碩惠加於生人。巍巍之業，可聞而不可及；蕩蕩之勳，可誦而不可名。古之帝王，左右置史；〔一三〕漢之舊典，世有注記。夫道有夷崇，治有進退。若善政不述，細異輒書，是為堯湯負洪水大旱之責，而無咸熙假天之美；〔一四〕高宗成王有雊雉迅風之變，而無中興康寧之功也。〔一五〕上考詩書，有虞二妃，周室三母，〔一六〕修行佐德，〔一七〕思不踰閾。〔一八〕未有內遭家難，外遇災害，覽總大麓，經營天物，〔一九〕功德巍巍若茲者也。宜令史官著長樂宮注、聖德頌，以敷宣景燿，勒勳金石，縣之日月，〔二〇〕攄之罔極，以崇陛下烝烝之孝。」帝從之。〔二一〕

〔一〕平望，縣，屬北海郡，今青州北海縣西北平望臺是也，一名望海臺也。

〔二〕易繫辭曰：「古者庖犧氏之王天下，仰觀（法）〔象〕於天，俯觀法於地，於是始畫八卦，以通神明之德，以類萬物之情。庖犧氏沒，神農氏作，斲木爲耜，揉木爲耒，耒耜之利，以教天下。」伏羲、神農爲三皇，故言皇德也。

〔三〕竹謂簡册，帛謂縑素。黄帝以下六代樂，皆所以章顯功德，是流音於管弦。

〔四〕易曰：「聖人與天地合其德。」

〔五〕虞妃，即舜妻娥皇、女英也。任，文王母；姒，武王母也。

〔六〕易家人卦曰：「女正位乎內，正家而天下定矣。」禮記曰，東夷、西戎、南蠻、北狄，謂之四海。

〔七〕延平元年，安帝初即位，六州大水，永初元年，稟司隸、兗、豫、徐、冀、并六州貧人也。

〔八〕廣雅云：「苗，衆也。」

〔九〕瘝，痛也。尚書曰「若保赤子，惟人其康乂」也。

〔一〇〕尚書考靈燿曰：「文（基）〔塞〕晏晏。」

〔一一〕敷，布也。尚書曰：「五教在寬。」

〔一二〕洋溢，言多。

〔一三〕禮記玉藻曰：「動則左史書之，言則右史書之。」

〔一四〕咸，皆也。熙，廣也。尚書曰：「庶績咸熙。」言堯之朝政，衆功皆廣。假音格，至也。尚書曰：「祐我烈祖，格于皇天。」言伊尹佐湯，功至於天也。堯洪水九載，湯大旱七年。

〔一五〕高宗，殷王也，小乙之子，名武丁。當祭成湯，有飛雉升鼎耳而雊，高宗修德，殷道中興。成王疑周公，乃有雷電

大風之變，成王改過，幾致刑措也。

〔一六〕尚書曰：「釐降二女于嬀汭，嬪于虞。」三母謂后稷母姜嫄，文王母大任，武王母大姒也。詩大雅曰：「厥初生人，時維姜嫄。」又曰：「大任有身，生此文王。」又曰「太姒嗣徽音，則百斯男」也。

〔一七〕詩云：「既有烈考，亦有文母。」是佐德。

〔一八〕閾，門限也。左傳曰：「婦人送迎不出門，見兄弟不踰閾。」

〔一九〕麓，錄也。言大錄萬機之政。書曰「納於大麓」，又曰「暴殄天物」也。

〔二〇〕易曰：「縣象著明，莫大於日月。」

〔二一〕廣雅曰：「攄，舒也。」孔安國注尚書曰：「烝烝猶進進也。」

六年，太后詔徵和帝弟濟北、河閒王子男女年五歲以上四十餘人，又鄧氏近親子孫三十餘人，並爲開邸第，〔一〕教學經書，躬自監試。尚幼者，使置師保，朝夕入宮，撫循詔導，恩愛甚渥。〔二〕乃詔從兄河南尹豹、越騎校尉康等曰：「吾所以引納羣子，置之學官者，實以方今承百王之敝，時俗淺薄，巧僞滋生，五經衰缺，不有化導，將遂陵遲，故欲褒崇聖道，以匡失俗。傳不云乎：『飽食終日，無所用心，難矣哉！』〔三〕今末世貴戚食祿之家，溫衣美飯，乘堅驅良，〔四〕而面牆術學，不識臧否，〔五〕斯故禍敗所從來也。永平中，四姓小侯皆令入學，〔六〕所以矯俗厲薄，反之忠孝。先公既以武功書之竹帛，兼以文德教化子孫，〔七〕故能束脩，不觸羅網。〔八〕誠令兒曹上述祖考休烈，下念詔書本意，則足矣。其勉之哉！」

〔一〕蒼頡篇曰：「邸，舍也。」

〔二〕詔，告也。

〔三〕論語孔子言也。言人終日飽食，不措心於道義。難矣哉，言終無遠大也。

〔四〕堅謂好車，良謂善馬也。墨子曰：「聖王爲衣服之法，堅車良馬，不知貴也。」

〔五〕尚書曰「弗學牆面」也。

〔六〕小侯，解見明紀。

〔七〕先公謂鄧禹。禹有子十三人，各使守一藝，故曰文德也。

〔八〕言能自約束修整也。

康以太后久臨朝政，心懷畏懼，託病不朝。太后使內人問之。時宮婢出入，多能有所毀譽，其耆宿者皆稱中大人，所使者乃康家先婢，亦自通中大人。康聞，詬之曰：「汝我家出，爾敢爾邪！」婢怒，還說康詐疾而言不遜。太后遂免康官，遣歸國，絕屬籍。

永寧二年二月，寢病漸篤，乃乘輦於前殿，見侍中、尚書，因北至太子新所繕宮。還，大赦天下，賜諸園貴人、王、主、羣僚錢布各有差。詔曰：「朕以無德，託母天下，而薄祐不天，早離大憂。延平之際，海內無主，元元戹運，危於累卵。〔一〕勤勤苦心，不敢以萬乘爲樂，上欲不欺天愧先帝，下不違人負宿心，誠在濟度百姓，以安劉氏。自謂感徹天地，當蒙福祚，而喪禍內外，傷痛不絕。〔二〕頃以廢病沈滯，久不得侍祠，自力上原陵，加欬逆唾血，遂至不

解。存亡大分，無可柰何。公卿百官，其勉盡忠恪，以輔朝廷。」三月崩。在位二十年，年四十一。合葬順陵。

〔一〕說苑曰：「晉靈公驕奢，造九層之臺，國困人貧，恥功不成。令曰：『左右諫者斬也。』荀息乃求見。公曰：『諫邪？』息曰：『不敢。臣能累十二博棊，加九雞子其上。』公曰：『危哉。』息曰：『復有危於此者。公爲九層之臺，男女不得耕織，社稷一滅，君何所望！』君曰：『寡人之過。』乃壞臺焉。」

〔二〕內外謂新野君薨及和、殤二帝崩也。

論曰：鄧后稱制終身，號令自出，術謝前政之良，身闕明辟之義，〔一〕至使嗣主側目，斂衽於虛器，〔二〕直生懷懣，懸書於象魏。〔三〕借之儀者，殆其惑哉！〔四〕然而建光之後，王柄有歸，〔五〕遂乃名賢戮辱，便孽黨進，〔六〕衰斁之來，茲焉有徵。〔七〕故知持權引謗，所幸者非己；焦心卹患，自強者唯國。〔八〕是以班母一說，闔門辭事；〔九〕愛姪微愆，髡剔謝罪。〔一〇〕將杜根逢誅，未値其誠乎！〔一一〕但蹊田之牛，奪之已甚。〔一二〕

〔一〕前政謂周公也。辟，君也。尚書曰「朕復子明辟」，言周公攝位，復還成王。今太后不還，故曰闕也。

〔二〕器謂神器，謂帝位也。

〔三〕象魏，闕也。直生，杜根等上書，請太后還政。

〔四〕借猶假也。殆，近也。言太后不還政於安帝，近可惑也。

〔五〕太后建光之中崩，歸政安帝。

〔六〕帝寵用乳母王聖及其女伯榮，出入宮掖，通傳姦賂，太尉楊震及鄧騭等皆被中官譖誅也。

〔七〕斁，敗也。安帝臨政，衰敗逾甚，故曰有徵也。

〔八〕言執持朝權以招衆謗者，所幸不爲己身，唯憂國也。

〔九〕太后兄大將軍騭，以母憂上書乞身，太后不許，以問班昭，乃許之。語見昭傳也。

〔一〇〕太后兄騭子鳳受遺事洩，騭遂髡妻及鳳以謝天下。語見騭傳。

〔一一〕諶，信也。言未爲太后所信。

〔一二〕左傳申叔時曰：「牽牛以蹊人之田而奪之牛，牽牛以蹊者信有罪矣，而奪之牛，罰已重矣。」此喻杜根。上書雖曰有罪，太后殺之爲過甚也。

校勘記

三九八頁四行　女御〔掌〕敍于王之燕寢　據今本周禮補。按：前後皆有「掌」字，明此脫。

三九九頁八行　宮備七國　按：文選「宮」作「官」，李善注謂當秦之時，凡有七國，秦幷其六國，故內職皆備置之，而爵列八品焉。據此，似李所見本作「官」，而章懷所據本則作「宮」也。

四〇〇頁八行　而防(閒)〔閑〕未篤　據汲本、殿本改。

四〇〇頁一六行　唯秦芈太后始攝政事　按：「芈」原譌「芊」，各本同，今改正。

四〇二頁八行 眞定槀人也　按：「槀」當作「稾」，其字从禾，各本皆未正。

四〇三頁一三行 帝善況小心謹愼　按：校補引錢大昭說，謂「善」閩本作「美」。

四〇三頁一三行 葬于北芒　按：集解引汪文臺說，謂御覽百三十七引續漢書作「葬北陵」。

四〇三頁一四行 數授賞賜　刊誤謂案文「授」當作「受」。

四〇六頁一四行 七歲失父　按：袁紀作「十歲喪父」。

四〇六頁一五行 言及未曾不流涕　按：汲本、殿本「曾」作「嘗」。

四一〇頁八行 (欲)〔故〕寵敬日隆　據殿本、集解本改。按：集解引惠棟說，謂「故」舊本作「欲」，李氏改作「故」。

四一〇頁一三行 白越三千端　按：御覽八一八引「白越」作「越帛」。

四一一頁一行 〔帝〕欲封爵諸舅　按：張森楷校勘記謂羣書治要「欲」上有「帝」字，當依添。今據補。

四一一頁一五行 樞機近要之官也　按：「官」原譌「宮」，逕改正。

四一三頁三行 文子曰　按：「文」原譌「太」，逕據汲本、殿本改正。

四一三頁八行 賞以財位　按：集解引何焯說，謂「位」字疑。校補謂「位」當作「物」，轉寫之譌。

四一五頁三行 大司(徒)〔空〕融之曾孫也　張森楷校勘記謂案光武紀及竇融傳，融止爲大司空，未嘗爲大司徒，「徒」當作「空」。按：張說是，今據改。

四一六頁九行　梁貴人姊(嬺)〔嫕〕　據梁竦傳改。按：集解引惠棟説謂袁紀作「憑」。

四一八頁五行　夫人年高目冥　按：御覽四一五引，「冥」作「眊」。

四一八頁一二行　下意猶出意也　汲本、殿本「出意」作「出氣」。按：校補謂下意猶出意者，謂別出己意，與諸兄論難。戰國策秦策「下兵三川」，高注「下兵，出兵也」，此下得訓出之證。

四一八頁一四行　后嘗夢捫天蕩蕩正青若有鍾乳狀　按：御覽卷一引作「后嘗夢捫天，天體蕩蕩正青，滑如磄䃗，有若鍾乳狀」，較此爲勝。

四一九頁一行　又相者見后驚曰此成湯之法也　按：御覽七二九引「相者」下有「蘇大」二字。「法」上有「骨」字。

四一九頁二行　后叔父陔　按：袁紀「陔」作「郊」。

四一九頁三行　其後世必有興者　按：王先謙謂「其」字當衍。

四二一頁一五行　詩鄁(鄘)序曰　據張森楷校勘記删。按：張氏謂鄁風詩不當有「鄘」字，蓋誤衍。

四二三頁八行　稻粱米不得導擇　王先謙謂「導」當作「䆃」，前書百官表少府屬有䆃官。今按：前書「䆃」亦譌「導」。説文段注云擇米曰䆃，漢人語如此，凡作「導」者，譌字也。

四二三頁九行　太后勑止(曰)〔日〕殺省珍費　據集解引惠棟説改。

四二四頁一五行　〔命〕有〔司〕大儺旁磔〔出〕土牛　按：此注脱譌不可句讀，今據禮月令補。

四二六頁一行　平望侯劉毅　按：校補引錢大昭説，謂毅，北海敬王子，建初二年封，永元中坐事失侯，

此當云「故平望侯」。

四二七頁二行　仰觀(法)〔象〕於天　據汲本、殿本改。

四二七頁一一行　文(基)〔塞〕晏晏　據汲本改。

四二八頁四行　既有烈考亦有文母　刊誤謂兩「有」字皆當作「右」。

四二九頁一一行　爾敢爾邪　按：上「爾」字應依鄧禹傳作「亦」。

四二九頁一三行　薄祐不天　按：周壽昌謂「祐」當作「祐」，史避安帝諱改。

後漢書卷十下

皇后紀第十下

安思閻皇后諱姬，〔一〕河南滎陽人也。祖父章，永平中爲尚書，以二妹爲貴人。章精力曉舊典，久次，當遷以重職，顯宗爲後宮親屬，竟不用，出爲步兵校尉。〔二〕章生暢，暢生后。

〔一〕謚法曰：「謀慮不愆曰思。」

〔二〕漢官儀曰「比二千石，掌宿衞兵，屬北軍中候」也。

后有才色。元初元年，以選入掖庭，甚見寵愛，爲貴人。二年，立爲皇后。后專房妒忌，帝幸宮人李氏，生皇子保，遂鴆殺李氏。〔一〕三年，以后父侍中暢爲長水校尉，封北宜春侯，〔二〕食邑五千戶。四年，暢卒，謚曰文侯，子顯嗣。

〔一〕鴆，毒鳥也。食蝮。以其羽畫酒中，飲之立死。

〔二〕北宜春，縣，屬汝南郡。以豫章有宜春，故此加北。故城在今豫州汝陽縣西南也。

建光元年，鄧太后崩，帝始親政事。顯及弟景、耀、晏並爲卿校，典禁兵。延光元年，更封顯長社（縣）侯，〔一〕食邑萬三千五百戶，追尊后母宗爲滎陽君。〔二〕顯、景諸子年皆童齔，〔三〕並爲黃門侍郎。后寵既盛，而兄弟頗與朝權，后遂與大長秋江京、中常侍樊豐等共譖皇太子保，廢爲濟陰王。

〔一〕長社，縣，屬潁川郡。前書音義曰：「其社中樹暴長，故名長社。」今許州縣。

〔二〕續漢志曰：「婦人封君，儀比公主，油鞬軿車，帶綬以采組爲緄帶，各如其綬色，黃金辟邪加其首爲帶。」

〔三〕大戴禮曰：「男八歲而齔，女七歲而齔。」齔，毁齒也，音初刃反。

四年春，后從帝幸章陵，帝道疾，崩於葉縣。后、顯兄弟及江京、樊豐等謀曰：「今晏駕道次，〔一〕濟陰王在內，邂逅公卿立之，還爲大害。」乃僞云帝疾甚，徙御臥車。行四日，驅馳還宮。明日，詐遣司徒劉（喜）〔熹〕詣郊廟社稷，告天請命。其夕，乃發喪。尊后曰皇太后。皇太后臨朝，〔二〕以顯爲車騎將軍儀同三司。

〔一〕晏，晚也。臣下不敢斥言帝崩，猶言晚駕而出。

〔二〕蔡邕獨斷曰：「少帝即位，太后即代攝政，臨前殿，朝羣臣。太后東面，少帝西面。羣臣奏事上書，皆爲兩通，一詣后，一詣少帝。」

太后欲久專國政，貪立幼年，與顯等定策禁中，迎濟北惠王子北鄉侯懿，〔一〕立爲皇帝。

顯忌大將軍耿寶〔二〕位尊權重，威行前朝，乃風有司奏寶及其黨與中常侍樊豐、虎賁中郎將謝惲、惲弟侍中篤、篤弟大將軍長史宓、〔三〕侍中周廣、阿母野王君王聖、聖女永、永壻黃門侍郎樊嚴等，更相阿黨，互作威福，探刺禁省，更爲唱和，皆大不道。豐、惲、廣皆下獄死，家屬徙比景；〔四〕宓、嚴減死，髡鉗；貶寶爲則亭侯，遣就國，自殺；王聖母子徙鴈門。於是景爲衞尉，耀城門校尉，晏執金吾，兄弟權要，威福自由。

〔一〕惠王名壽，章帝子也。

〔二〕耿弇之弟舒之孫。

〔三〕善文曰：「惲字伯周，宓字仲周，篤字季周。」

〔四〕比景，縣名，屬日南郡。前書音義曰：「日中於頭上，景在己下，故名之。」

少帝立二百餘日而疾篤，顯兄弟及江京等皆在左右。京引顯屏語曰：「北鄉侯病不解，國嗣宜時有定。前不用濟陰王，今若立之，後必當怨，又何不早徵諸王子，簡所置乎？」顯以爲然。及少帝薨，京白太后，徵濟北、河閒王子。未至，而中黃門孫程合謀殺江京等，立濟陰王，是爲順帝。顯、景、晏及黨與皆伏誅，遷太后於離宮，家屬徙比景。明年，太后崩。在位十二年，合葬恭陵。

帝母李氏瘞在洛陽城北，帝初不知，莫敢以聞。及太后崩，左右白之，帝感悟發哀，親

到瘞所，更以禮殯，上尊謚曰恭愍皇后，葬恭北陵，爲策書金匱，藏于世祖廟。〔一〕

〔一〕在恭陵之北，因以爲名。漢官儀曰：「置陵園令、食監各一人，秩皆六百石。」金匱，緘之以金。

順烈梁皇后諱妠，〔一〕大將軍商之女，恭懷皇后弟之孫也。后生，有光景之祥。少善女工，好史書，九歲能誦論語，治韓詩，〔二〕大義略舉。常以列女圖畫置於左右，以自監戒。〔三〕父商深異之，竊謂諸弟曰：「我先人全濟河西，所活者不可勝數。〔四〕雖大位不究，而積德必報。若慶流子孫者，儻興此女乎？」

〔一〕謚法曰：「執德尊業曰烈。」聲類曰：「妠，（妠）娶也，音納。」

〔二〕韓嬰所傳詩也。

〔三〕劉向撰列女傳八篇，圖畫其象。

〔四〕商曾祖統，更始二年補中郎將、酒泉太守，使安集涼州。時（西）河〔西〕擾亂，衆議以統素有威信，乃推統與竇融共完全五郡。

永建三年，與姑俱選入掖庭，時年十三。相工茅通見后，驚，再拜賀曰：「此所謂日角偃月，相之極貴，臣所未嘗見也。」太史卜兆得壽房，又筮得坤之比，〔一〕遂以爲貴人。常特被

引御，從容辭於帝曰：「夫陽以博施爲德，陰以不專爲義，螽斯則百，福之所由興也。〔二〕願陛下思雲雨之均澤，識貫魚之次序，〔三〕使小妾得免罪謗之累。」由是帝加敬焉。

〔一〕易坤卦六五爻，變而之比，比九五，象曰：「顯比之吉，位正中也。」九五居得其位，下應於上，故吉。

〔二〕詩國風序曰：「言后妃若螽斯不妬忌，則子孫衆多也。」詩大雅曰「太姒嗣徽音，則百斯男」也。

〔三〕易曰：「雲行雨施，品物流形。」剝卦曰：「貫魚，以宮人寵，無不利。」剝，坤下艮上，五陰而一陽，衆陰在下，駢頭相次，似貫魚也。

陽嘉元年春，有司奏立長秋宮，以乘氏侯商先帝外戚，〔一〕春秋之義，娶先大國，〔二〕梁小貴人宜配天祚，正位坤極。〔三〕帝從之，乃於壽安殿立貴人爲皇后。〔四〕后既少聰惠，深覽前世得失，雖以德進，不敢有驕專之心，每日月見謫，〔五〕輒降服求愆。

〔一〕商祖姑，章帝貴人，生和帝也。

〔二〕公羊傳曰，天子娶於紀。紀本子爵也，先褒爲侯，言王者不娶於小國也。

〔三〕正其內位，居陰德之極也。易曰「女正位乎內」也。

〔四〕壽安是德陽宮內殿名。

〔五〕謫，責也。禮記云：「陽事不得，謫見於天，日爲之食。陰事不得，謫見於天，月爲之食。」

建康元年，帝崩。后無子，美人虞氏子炳立，是爲沖帝。尊后爲皇太后，太后臨朝。沖帝尋崩，復立質帝，猶秉朝政。

時楊、徐劇賊寇擾州郡，西羌、鮮卑及日南蠻夷攻城暴掠，賦斂煩數，官民困竭。太后夙夜勤勞，推心杖賢，委任太尉李固等，拔用忠良，務崇節儉。其貪叨罪慝，多見誅廢。〔一〕分兵討伐，羣寇消夷。故海內肅然，宗廟以寧。而兄大將軍冀鴆殺質帝，專權暴濫，忌害忠良，數以邪說疑誤太后，遂立桓帝而誅李固。太后又溺於宦官，多所封寵，以此天下失望。

〔一〕貪財曰叨。慝，惡也。

和平元年春，歸政於帝，太后寢疾遂篤，乃御輦幸宣德殿，見宮省官屬及諸梁兄弟。詔曰：「朕素有心下結氣，從閒以來，加以浮腫，逆害飲食，寖以沈困，〔一〕比使內外勞心請禱。私自忖度，日夜虛劣，不能復與羣公卿士共相終竟。援立聖嗣，恨不久育養，見其終始。今以皇帝、將軍兄弟委付股肱，其各自勉焉。」後二日而崩。在位十九年，年四十五。合葬憲陵。

〔一〕寖，漸也。

虞美人者，以良家子年十三選入掖庭，〔一〕又生女舞陽長公主。自漢興，母氏莫不尊寵。順帝既未加美人爵號，而沖帝早夭，大將軍梁冀秉政，忌惡佗族，故虞氏抑而不登，但稱「大家」而已。

〔一〕續漢志曰：「美人父詩爲郎中，詩父衡屯騎校尉。」

陳夫人者，家本魏郡，少以聲伎入孝王宮，得幸，生質帝。亦以梁氏故，榮寵不及焉。熹平四年，小黃門趙祐、〔一〕議郎卑整上言：〔二〕「春秋之義，母以子貴。〔三〕隆漢盛典，尊崇母氏，凡在外戚，莫不加寵。今沖帝母虞大家，質帝母陳夫人，皆誕生聖皇，而未有稱號。夫臣子雖賤，尚有追贈之典，況二母見在，不蒙崇顯之次，無以述遵先世，垂示後世也。」帝感其言，乃拜虞大家爲憲陵貴人，陳夫人爲渤海孝王妃，〔四〕使中常侍持節授印綬，遣太常以三牲告憲陵、懷陵、靜陵焉。〔五〕

〔一〕續漢志曰：「小黃門，六百石，宦者，無員，掌侍左右，受尚書事。上在內宮，關通中外，及中宮以下衆事，諸公主及王大妃等疾苦，則使問之。」

〔二〕風俗通曰：「卑氏，鄭大夫卑諶之後，漢有卑躬，爲北平太守。」

〔三〕公羊傳曰：「桓公幼而貴，隱公長而卑。桓何以貴？母貴也。母貴則子何以貴？子以母貴，母以子貴。」

〔四〕孝王名鴻，章帝子千乘貞王伉之孫。鴻生質帝，帝立，徙勃海焉。

〔五〕懷陵，沖帝陵。靜陵，質帝陵。

孝崇匽皇后諱明，〔一〕爲蠡吾侯翼媵妾，〔二〕生桓帝。桓帝卽位，明年，追尊翼爲孝崇

皇，陵曰博陵，以后爲博園貴人。和平元年，梁太后崩，乃就博陵尊后爲孝崇皇后。遣司徒持節奉策授璽綬，齋乘輿器服，備法物。宮曰永樂。置太僕、少府以下，皆如長樂宮故事。〔三〕又置虎賁、羽林衞士，起宮室，分鉅鹿九縣爲后湯沐邑。在位三年，元嘉二年崩。以帝弟平原王石爲喪主，〔四〕斂以東園畫梓壽器、玉匣、飯含之具，禮儀制度比恭懷皇后。〔五〕使司徒持節，大長秋奉弔祠，賻錢四千萬，〔六〕布四萬匹，中謁者僕射典護喪事，侍御史護大駕鹵簿。〔七〕詔安平王豹、河閒王建、勃海王悝，〔八〕長社、益陽二長公主，〔九〕與諸國侯三百里內者，及中二千石、二千石、令、長、相，皆會葬。將作大匠復土，繕廟，合葬博陵。

〔一〕匽音偃。

〔二〕蠡吾侯翼，河閒王開子，和帝孫。

〔三〕漢官儀曰：「帝祖母稱長信宮，帝母稱長樂宮，故有長信少府、長樂少府及職吏，皆宦者爲之。」

〔四〕石，蠡吾侯翼子，桓帝兄。

〔五〕東園，署名，屬少府，掌爲棺器。梓木爲棺，以漆畫之。稱壽器者，欲其久長也，猶如壽堂、壽宮、壽陵之類也。漢舊儀曰：「梓棺長二丈，崇廣四尺。」玉匣者，腰已下爲匣，至足亦縫，以黃金爲縷。飯含者，以珠玉實口。

〔六〕公羊傳曰：「貨財曰賻。」

〔七〕漢官儀曰：「天子車駕次第謂之鹵簿。有大駕、法駕、小駕。大駕公卿奉引，大將軍參乘，太僕御，屬車八十一乘，

備千乘萬騎，侍御史在左駕馬，詢問不法者。」今儀比車駕，故以侍御史監護焉。

〔八〕悝音恢。

〔九〕長社公主，桓帝姊，耿弇弟霸玄孫援尙焉。益陽公主，桓帝妹，侍中寇榮從兄子尙焉。

桓帝懿獻梁皇后諱女瑩，〔一〕順烈皇后之女弟也。帝初爲蠡吾侯，梁太后徵，欲與后爲婚，未及嘉禮，〔二〕會質帝崩，因以立帝。明年，有司奏太后曰：「春秋迎王后于紀，在塗則稱后。〔三〕今大將軍冀女弟，膺紹聖善。〔四〕結婚之際，有命既集，〔五〕宜備禮章，時進徵幣。〔六〕請下三公、太常案禮儀。」奏可。於是悉依孝惠皇帝納后故事，聘黃金二萬斤，納采鴈璧乘馬束帛，一如舊典。〔七〕建和元年六月始入掖庭，八月立爲皇后。

〔一〕謚法曰：「溫和聖善曰懿，聰明叡知曰獻。」

〔二〕嘉禮，婚禮。

〔三〕公羊傳曰：「祭公來逆王后于紀。」傳曰：「祭公者何？天子之三公。其稱王后何？王者無外，其辭成矣。」

〔四〕膺，當也。紹，嗣也。聖善謂母也，言娶妻當嗣親也。詩云：「母氏聖善。」

〔五〕謂太后先有令許結親也。詩云「天監在下，有命既集」也。

〔六〕徵，成也。納幣以成婚。

〔七〕漢（書）舊儀：「娉皇后，黃金萬斤。」呂后爲惠帝娶魯元公主女，故特優其禮也。儀禮曰：「納采用鴈。」鄭玄注曰：「納其采擇之禮。用鴈，取順陰陽往來也。」周禮：「王者穀圭以聘女。」鄭玄注云：「士大夫已上，乃以玄纁束帛，天子加以穀圭，諸侯加以大璋。」然禮稱以圭，此云用璧，形制雖異，爲玉同也。乘馬，四匹馬也。雜記曰：「納幣一束，束五兩，兩五尋。」然則每端二丈也。

時太后秉政而梁冀專朝，故后獨得寵幸，自下莫得進見。后藉姊兄廕埶，恣極奢靡，宮幄彫麗，服御珍華，巧飾制度，兼倍前世。及皇太后崩，恩愛稍衰。后既無子，潛懷怨忌，每宮人孕育，鮮得全者。帝雖迫畏梁冀，不敢譴怒，然見御轉稀。至延熹（三）〔二〕年，后以憂恚崩，在位十三年，葬懿陵。其歲，誅梁冀，廢懿陵爲貴人冢焉。

桓帝鄧皇后諱猛女，和熹皇后從兄子鄧香之女也。母宣，初適香，生后。改嫁梁紀，紀者，大將軍梁冀妻孫壽之舅也。后少孤，隨母爲居，因冒姓梁氏。冀妻見后貌美，永興中進入掖庭，爲采女，絕幸。〔一〕明年，封兄鄧演爲南頓侯，位特進。演卒，子康嗣。及懿獻后崩，梁冀誅，立后爲皇后。帝惡梁氏，改姓爲薄，封后母宣爲長安君。四年，有司奏后本郎中鄧香之女，不宜改易它姓，於是復爲鄧氏。追封贈香車騎將軍安陽侯印綬，更封宣、康大縣，

宣爲昆陽君，康爲沘陽侯，賞賜巨萬計。〔三〕宣卒，賵贈葬禮，皆依后母舊儀。以康弟統襲封昆陽侯，位侍中；統從兄會襲安陽侯，爲虎賁中郎將；又封統弟秉爲淯陽侯。宗族皆列校、郎將。

〔二〕采，擇也，以因采擇而立名。

〔三〕巨，大也。大萬謂萬萬也。

帝多內幸，博採宮女至五六千人，及驅役從使，復兼倍於此。而后恃尊驕忌，與帝所幸郭貴人更相譖訴。八年，詔廢后，送暴室，以憂死。〔一〕立七年。葬於北邙。從父河南尹萬世及會皆下獄死。統等亦繫暴室，免官爵，歸本郡，財物沒入縣官。

〔一〕漢官儀曰：「暴室在掖庭內，丞一人，主宮中婦人疾病者。其皇后、貴人有罪，亦就此室也。」

桓思竇皇后諱妙，章德皇后從祖弟之孫女也。父（諱）武。延熹八年，鄧皇后廢，后以選入掖庭爲貴人，其冬，立爲皇后，而御見甚稀，帝所寵唯采女田聖等。永康元年冬，帝寢疾，遂以聖等九女皆爲貴人。及崩，無嗣，后爲皇太后。太后臨朝定策，立解犢亭侯宏，是爲靈帝。

太后素忌忍，積怒田聖等，桓帝梓宮尚在前殿，遂殺田聖。又欲盡誅諸貴人，中常侍管霸、蘇康苦諫，乃止。時太后父大將軍武謀誅宦官，而中常侍曹節等矯詔殺武，遷太后於南宮雲臺，家屬徙比景。

竇氏雖誅，帝猶以太后有援立之功，建寧四年十月朔，率羣臣朝于南宮，親饋上壽。黃門令董萌〔一〕因此數爲太后訴怨，帝深納之，供養資奉有加於前。中常侍曹節、王甫疾萌附助太后，誣以謗訕永樂宮，〔二〕萌坐下獄死。熹平元年，太后母卒於比景，（太）后感疾而崩。立七年。合葬宣陵。

〔一〕漢官儀曰：「黃門令秩六百石。」

〔二〕靈帝母所居也。訕，謗毁也。

孝仁董皇后諱某，河閒人。爲解犢亭侯萇夫人，〔一〕生靈帝。建寧元年，帝卽位，追尊萇爲孝仁皇，陵曰愼陵，以后爲愼園貴人。及竇氏誅，明年，帝使中常侍迎貴人，并徵貴人兄寵到京師，上尊號曰孝仁皇后，居南宮嘉德殿，〔二〕宮稱永樂。拜寵執金吾。後坐矯稱永樂后屬請，下獄死。

〔一〕萇，河閒孝王開孫淑之子也。

〔二〕嘉德殿在九龍門內。

及竇太后崩，始與朝政，使帝賣官求貨，自納金錢，盈滿堂室。中平五年，以后兄子衞尉脩侯重〔一〕爲票騎將軍，領兵千餘人。初，后自養皇子協，數勸帝立爲太子，而何皇后恨之，議未及定而帝崩。何太后臨朝，重與太后兄大將軍進權埶相害，后每欲參干政事，太后輒相禁塞。后忿恚詈言曰：「汝今輈張，怙汝兄耶？〔二〕當勑票騎斷何進頭來。」何太后聞，以告進。進與三公及弟車騎將軍苗等奏：「孝仁皇后使故中常侍夏惲、永樂太僕封諝等交通州郡，〔三〕辜較在所珍寶貨賂，悉入西省。〔四〕蕃后故事不得留京師，〔五〕輿服有章，膳羞有品。請永樂后遷宮本國。」奏可。何進遂舉兵圍驃騎府，收重，〔重〕免官自殺。后憂怖，疾病暴崩，在位二十二年。民閒歸咎何氏。喪還河閒，合葬愼陵。

〔一〕脩，今德州縣也，故城在縣南。「脩」今作「蓨」，音條。

〔二〕輈張猶彊梁也。

〔三〕漢官儀曰：「永樂太僕，用中人爲之。」

〔四〕辜較，解見靈紀。西省，卽謂永樂宮之司。

〔五〕蕃后謂平帝母衞姬。時王莽攝政，恐其專權，后不得留在京師，故云故事也。

靈帝宋皇后諱某，扶風平陵人也，肅宗宋貴人之從曾孫也。建寧三年，選入掖庭爲貴人。明年，立爲皇后。父酆，執金吾，封不其鄉侯。〔一〕

〔一〕不其，縣，屬琅邪郡，故城在今萊州即墨縣西南，蓋其縣之鄉也。其音基。決錄注：「酆字伯遇。」

后無寵而居正位，後宮幸姬衆，共譖毀。初，中常侍王甫枉誅勃海王悝及妃宋氏，〔一〕妃卽后之姑也。甫恐后怨之，乃與太中大夫程阿共構言皇后挾左道祝詛，〔二〕帝信之。光和元年，遂策收璽綬。后自致暴室，以憂死。在位八年。父及兄弟並被誅。諸常侍、小黃門在省闥者，皆憐宋氏無辜，共合錢物，收葬廢后及酆父子，歸宋氏舊塋皐門亭。〔三〕

〔一〕熹平元年，王甫譖悝與中常侍鄭颯交通，欲迎立悝，悝自殺，妃死獄中也。

〔二〕禮記曰：「執左道以亂衆，殺無赦。」鄭玄注云：「左道，若巫蠱也。」

〔三〕詩云：「迺立皐門。」注云：「王之郭門曰皐門。」漢官儀曰：「十二門皆有亭。」

帝後夢見桓帝怒曰：「宋皇后有何罪過，而聽用邪孽，使絕其命？勃海王悝既已自貶，又受誅斃。今宋氏及悝自訴於天，上帝震怒，〔一〕罪在難救。」夢殊明察。帝既覺而恐，以事問於羽林左監許永〔二〕曰：「此何祥？其可禳〔三〕乎？」永對曰：「宋皇后親與陛下共承宗廟，母臨萬國，歷年已久，海內蒙化，過惡無聞。而虛聽讒妬之說，以致無辜之罪，身嬰極誅，禍

及家族，天下臣妾，咸爲怨痛。勃海王悝，桓帝母弟也。處國奉藩，未嘗有過。陛下曾不證審，遂伏其辜。昔晉侯失刑，亦夢大厲被髮屬地。〔四〕天道明察，鬼神難誣。宜并改葬，以安冤魂。反宋后之徙家，復勃海之先封，以消厥咎。」帝弗能用，尋亦崩焉。

〔一〕上帝，天也。震，動也。書曰「帝乃震怒」也。

〔二〕續漢志曰：「羽林左監一人，秩六百石，主羽林左騎。右亦如之。」「永」或作「詠」。

〔三〕攘謂除也。

〔四〕左傳曰：「晉侯夢大厲，被髮及地，搏膺而踊曰：『殺余孫，不義，余得請于帝矣。』」杜預注曰：「厲鬼，趙氏之先祖也。晉侯先殺趙同、趙括，故怒也。」

靈思何皇后諱某，南陽宛人。家本屠者，以選入掖庭。〔一〕長七尺一寸。生皇子辯，養於史道人家，號曰史侯。〔二〕拜后爲貴人，甚有寵幸。性彊忌，後宮莫不震懾。

〔一〕風俗通曰，漢以八月筭人。后家以金帛賂遺主者以求入也。

〔二〕道人謂道術之人也。獻帝春秋曰：「靈帝數失子，不敢正名，養道人史子眇家，號曰史侯。」

光和三年，立爲皇后。明年，追號后父眞爲車騎將軍、舞陽宣德侯，因封后母興爲舞陽君。時王美人任娠，〔一〕畏后，乃服藥欲除之，而胎安不動，又數夢負日而行。四年，生皇子

協，后遂酖殺美人。帝大怒，欲廢后，諸宦官固請得止。董太后自養協，號曰董侯。

王美人，趙國人也。祖父苞，五官中郎將。美人豐姿色，聰敏有才明，能書會計，〔一〕以良家子應法相選入掖庭。帝愍協早失母，又思美人，作追德賦、令儀頌。

〔一〕左傳曰：「邑姜方娠。」杜預注曰：「懷胎爲娠。」音之刃反，一音身。

〔一〕會計謂總會其數而筭。

中平六年，帝崩，皇子辯卽位，尊后爲皇太后。太后臨朝。后兄大將軍進欲誅宦官，反爲所害；舞陽君亦爲亂兵所殺。幷州牧董卓被徵，將兵入洛陽，陵虐朝庭，遂廢少帝爲弘農王而立協，是爲獻帝。扶弘農王下殿，北面稱臣。太后鯁涕，羣臣含悲，莫敢言。董卓又議太后蹙迫永樂宮，至令憂死，逆婦姑之禮，乃遷於永安宮，因進酖，弒而崩。在位十年。董卓令帝出奉常亭舉哀，〔一〕公卿皆白衣會，不成喪也。〔二〕合葬文昭陵。

〔一〕華延儁洛陽記曰：「城内有奉常亭。」

〔二〕有凶事素服而朝，謂之白衣會。左傳曰：「不書葬，不成喪。」

初，太后新立，當謁二祖廟，欲齋，輒有變故，如此者數，竟不克。時有識之士心獨怪之，後遂因何氏傾沒漢祚焉。

明年，山東義兵大起，討董卓之亂。卓乃置弘農王於閣上，使郎中令李儒進酖，曰：「服

此藥，可以辟惡。」王曰：「我無疾，是欲殺我耳！」不肯飲。強飲之，不得已，乃與妻唐姬及宮人飲讌別。酒行，王悲歌曰：「天道易兮我何艱！棄萬乘兮退守蕃。逆臣見迫兮命不延，逝將去汝兮適幽玄！」因令唐姬起舞，姬抗袖而歌〔一〕曰：「皇天崩兮后土積，〔二〕身爲帝兮命夭摧。死生路異兮從此乖，柰我煢獨兮心中哀！」因泣下嗚咽，坐者皆歔欷。王謂姬曰：「卿王者妃，埶不復爲吏民妻。自愛，從此長辭！」遂飲藥而死。時年十八。

〔一〕抗，舉也。

〔二〕史記，周烈王崩，周人謂齊威王曰「天崩地坼」也。

唐姬，潁川人也。王薨，歸鄉里。父會稽太守瑁欲嫁之，姬誓不許。及李傕破長安，遣兵鈔關東，略得姬。傕因欲妻之，固不聽，而終不自名。〔一〕尚書賈詡知之，〔二〕以狀白獻帝。帝聞感愴，乃下詔迎姬，置園中，使侍中持節拜爲弘農王妃。

〔一〕不自名少帝之姬也。袁宏紀曰：「爲傕所略，不敢自言。」

〔二〕魏志曰：「詡字文和，武威姑臧人。少時漢陽閻忠見而異之，曰：『詡有良、平之才。』」

初平元年二月，葬弘農王於故中常侍趙忠成壙中，〔一〕謚曰懷王。

帝求母王美人兄斌，斌將妻子詣長安，賜第宅田業，拜奉車都尉。

〔一〕趙忠先有成壙，因而葬焉。

興平元年，帝加元服。有司奏立長秋宮。詔曰：「朕稟受不弘，遭値禍亂，未能紹先，以光故典。皇母前薨，未卜宅兆，禮章有闕，中心如結。〔一〕三歲之慼，蓋不言吉，且須其後。」於是有司乃奏追尊王美人爲靈懷皇后，改葬文昭陵，儀比敬、恭二陵，〔二〕使光祿大夫持節行司空事奉璽綬，斌與河南尹駱業復土。

〔一〕詩云：「心如結兮。」

〔二〕敬，章帝陵。恭，安帝陵。

斌還，遷執金吾，封都亭侯，〔一〕食邑五百戶。病卒，贈前將軍印綬，謁者監護喪事。長子端襲爵。

〔一〕凡言都亭者，並城內亭也。漢法，大縣侯位視三公，小縣侯位視上卿，鄉侯、亭侯視中二千石也。

獻帝伏皇后諱壽，琅邪東武人，〔一〕大司徒湛之八世孫也。父完，沈深有大度，襲爵不其侯，尙桓帝女陽安公主，〔二〕爲侍中。

〔一〕東武，今密州諸城縣。

〔二〕陽安，縣，屬汝南郡，故城在今豫州朗山縣東北。

初平元年，從大駕西遷長安，后時入掖庭爲貴人。興平二年，立爲皇后，完遷執金吾。帝尋而東歸，李傕、郭汜等追敗乘輿於曹陽，帝乃潛夜度河走，〔一〕六宮皆步行出營。〔二〕后手持縑數匹，董承使符節令孫徽以刃脅奪之，殺傍侍者，血濺后衣。〔三〕既至安邑，御服穿敝，唯以棗栗爲糧。建安元年，拜完輔國將軍，儀比三司。完以政在曹操，自嫌尊戚，乃上印綬，拜中散大夫，尋遷屯騎校尉。十四年卒，子典嗣。

〔一〕度所在今陝州陝縣北。水經曰銅翁仲所沒處，是獻帝東遷潛度所。

〔二〕周禮曰：「王后率六宮之人。」鄭玄注曰：「六宮之人，夫人以下，分居后之六宮者。」

〔三〕濺音子見反。

自帝都許，守位而已，宿衞兵侍，莫非曹氏黨舊姻戚。議郎趙彥嘗爲帝陳言時策，曹操惡而殺之。其餘內外，多見誅戮。操後以事入見殿中，帝不任其憤，因曰：「君若能相輔，則厚；不爾，幸垂恩相捨。」操失色，俛仰求出。舊儀，三公領兵朝見，令虎賁執刃挾之。操出，顧左右，汗流浹背，〔一〕自後不敢復朝請。董承女爲貴人，操誅承而求貴人殺之。帝以貴人有妊，〔二〕累爲請，不能得。后自是懷懼，乃與父完書，言曹操殘逼之狀，令密圖之。完不敢發。至十九年，事乃露泄。操追大怒，遂逼帝廢后，假爲策曰：「皇后壽，得由卑賤，登顯尊極，自處椒房，〔三〕二紀于茲。既無任、姒徽音之美，〔四〕又乏謹身養己之福，〔五〕而陰懷妒

害，苞藏禍心，弗可以承天命，奉祖宗。今使御史大夫郗慮持節策詔，其上皇后璽綬，〔六〕退避中宮，遷于它館。嗚呼傷哉！自壽取之，未致于理，爲幸多焉。」又以尚書令華歆爲郗慮副，〔七〕勒兵入宮收后。閉戶藏壁中，歆就牽后出。時帝在外殿，引慮於坐。后被髮徒跣行泣過訣曰：「不能復相活邪？」帝曰：「我亦不知命在何時！」顧謂慮曰：「郗公，天下寧有是邪？」遂將后下暴室，以幽崩。所生二皇子，皆酖殺之。后在位二十年，兄弟及宗族死者百餘人，母盈等十九人徙涿郡。

〔一〕浹，徹也，音子協反。

〔二〕說文曰：「妊，孕也。」音仁蔭反。

〔三〕漢官儀曰：「皇后稱椒房，取其蕃實之義也。」詩云：「椒聊之實，蕃衍盈升。」

〔四〕大任，文王母。大姒，武王母。徽，美也。詩云：「大姒嗣徽音。」

〔五〕左傳曰：「人受天地之中而生，謂之命。能者養之以福，不能者敗以取禍。」

〔六〕蔡邕獨斷曰：「皇后赤綬玉璽。」續漢志曰：「乘輿黃赤綬，四綵黃赤縹紺，淳黃圭，綬長二丈九尺九寸，五百首。太皇太后、皇太后，其綬皆與乘輿同。」

〔七〕魏志曰：「華歆字子魚，平原高唐人。代荀彧爲尚書令。慮字鴻豫，山陽高平人。」

獻穆曹皇后諱節，〔一〕魏公曹操之中女也。建安十八年，操進三女憲、節、華爲夫人，聘以束帛玄纁五萬匹，小者待年於國。〔二〕十九年，並拜爲貴人。及伏皇后被弒，明年，立節爲皇后。魏受禪，遣使求璽綬，后怒不與。如此數輩，后乃呼使者入，親數讓之，以璽抵軒下，〔三〕因涕泣橫流曰：「天不祚爾！」左右皆莫能仰視。后在位七年。魏氏既立，以后爲山陽公夫人。自後四十一年，魏景（初）〔元〕元年薨，合葬禪陵，車服禮儀皆依漢制。

〔一〕謚法曰：「布德執義曰穆。」

〔二〕留住於國，以待年長。

〔三〕抵，擲也。軒，闌板也。

論曰：漢世皇后無謚，皆因帝謚以爲稱。雖呂氏專政，上官臨制，亦無殊號。〔一〕中興，明帝始建光烈之稱，其後並以德爲配，至於賢愚優劣，混同一貫，故馬、竇二后俱稱德焉。其餘唯帝之庶母及蕃王承統，以追尊之重，特爲其號，如恭懷、孝崇之比是也。初平中，蔡邕始追正和熹之謚，〔二〕其安思、順烈以下，皆依而加焉。

〔一〕上官，昭帝后也。

〔二〕蔡邕集謚議曰：「漢世母氏無謚，至于明帝始建光烈之稱，是後轉因帝號加之以德，上下優劣，混而爲一，違禮

『大行受大名，小行受小名』之制。謚法『有功安人曰熹』。帝后一體，禮亦宜同。大行皇太后謚宜爲和熹。」

贊曰：坤惟厚載，陰正乎內。〔一〕詩美好逑，〔二〕易稱歸妹。〔三〕祁祁皇孋，言觀貞淑。〔四〕媚茲良哲，承我天祿。班政蘭闈，宣禮椒屋。〔五〕既云德升，亦曰幸進。〔六〕身當隆極，族漸河潤。〔七〕視景爭暉，方山並峻。乘剛多阻，行地必順。〔八〕咎集驕滿，福協貞信。慶延自己，禍成誰釁。

〔一〕易曰：「坤厚載物。」又曰：「女正位乎內，男正位乎外。」

〔二〕逑，匹也。詩云：「窈窕淑女，君子好逑。」言后妃有關雎之德，爲君子好匹。

〔三〕兌下震上，歸妹卦也。婦人謂嫁曰歸，妹爲少女之稱。兌爲少陰，震爲長陽，少陰而承長陽，悅以動之，歸妹之象也。以六五與九二相應，五爲王侯，故易言「帝乙歸妹」。

〔四〕祁祁，衆多也。孋亦儷也。觀，示也。言諸后皆示其貞淑，配皇爲儷。案字書無「孋」字，相傳音麗，蕭該音離。

〔五〕班固西都賦曰：「後宮則掖庭椒房，后妃之室。蘭林蕙草，披香發越。」蘭林，殿名，故言蘭闈。椒屋卽椒房也。

〔六〕德升謂馬、鄧等也。幸進謂閻、何之類也。

〔七〕公羊傳曰「河海潤千里」也。

〔八〕易屯卦象曰：「六二之難，乘剛也。」又坤卦曰：「牝馬地類，行地無疆。」王弼注云：「地之所以得無疆者，以卑順行之故也。」

漢制，皇女皆封縣公主，儀服同列侯。〔一〕其尊崇者，加號長公主，儀服同蕃王。〔二〕諸王女皆封鄉、亭公主，儀服同鄉、亭侯。〔三〕肅宗唯特封東平憲王蒼、琅邪孝王京女爲縣公主。〔四〕其後安帝、桓帝妹亦封長公主，同之皇女。〔五〕其皇女封公主者，所生之子襲母封爲列侯，〔六〕皆傳國於後。鄉、亭之封，則不傳襲。其職僚品秩，事在百官志。〔七〕不足別載，故附于后紀末。

〔一〕漢法，大縣侯視三公。

〔二〕蔡邕曰：「帝女曰公主，姊妹曰長公主。」建武十五年，封（武）〔舞〕陽公主爲長公主，即是帝女尊崇亦爲長，非惟姊妹也。輿服志曰「長公主赤罽軿車，與諸侯同綬」也。

〔三〕鄉、亭侯視中二千石。

〔四〕東平王傳曰：「封蒼女五人爲縣公主。」孝王女，傳不見其數。

〔五〕案：鄧禹玄孫少府褒尚舞陰長公主，耿弇曾孫侍中良尚（漢）〔濮〕陽長公主，岑彭玄孫魏郡守熙尚涅陽長公主，來歙玄孫虎賁中郎將定尚平氏長公主，並安帝妹也。長社、益陽公主，桓帝妹也。解見上。

〔六〕馮定，獲嘉公主子，襲封獲嘉侯；馮奮，平陽公主子，襲封平陽侯。此其類也。

〔七〕沈約謝儼傳曰：「范曄所撰十志，一皆託儼。搜撰垂畢，遇曄敗，悉蠟以覆車。宋文帝令丹陽尹徐湛之就儼尋求，

已不復得，一代以爲恨。其志今闕。」續漢志曰：「諸公主家令一人，六百石；丞一人，三百石；其餘屬吏，增減無常。」漢官儀曰「長公主傅一人，私府長一人，食官一人，永巷長一人，家令一人，秩皆六百石，各有員吏。而鄉公主傅一人，秩六百石，僕一人，六百石，家丞一人，三百石」也。

皇女義王，建武十五年封舞陽長公主，適（延）陵鄉侯太僕梁松。〔一〕松坐誹謗誅。

〔一〕舞陽，縣，屬潁川郡。松，梁統之子。其傳云：「尙光武女舞陰公主。」又鄧訓傳：「舞陰公主子梁扈，有罪，訓與交通。」此云舞陽，誤也。

皇女中禮，十五年封涅陽公主，適顯親侯大鴻臚竇固，〔一〕肅宗尊爲長公主。

〔一〕涅陽，屬南陽郡。顯親，縣，屬漢陽郡。固，竇融子。

皇女紅夫，十五年封館陶公主，適駙馬都尉韓光。光坐與淮陽王延謀反誅。

皇女禮劉，十七年封淯陽公主，適陽安侯長樂少府郭璜。〔一〕璜坐與竇憲謀反誅。

〔一〕璜，郭況子也。

皇女綬，〔一〕二十一年封酈邑公主，適新陽侯世子陰豐。豐害主，誅死。〔二〕

〔一〕「綬」一作「緩」。

〔二〕酈，縣，屬南陽郡，音擲亦反。新陽，縣，屬汝南郡。豐，陰就子。

世祖五女。

皇女姬，永平二年封獲嘉長公主，適楊邑侯將作大匠馮柱。〔一〕

〔一〕獲嘉，縣，屬河內郡。楊邑，縣，屬太原郡。柱，（馬）〔馮〕魴子。

皇女奴，三年封平陽公主，〔一〕適大鴻臚馮順。〔二〕

〔一〕平陽，縣，屬河東郡。

〔二〕馮勤子也。

皇女迎，〔一〕三年封隆慮公主，〔二〕適牟平侯耿襲。〔三〕

〔一〕「迎」或作「延」。

〔二〕隆慮，縣，屬河內郡。

〔三〕牟平，縣，屬東萊郡。襲，耿弇弟舒之子。

皇女次，三年封平氏公主。〔一〕

〔一〕平氏，縣，屬南陽郡。既不言所適，不顯始終，蓋史闕之也。它皆倣此。

皇女致，三年封沁水公主，〔一〕適高密侯鄧乾。〔二〕

〔一〕沁水，縣，屬河內郡。

〔二〕乾，鄧震之子，禹之孫。

皇女小姬，十二年封平皋公主，〔一〕適昌安侯侍中鄧蕃。〔二〕

〔一〕平皋，縣，屬河內郡。

〔三〕昌安，縣，屬高密國。蕃，鄧襲子，禹之孫也。

皇女仲，十七年封浚儀公主，適軼侯〔一〕黃門侍郎王度。〔二〕

〔一〕「軼」，志作「軑」，音伏。師古曰：又音徒系反。

〔二〕軼，縣，屬江夏郡。度，王符子，霸之孫。

皇女惠，十七年封武安公主，適征羌侯世子黃門侍郎來棱，〔一〕安帝尊爲長公主。

〔一〕征羌，縣，屬汝南郡。棱，褒之子，歙之孫。

皇女臣，建初元年封魯陽公主。〔一〕

〔一〕魯陽，縣，屬南陽郡。

皇女小迎，元年封樂平公主。〔一〕

〔一〕樂平，太清縣，屬東郡，章帝更名。

皇女小民，元年封成安公主。〔一〕

〔一〕成安，縣，屬潁川郡。

顯宗十一女。

皇女男，建初四年封武德長公主。

皇女王，四年封平邑公主，〔一〕適黃門侍郎馮由。

〔一〕平邑，縣，屬代郡，今魏郡昌樂東北又有平邑城。

皇女吉，永元五年封陰安公主。〔一〕

〔一〕陰安，縣，屬魏郡。

肅宗三女。

皇女保，延平元年封脩武長公主。〔一〕

〔一〕脩武，縣，屬河內郡。

皇女成，元年封共邑公主。〔一〕

〔一〕共，縣，屬河內郡。

皇女利，元年封臨潁公主。〔一〕適卽墨侯侍中賈建。〔二〕

〔一〕縣，屬潁川郡。

〔二〕卽墨，縣，屬膠東國。建，賈參子，復之曾孫。

皇女興，元年封聞喜公主。〔一〕

〔一〕聞喜，縣，屬河東郡。

和帝四女。

皇女生，永和三年封舞陽長公主。

皇女成男，三年封冠軍長公主。〔一〕

〔一〕冠軍，縣，屬南陽郡。

皇女廣，永和六年封汝陽長公主。〔一〕

〔一〕汝陽，縣，屬汝南郡。

順帝三女。

皇女華，延熹元年封陽安長公主，適不其侯輔國將軍伏完。〔二〕

〔二〕完，伏湛（五）〔七〕世孫。

皇女堅，七年封潁陰長公主。〔一〕

〔一〕潁陰，縣，屬潁川郡。

皇女脩，九年封陽翟長公主。

桓帝三女。

皇女某，光和三年封萬年公主。

靈帝一女。

校勘記

四三六頁二行　更封顯長社（縣）侯　按：王先謙謂「縣」字衍，今據删。

四三六頁六行　油犍軿車　按：校補謂今續志作「油畫軿車」。

四三六頁一〇行　司徒劉(喜)〔熹〕　據錢大昭說改。按：校補謂本書安紀、順紀皆作「熹」，通鑑亦作「熹」，惟袁宏後漢紀兩見皆作「喜」。

四三七頁一一行　又何不早徵諸王子　按：「又」原譌「人」，逕改正。

四三八頁七行　妠(妠)娶也　陳景雲謂下「妠」字衍，今據刪。

四三八頁一〇行　時(西)河〔西〕擾亂　陳景雲謂「西河」當作「河西」，今據改。

四四二頁六行　詔安平王豹　按：校補引錢大昭說，謂「豹」疑當作「續」。

四四二頁一三行　石蠡吾侯翼子桓帝兄　按：正文云「帝弟平原王石」，此云「桓帝兄」，必有一誤。

四四二頁一四行　胥已下爲匣　按：「下」原譌「而」，逕改正。

四四四頁一行　漢(書)舊儀　按：當依衞宏傳作「漢舊儀」，「書」字衍，今刪。

四四四頁七行　至延熹(三)〔二〕年　據汲本、殿本改。

四四四頁九行　桓帝鄧皇后諱猛女　按：東觀記云「字猛」，無「女」字。續天文志同。

四四四頁一三行　改姓爲薄　按：袁紀「薄」作「亳」。

四四五頁二行　又封統弟秉爲淯陽侯　按：袁紀「秉」作「庾」，「淯」作「育」。

四四五頁一〇行　父(諱)武　殿本無此三字，考證謂監本此三字是注文，依宋本刪。今按：各舊本此三字皆作正文，與北監本不同。考證所云之「宋本」，不知宋刊何本也。又按：校補引顧炎武

說，謂「諱」字衍，今據刪。

四四五頁一三行　立解犢亭侯宏　按：王先謙謂「犢」當作「瀆」。

四四六頁六行　太后母卒於比景〔太〕后感疾而崩　據王鳴盛說及通鑑補。

四四七頁九行　〔重〕免官自殺　據汲本、殿本補。按：王先謙謂疑當作「免重官，重自殺」，而傳寫倒脫也。

四四八頁一行　肅宗宋貴人之從曾孫也　按：刊誤謂宋貴人安得有從曾孫姓宋者，當是漏一「父」字。

四五〇頁三行　聰敏有才明能書會計　按：「明能」二字疑譌倒，御覽一四五引，正作「聰敏有才能，明書會計」。

四五〇頁四行　選入掖庭　按：御覽一四五引，下有「爲何后所酖」五字。

四五三頁三行　符節令孫徽　按：御覽八一八引華嶠後漢書，「徽」作「徵」，袁紀作「儼」。

四五三頁一四行　操追大怒　按：校補引錢大昭說，謂閩本無「追」字。

四五四頁三行　閉戶藏壁中　按：刊誤謂案文「閉戶」上少一「后」字。

四五五頁五行　自後四十一年魏景（初）〔元〕元年薨　校補引周壽昌說，謂自後四十一年，案魏志爲魏主奐景元元年。志載其年六月己未，故漢獻帝夫人節薨。此作「景初」，誤。景初乃魏明帝紀元也。今據改。

四五六頁八行　歸妹之象也　按：「歸」原譌「嫁」，逕據汲本、殿本改正。

四五七頁七行　封〔武〕〔舞〕陽公主爲長公主　據校補改。按：校補謂下文皇女義王注文及注釋均作「舞陽」，則此注作「武陽」誤。

四五七頁一一行　尙〔漢〕〔濮〕陽長公主　集解引錢大昭說，謂「漢陽」當從耿弇傳作「濮陽」。今據改。

四五七頁一三行　長社益陽公主桓帝妹也　按：集解引惠棟說，謂長社公主桓帝姊，注誤爲桓帝妹。

四五七頁一三行　馮定獲嘉公主子襲封獲嘉侯　按：張森楷校勘記謂案馮魴傳，襲封獲嘉侯者乃定弟石，非定也。

四五八頁四行　適〔延〕陵鄉侯太僕梁松　洪亮吉謂案明帝紀及梁統傳，皆云封陵鄉侯。水經注，清水又東北逕陵鄉西，太僕梁松國也。此「延」字衍文。今據删。

四五八頁五行　其傳云尙光武女舞陰公主　按：校補謂今梁統傳作「尙舞陰長公主」，此省「長」字。

四五八頁八行　固竇融子　按：校補謂固乃融弟友之子，自有傳，注誤。

四五九頁三行　皇女奴三年封平陽公主　按：校補引洪亮吉說，謂馮勤傳稱「平陽長公主」，蓋肅宗時所加。下平皐公主小姬、浚儀公主仲，鄧禹、王霸傳皆稱「長公主」，與此同。

四五九頁一〇行　皇女次三年封平氏公主　按：「三」原譌「二」，逕改正。

四五九頁一一行　平氏縣屬南陽郡　按：「郡」原譌「縣」，逕據汲本、殿本改正。

四五九頁一二行　皇女致三年封沁水公主　按：集解引錢大昭說，謂五行志作「長公主」。

四六〇頁三行　軑志作軑音伏師古曰又音徒系反　「軑」字原本模糊，各本多作「軑」，集解本依殿本，从大作「軑」。伏字別本皆作「伏」。今按：「伏」乃「伏」之譌，伏音大，今人習見「伏」字，故譌「伏」爲「伏」耳。

四六〇頁一五行　皇女王四年封平邑公主適黄門侍郎馮由　按：校補謂由卽馮順之子，勤之孫也。「平邑」勤傳作「平安」，傳注引東觀記，又作「安平」。

四六一頁八行　皇女利元年封臨潁公主適卽墨侯侍中賈建　按：校補謂據賈復傳，建尚主在安帝元初元年，主於安帝爲姊妹，故傳稱「長公主」。

四六二頁五行　伏湛（五）〔七〕世孫　據殿本考證引何焯說改。

後漢書卷十一

劉玄劉盆子列傳第一

劉玄字聖公，光武族兄也。〔一〕弟爲人所殺，聖公結客欲報之。客犯法，〔二〕聖公避吏於平林。吏繫聖公父子張。聖公詐死，使人持喪歸舂陵，吏乃出子張，聖公因自逃匿。

〔一〕爾雅曰：「族父之子相謂爲族昆弟。」帝王紀曰：「舂陵戴侯熊渠生蒼梧太守利，利生子張，納平林何氏女，生更始。」

〔二〕續漢書曰：「時聖公聚客，家有酒，請游徼飲，賓客醉歌，言『朝亨兩都尉，游徼後來，用調羹味』。游徼大怒，縛捶數百。」

王莽末，南方飢饉，人庶羣入野澤，掘鳧茈而食之，更相侵奪。〔一〕新市人王匡、王鳳爲平理諍訟，遂推爲渠帥，衆數百人。於是諸亡命馬武、王常、成丹等往從之；共攻離鄉聚，臧於綠林中，〔二〕數月閒至七八千人。地皇二年，〔三〕荆州牧某〔四〕發奔命二萬人攻之，匡等相率迎擊於雲杜，〔五〕大破牧軍，殺數千人，盡獲輜重，〔六〕遂攻拔竟陵。〔七〕轉擊雲杜、安

陸，〔八〕多略婦女，還入綠林中，至有五萬餘口，州郡不能制。

〔一〕爾雅曰：「芍，鳧茈。」郭璞曰：「生下田中，苗似龍鬚而細，根如指頭，黑色，可食。」芍音胡了反。鳧茈，續漢書作「符訾」。

〔二〕離鄉聚謂諸鄉聚離散，去城郭遠者。大曰鄉，小曰聚。前書曰「收合離鄉置大城中」，卽其義也。綠林，山，在今荆州當陽縣東北也。

〔三〕王莽年也。

〔四〕史闕名也。

〔五〕雲杜，縣名，屬江夏郡，故城在今復州沔陽縣西北。

〔六〕續漢書曰：「牧欲北歸隨，武等復遮擊之，鈎牧車屏泥，刺殺其驂乘，然不敢殺牧也。」

〔七〕縣名，屬江夏郡，故城在今郢州長壽縣南。

〔八〕安陸，縣，屬江夏郡，今安州縣也。

三年，大疾疫，死者且半，乃各分散引去。王常、成丹西入南郡，號下江兵；王匡、王鳳、馬武及其支黨朱鮪、張卬等〔一〕北入南陽，號新市兵：皆自稱將軍。七月，匡等進攻隨，未能下。〔二〕平林人陳牧、廖湛〔三〕復聚衆千餘人，號平林兵，以應之。聖公因往從牧等，爲其軍安集掾。〔四〕

〔一〕續漢書「卬」作「印」。

〔二〕隨，縣，屬南陽郡，今隨州縣。

〔三〕廖晉力弔反。

〔四〕欲其安集軍衆，故權以爲官名。

是時光武及兄伯升亦起舂陵，與諸部合兵而進。四年正月，破王莽前隊大夫甄阜、屬正梁丘賜，斬之，號聖公爲更始將軍。衆雖多而無所統一，諸將遂共議立更始爲天子。二月辛巳，設壇場於淯水上沙中，陳兵大會。更始卽帝位，南面立，朝羣臣。素懦弱，羞愧流汗，舉手不能言。於是大赦天下，建元曰更始元年。悉拜置諸將，以族父良爲國三老，王匡爲定國上公，王鳳成國上公，朱鮪大司馬，伯升大司徒，陳牧大司空，餘皆九卿、將軍。五月，伯升拔宛。六月，更始入都宛城，盡封宗室及諸將，爲列侯者百餘人。

更始忌伯升威名，遂誅之，以光祿勳劉賜爲大司徒。前鍾武侯劉望起兵，略有汝南。時王莽納言將軍嚴尤、秩宗將軍陳茂旣敗於昆陽，往歸之。八月，望遂自立爲天子，以尤爲大司馬，茂爲丞相。王莽使太師王匡、國將哀章守洛陽。〔一〕更始遣定國上公王匡攻洛陽，西屏大將軍申屠建、丞相司直李松攻武關，三輔震動。是時海內豪桀翕然響應，皆殺其牧守，自稱將軍，用漢年號，以待詔命，旬月之閒，徧於天下。

〔一〕風俗通曰：「哀姓，魯哀公之後，因謚以爲姓。」

長安中起兵攻未央宮。九月，東海人公賓就斬王莽於漸臺，〔一〕收璽綬，傳首詣宛。更始時在便坐黃堂，取視之，喜曰：「莽不如是，當與霍光等。」寵姬韓夫人笑曰：「若不如是，帝焉得之乎？」更始悅，乃懸莽首於宛城市。是月，拔洛陽，生縛王匡、哀章，至，皆斬之。十月，使奮威大將軍劉信擊殺劉望於汝南，并誅嚴尤、陳茂。更始遂北都洛陽，以劉賜爲丞相。申屠建、李松自長安傳送乘輿服御，又遣中黃門從官奉迎遷都。二年二月，更始自洛陽而西。初發，李松奉引，馬驚奔，觸北宮鐵柱〔門〕，三馬皆死。〔二〕

〔一〕風俗通曰：「公賓，姓也。魯大夫公賓庚之後。」漸臺，太液池中臺也。爲水所漸潤，故以爲名。

〔二〕續漢書曰：「馬禍也。時更始失道，將亡之徵。」

初，王莽敗，唯未央宮被焚而已，其餘宮館一無所毀。宮女數千，備列後庭，自鍾鼓、帷帳、輿輦、器服、太倉、武庫、官府、市里，不改於舊。更始既至，居長樂宮，升前殿，郎吏以次列庭中。更始羞怍，俛首刮席不敢視。〔一〕諸將後至者，更始問虜掠得幾何，左右侍官皆宮省久吏，各驚相視。

〔一〕怍，顏色變也。俛，俯也。

李松與棘陽人趙萌說更始，宜悉王諸功臣。朱鮪爭之，以爲高祖約，非劉氏不王。更始乃先封宗室太常將軍劉祉爲定陶王，劉賜爲宛王，劉慶爲燕王，劉歙爲元氏王，大將軍劉

嘉爲漢中王，劉信爲汝陰王；後遂立王匡爲比陽王，王鳳爲宜城王，朱鮪爲膠東王，衞尉大將軍張卬爲淮陽王，廷尉大將軍王常爲鄧王，執金吾大將軍廖湛爲穰王，申屠建爲平氏王，尚書胡殷爲隨王，柱天大將軍李通爲西平王，〔一〕五威中郎將李軼爲舞陰王，水衡大將軍成丹爲襄邑王，大司空陳牧爲陰平王，〔二〕驃騎大將軍宋佻爲潁陰王，尹尊爲郾王。唯朱鮪辭曰：「臣非劉宗，不敢干典。」遂讓不受。乃徙鮪爲左大司馬，劉賜爲前大司馬，使與李軼、李通、王常等鎭撫關東。以李松爲丞相，趙萌爲右大司馬，共秉內任。

〔一〕西平，縣，屬汝南郡，故城在今豫州郾城縣南也。

〔二〕陰平，縣，屬廣漢國。

更始納趙萌女爲夫人，有寵，遂委政於萌，日夜與婦人飲讌後庭。羣臣欲言事，輒醉不能見，時不得已，乃令侍中坐帷內與語。諸將識非更始聲，出皆怨曰：「成敗未可知，遽自縱放若此！」韓夫人尤嗜酒，每侍飲，見常侍奏事，輒怒曰：「帝方對我飲，正用此時持事來乎！」起，抵破書案。〔一〕趙萌專權，威福自己。郎吏有說萌放縱者，更始怒，拔劒擊之。自是無復敢言。萌私忿侍中，引下斬之，更始救請，不從。時李軼、朱鮪擅命山東，王匡、張卬橫暴三輔。其所授官爵者，皆羣小賈豎，或有膳夫庖人，多著繡面衣、錦袴、襜褕、諸于，罵詈道中。〔二〕長安爲之語曰：「竈下養，中郎將。爛羊胃，騎都尉。爛羊頭，關內侯。」〔三〕

〔一〕抵，擊也。

〔二〕襜褕、諸于見光武紀。續漢志曰「時智者見之，以爲服之不中，身之災也，乃奔入邊郡避之。是服妖也。其後爲赤眉所殺」也。

〔三〕公羊傳曰：「炊亨爲養。」

軍帥將軍豫章李淑上書諫曰：「方今賊寇始誅，王化未行，百官有司宜慎其任。夫三公上應台宿，九卿下括河海，〔一〕故天工人其代之。陛下定業，雖因下江、平林之埶，斯蓋臨時濟用，不可施之既安。宜釐改制度，更延英俊，因才授爵，以匡王國。今公卿大位莫非戎陳，尚書顯官皆出庸伍，資亭長、賊捕之用，〔二〕而當輔佐綱維之任。唯名與器，聖人所重。今以所重加非其人，望其毗益萬分，興化致理，譬猶緣木求魚，升山採珠。〔三〕海內望此，有以闚度漢祚。臣非有憎疾以求進也，但爲陛下惜此舉厝。敗材傷錦，所宜至慮。〔四〕惟割既往謬妄之失，思隆周文濟濟之美。」〔五〕更始怒，繫淑詔獄。自是關中離心，四方怨叛。諸將出征，各自專置牧守，州郡交錯，不知所從。

〔一〕春秋漢含孳曰：「三公在天爲三台，九卿爲北斗，故三公象五岳，九卿法河海，二十七大夫法山陵，八十一元士法谷阜，合爲帝佐，以匡綱紀。」

〔二〕漢法，十里一亭，亭置一長。捕賊掾，專捕盜賊也。

〔三〕求之非所，不可得也。孟子對（梁惠）〔齊宣〕王曰：「以若所爲，求若所欲，猶緣木求魚。」

〔四〕孟子謂齊宣王曰：「爲巨室，則必使工師求大木。工師得大木，則王喜，以爲能勝其任也。匠人斲而小之，則王怒，以爲不勝其任矣。」左傳子產謂子皮曰「子有美錦，不使人學製焉。大官大邑，身之所庇，而使學者製焉。其爲美錦，不亦重乎？未嘗操刀而使之割，其傷實多」也。

〔五〕割，絕也。詩大雅曰：「濟濟多士，文王以寧。」

十二月，赤眉西入關。

三年正月，平陵人方望立前孺子劉嬰爲天子。初，望見更始政亂，度其必敗，謂安陵人弓林等曰：「前定安公嬰，平帝之嗣，雖王莽簒奪，而嘗爲漢主。今皆云劉氏眞人，當更受命，欲共定大功，何如？」林等然之，乃於長安求得嬰，將至臨涇立之。〔一〕聚黨數千人，望爲丞相，林爲大司馬。更始遣李松與討難將軍蘇茂等擊破，皆斬之。又使蘇茂拒赤眉於弘農，茂軍敗，死者千餘人。

〔一〕今涇州縣也。

三月，遣李松會朱鮪與赤眉戰於蓩鄉，〔一〕松等大敗，弃軍走，死者三萬餘人。

〔一〕蓩音莫老反。字林云：「毒草也。」因以爲地名。續漢志弘農有蓩鄉。東觀記曰：「徐宣、樊崇等入至弘農枯樅山下，與更始將軍蘇茂戰。崇北至務鄉，轉至湖。」湖即湖城縣也。以此而言，其(蓩)〔地〕蓋在今虢州湖城縣之閒。

時王匡、張卬守河東，爲鄧禹所破，還奔長安。卬與諸將議曰：「赤眉近在鄭、華陰閒，

旦暮且至。今獨有長安，見滅不久，不如勒兵掠城中以自富，轉攻所在，東歸南陽，收宛王等兵。事若不集，復入湖池中爲盜耳。」申屠建、廖湛等皆以爲然，共入說更始。更始怒不應，莫敢復言。及赤眉立劉盆子，更始使王匡、陳牧、成丹、趙萌屯新豐，李松軍掫，以拒之。〔一〕

〔一〕掫音子侯反。續漢志曰：「新豐有鴻門亭。」掫城即此也。

張卬、廖湛、胡殷、申屠建等與御史大夫隗囂合謀，欲以立秋日貙膢時共劫更始，〔一〕俱成前計。侍中劉能卿知其謀，以告之。更始託病不出，召張卬等。卬等皆入，將悉誅之，唯隗囂不至。更始狐疑，使卬等四人且待於外廬。卬與湛、殷疑有變，遂突出，獨申屠建在，更始斬之。卬與湛、殷遂勒兵掠東西市。昏時，燒門入，戰於宮中，更始大敗。明旦，將妻子車騎百餘，東奔趙萌於新豐。

〔一〕前書音義曰：「貙，獸。以立秋日祭獸。王者亦此日出獵，用祭宗廟。」冀州北郡以八月朝作飲食爲膢，其俗語曰「膢臘社伏」。貙音丑于反。膢音婁。

更始復疑王匡、陳牧、成丹與張卬等同謀，乃並召入。牧、丹先至，卽斬之。王匡懼，將兵入長安，與張卬等合。李松還從更始，與趙萌共攻匡、卬於城內。連戰月餘，匡等敗走，更始徙居長信宮。〔一〕赤眉至高陵，匡等迎降之，遂共連兵而進。更始守城，使李松出戰，

敗，死者二千餘人，赤眉生得松。時松弟汎爲城門校尉，赤眉使使謂之曰：「開城門，活汝兄。」汎卽開門。九月，赤眉入城。更始單騎走，從廚城門出。〔二〕諸婦女從後連呼曰：「陛下，當下謝城！」更始卽下拜，復上馬去。

〔一〕三輔黃圖曰，從洛門至周廟門，有長信宮在其中。

〔二〕三輔黃圖曰，洛城門，王莽改曰建子門，其內有長安廚官，俗名之爲廚城門，今長安故城北面之中門是也。

初，侍中劉恭以赤眉立其弟盆子，自繫詔獄；聞更始敗，乃出，步從至高陵，止傳舍。右輔都尉嚴本〔一〕恐失更始爲赤眉所誅，將兵在外，號爲屯衞而實囚之。赤眉下書曰：「聖公降者，封長沙王。過二十日，勿受。」更始遣劉恭請降，赤眉使其將謝祿往受之。十月，更始遂隨祿肉袒詣長樂宮，上璽綬於盆子。赤眉坐更始，置庭中，將殺之。劉恭、謝祿爲請，不能得，遂引更始出。劉恭追呼曰：「臣誠力極，請得先死。」拔劍欲自刎，赤眉帥樊崇等遽共救止之，乃赦更始，封爲畏威侯。劉恭復爲固請，竟得封長沙王。更始常依謝祿居，劉恭亦擁護之。

〔一〕「本」，或作「平」，或作「丕」。

三輔苦赤眉暴虐，皆憐更始，而張卬等以爲慮，謂祿曰：「今諸營長多欲篡聖公者。一旦失之，合兵攻公，自滅之道也。」於是祿使從兵與更始共牧馬於郊下，因令縊殺之。劉恭

夜往收臧其屍。光武聞而傷焉，詔大司徒鄧禹葬之於霸陵。有三子：求，歆，鯉。明年夏，求兄弟與母東詣洛陽，帝封求爲襄邑侯，奉更始祀；歆爲穀孰侯，鯉爲壽光侯。求後徙封成陽侯。求卒，子巡嗣，復徙封（灌）〔濩〕澤侯。〔一〕巡卒，子姚嗣。

〔一〕襄邑即春秋襄牛地也，今爲縣，在宋州西。穀孰，縣，屬梁國，在宋州東南。壽光，縣，屬北海郡，今青州縣也。（灌）〔濩〕澤，縣，今澤州縣，故曰徙封。

論曰：周武王觀兵孟津，退而還師，以爲紂未可伐，斯時有未至者也。〔一〕漢起，驅輕黠烏合之衆，〔二〕不當天下萬分之一，而旌旝之所撝及，〔三〕書文之所通被，莫不折戈頓顙，爭受職命。非唯漢人餘思，固亦幾運之會也。夫爲權首，鮮或不及。〔四〕陳、項且猶未興，況庸庸者乎！

〔一〕史記曰，武王即位，太公望爲師，周公旦爲輔，召公、畢公之徒左右王師，東觀兵孟津。時諸侯不期而會者八百，皆曰：「紂可伐矣。」武王曰：「未可。」乃還師。

〔二〕輕黠謂輕銳傑黠也。烏合如烏鳥之羣合也。

〔三〕撝與麾同。

〔四〕左傳曰：「無始禍。」前書曰：「無爲權首，將受其咎。」

劉盆子者，太山式人，〔一〕城陽景王章之後也。〔二〕祖父憲，元帝時封爲式侯，父萌嗣。王莽篡位，國除，因爲式人焉。

〔一〕式，縣名，中興縣廢。

〔二〕章，高帝孫朱虛侯也。

天鳳元年，琅邪海曲有呂母者，子爲縣吏，犯小罪，宰論殺之。〔一〕呂母怨宰，密聚客，規以報仇。母家素豐，貲產數百萬，乃益釀醇酒，買刀劒衣服。少年來酤者，皆賒與之，視其乏者，輒假衣裳，不問多少。數年，財用稍盡，少年欲相與償之。呂母垂泣曰：「所以厚諸君者，非欲求利，徒以縣宰不道，枉殺吾子，欲爲報怨耳。諸君寧肯哀之乎！」少年壯其意，又素受恩，皆許諾。其中勇士自號猛虎，遂相聚得數十百人，〔二〕因與呂母入海中，招合亡命，衆至數千。呂母自稱將軍，引兵還攻破海曲，執縣宰。諸吏叩頭爲宰請。母曰：「吾子犯小罪，不當死，而爲宰所殺。殺人當死，又何請乎？」遂斬之，以其首祭子冢，復還海中。

〔一〕海曲，縣名，故城在密州莒縣東。續漢書曰「呂母子名育，爲游徼，犯罪」也。

〔二〕東觀記曰：「賓客徐次子等自號『搤虎』。」搤音於責反，力可搤虎，言其勇也。今爲「猛」字，「搤」與「猛」相類也。

後數歲，琅邪人樊崇起兵於莒，〔一〕衆百餘人，轉入太山，自號三老。時青、徐大飢，寇賊蜂起，衆盜以崇勇猛，皆附之，一歲閒至萬餘人。崇同郡人逄安，東海人徐宣、謝祿、楊音，〔二〕各起兵，合數萬人，復引從崇。共還攻莒，不能下，轉掠至姑幕，〔三〕因擊王莽探湯侯田況，大破之，〔四〕殺萬餘人，遂北入青州，所過虜掠。還至太山，留屯南城。〔五〕初，崇等以困窮爲寇，無攻城徇地之計。衆旣寖盛，乃相與爲約：殺人者死，傷人者償創。以言辭爲約束，無文書、旌旗、部曲、號令。其中最尊者號三老，次從事，次卒（吏）〔史〕，汎相稱曰（臣）〔巨〕人。王莽遣平均公廉丹、太師王匡擊之。崇等欲戰，恐其衆與莽兵亂，乃皆朱其眉以相識別，由是號曰赤眉。赤眉遂大破丹、匡軍，殺萬餘人，追至無鹽，〔六〕廉丹戰死，王匡走。崇又引其兵十餘萬，復還圍莒，數月。或說崇曰：「莒，父母之國，柰何攻之？」乃解去。時呂母病死，其衆分入赤眉、青犢、銅馬中。赤眉遂寇東海，與王莽沂平大尹〔七〕戰，敗，死者數千人，乃引去，掠楚、沛、汝南、潁川，還入陳留，攻拔魯城，轉至濮陽。

〔一〕東觀記曰：「樊崇字細君。」

〔二〕東觀記曰「逄」，音龐。安字少子，東莞人也。徐宣字驕穉，謝祿字子奇，皆東海臨沂人也。

〔三〕姑幕，縣名，故城在今密州莒縣東北，古薄姑氏之國。

〔四〕王莽改北海益縣曰探湯。

〔五〕南城，縣，屬東海郡，有南城山，因以爲名也。

〔六〕無鹽，縣名，故城在今鄆州須昌縣東。

〔七〕王莽改東海郡曰沂平，以郡守爲大尹。

會更始都洛陽，遣使降崇。崇等聞漢室復興，卽留其兵，自將渠帥二十餘人，隨使者至洛陽降更始，皆封爲列侯。崇等既未有國邑，而留衆稍有離叛，乃遂亡歸其營，將兵入潁川，分其衆爲二部，崇與逄安爲一部，徐宣、謝祿、楊音爲一部。崇、安攻拔長社，南擊宛，斬縣令；而宣、祿等亦拔陽翟，引之梁，〔一〕擊殺河南太守。赤眉衆雖數戰勝，而疲敝厭兵，〔二〕皆日夜愁泣，思欲東歸。崇等計議，慮衆東向必散，不如西攻長安。更始二年冬，崇、安自武關，宣等從陸渾關，〔三〕兩道俱入。三年正月，俱至弘農，與更始諸將連戰剋勝，衆遂大集。乃分萬人爲一營，凡三十營，營置三老、從事各一人。進至華陰。

〔一〕今汝州梁縣也。

〔二〕厭，倦。

〔三〕武關在今商州上洛縣東。河圖括地象曰：「武關山爲地門，上爲天齊星。」前書曰陸渾縣有關，在今洛州伊闕縣西南。

軍中常有齊巫鼓舞祠城陽景王，以求福助。〔一〕巫狂言景王大怒，曰：「當爲縣官，何故

為賊？」〔二〕有笑巫者輒病，軍中驚動。時方望弟陽怨更始殺其兄，乃逆說崇等曰：「更始荒亂，政令不行，故使將軍得至於此。今將軍擁百萬之衆，西向帝城，而無稱號，名為羣賊，不可以久。不如立宗室，挾義誅伐。以此號令，誰敢不服？」崇等以為然，而巫言益甚。前及鄭，〔三〕乃相與議曰：「今迫近長安，而鬼神如此，當求劉氏共尊立之。」六月，遂立盆子為帝，自號建世元年。

〔一〕以其定諸呂，安社稷，故郡國多為立祠焉。盆子承其後，故軍中祠之。

〔二〕縣官謂天子也。

〔三〕今華州縣。

初，赤眉過式，掠盆子及二兄恭、茂，皆在軍中。恭少習尚書，略通大義。及隨崇等降更始，即封為式侯。以明經數言事，拜侍中，從更始在長安。盆子與茂留軍中，屬右校卒（吏）〔史〕劉俠卿，主芻牧牛，號曰牛吏。及崇等欲立帝，求軍中景王後者，得七十餘人，唯盆子與茂及前西安侯劉孝最為近屬。崇等議曰：「聞古天子將兵稱上將軍。」乃書札為符曰「上將軍」，又以兩空札置笥中，〔一〕遂於鄭北設壇場，祠城陽景王。諸三老、從事皆大會陛下，列盆子等三人居中立，以年次探札。盆子最幼，後探得符，諸將乃皆稱臣拜。盆子時年十五，被髮徒跣，敝衣赭汗，見衆拜，恐畏欲啼。茂謂曰：「善藏符。」盆子即齧折棄之，復還依俠

卿。俠卿爲制絳單衣、半頭赤幘、〔二〕直綦履，〔三〕乘軒車大馬，赤屏泥，〔四〕絳襜絡，〔五〕而猶從牧兒遨。

〔一〕札，簡也。笥，篋也。

〔二〕幘巾，所謂覆髻也。續漢書曰：「童子幘無屋，示未成人也。」半頭幘即空頂幘也，其上無屋，故以爲名。董仲舒繁露曰：「以赤統者，幘尚赤。」盆子承漢統，故用赤也。東宮故事曰：「太子有空頂幘一枚。」即半頭幘之製也。

〔三〕綦，履文也。蓋直刺其文以爲飾也。

〔四〕赤屏泥謂以緹油屏泥於軾前。

〔五〕襜，帷也。車上施帷以屏蔽者，交絡之以爲飾。續漢志曰「王公列侯安車，加交絡帷裳」也。

崇雖起勇力而爲衆所宗，然不知書數。徐宣故縣獄吏，能通易經。遂共推宣爲丞相，崇御史大夫，逄安左大司馬，謝祿右大司馬，自楊音以下皆爲列卿。

軍及高陵，與更始叛將張卬等連和，遂攻東都門，〔一〕入長安城，更始來降。

〔一〕三輔黃圖曰：「宣平門，長安城東面北頭第一門也，其外郭門名東都門。」

盆子居長樂宮，諸將日會論功，爭言讙呼，〔一〕拔劍擊柱，不能相一。三輔郡縣營長遣使貢獻，兵士輒剽奪之。〔二〕又數虜暴吏民，百姓保壁，由是皆復固守。至臘日，崇等乃設樂大會，盆子坐正殿，中黃門持兵在後，公卿皆列坐殿上。酒未行，其中一人出刀筆書謁欲

賀，〔三〕其餘不知書者起請之，〔四〕各各屯聚，更相背向。大司農楊音按劍罵曰：「諸卿皆老傭也！今日設君臣之禮，反更殽亂，〔五〕兒戲尚不如此，皆可格殺！」〔六〕更相辯鬬，而兵衆遂各踰宮斬關，入掠酒肉，互相殺傷。衞尉諸葛穉聞之，勒兵入，格殺百餘人，乃定。盆子惶恐，日夜啼泣，獨與中黃門共臥起，唯得上觀閣而不聞外事。

〔一〕讙，譁也。讙音火完反。

〔二〕剽，劫也。

〔三〕古者記事書於簡册，謬誤者以刀削而除之，故曰刀筆。

〔四〕請其書已名也。

〔五〕殽亦亂也。

〔六〕相拒而殺之曰格。

時掖庭中宮女猶有數百千人，自更始敗後，幽閉殿內，掘庭中蘆菔根，〔一〕捕池魚而食之，死者因相埋於宮中。有故祠甘泉樂人，尚共擊鼓歌舞，衣服鮮明，〔二〕見盆子叩頭言飢。盆子使中黃門稟之米，人數斗。後盆子去，皆餓死不出。

〔一〕爾雅曰：「葖，蘆菔。」音步北反。「菔」字或作「蔔」。

〔二〕甘泉宮有祭祠之所。樂人謂掌祭天之樂者也。

劉恭見赤眉衆亂，知其必敗，自恐兄弟俱禍，密教盆子歸璽綬，習爲辭讓之言。建武二

年正月朔，崇等大會，劉恭先曰：「諸君共立恭弟爲帝，德誠深厚。立且一年，肴亂日甚，誠不足以相成。恐死而無所益，願得退爲庶人，更求賢知，唯諸君省察。」崇等謝曰：「此皆崇等罪也。」恭復固請。或曰：「此寧式侯事邪！」〔一〕恭惶恐起去。盆子乃下牀解璽綬，叩頭曰：「今設置縣官而爲賊如故。吏人貢獻，輒見剽劫，流聞四方，莫不怨恨，不復信向。此皆立非其人所致，願乞骸骨，避賢聖。必欲殺盆子以塞責者，無所離死。〔二〕誠冀諸君肯哀憐之耳！」因涕泣噓唏。〔三〕崇等及會者數百人，莫不哀憐之，乃皆避席頓首曰：「臣無狀，負陛下。請自今已後，不敢復放縱。」因共抱持盆子，帶以璽綬。盆子號呼不得已。既罷出，各閉營自守，三輔翕然，稱天子聰明。百姓爭還長安，市里且滿。

〔一〕劉恭爲式侯。言衆立天子，非恭所預。

〔二〕離，避也。

〔三〕唏與欷同。

(得)〔後〕二十餘日，赤眉貪財物，復出大掠。城中粮食盡，遂收載珍寶，因大縱火燒宮室，引兵而西。過祠南郊，車甲兵馬最爲猛盛，衆號百萬。盆子乘王車，駕三馬，〔一〕從數百騎。乃自南山轉掠城邑，與更始將軍嚴春戰於郿，破春，殺之，遂入安定、北地。至陽城、番須中，逢大雪，坑谷皆滿，士多凍死，乃復還，發掘諸陵，取其寶貨，遂汙辱呂后屍。凡賊所發，

有玉匣殮者率皆如生，〔二〕故赤眉得多行婬穢。大司徒鄧禹時在長安，遣兵擊之於郁夷，〔三〕反爲所敗，禹乃出之雲陽。九月，赤眉復入長安，止桂宮。〔四〕

〔一〕續漢志曰：「王車，朱班輪，青蓋，左右騑，駕三馬。」

〔二〕漢儀注曰「自腰以下，以玉爲札，長尺，廣一寸半，爲匣，下至足，綴以黃金縷，謂之爲玉匣」也。

〔三〕郁夷，縣，屬右扶風也。

〔四〕長安記曰：「桂宮在未央宮北，亦曰北宮。」

時漢中賊延岑出散關，屯杜陵，逢安將十餘萬人擊之。鄧禹以逢安精兵在外，唯盆子與羸弱居城中，乃自往攻之。會謝祿救至，夜戰槀街中，〔一〕禹兵敗走。延岑及更始將軍李寶合兵數萬人，與逢安戰於杜陵。岑等大敗，死者萬餘人，寶遂降安，而延岑收散卒走。寶乃密使人謂岑曰：「子努力還戰，吾當於內反之，表裏合勢，可大破也。」岑卽還挑戰，安等空營擊之，寶從後悉拔赤眉旌幟，更立己幡旗。安等戰疲還營，見旗幟皆白，大驚亂走，自投川谷，死者十餘萬，逢安與數千人脫歸長安。時三輔大飢，人相食，城郭皆空，白骨蔽野，遺人往往聚爲營保，各堅守不下。赤眉虜掠無所得，十二月，乃引而東歸，衆尚二十餘萬，隨道復散。

〔一〕三輔舊事曰：「長安城中有槀街。」

光武乃遣破姦將軍侯進等屯新安，建威大將軍耿弇等屯宜陽，分爲二道，以要其還路。勑諸將曰：「賊若東走，可引宜陽兵會新安；賊若南走，可引新安兵會宜陽。」明年正月，鄧禹自河北度，擊赤眉於湖，〔一〕禹復敗走，赤眉遂出關南向。征西大將軍馮異破之於崤底。〔二〕帝聞，乃自將幸宜陽，盛兵以邀其走路。

〔一〕湖，縣，故城在今虢州湖城縣西南。

〔二〕即崤坂也，在今洛州永寧縣西北。

赤眉忽遇大軍，驚震不知所爲，乃遣劉恭乞降，曰：「盆子將百萬衆降，陛下何以待之？」帝曰：「待汝以不死耳。」樊崇乃將盆子及丞相徐宣以下三十餘人肉袒降。上所得傳國璽綬，更始七尺寶劍及玉璧各一。積兵甲宜陽城西，與熊耳山齊。〔一〕帝令縣廚賜食，衆積困餒，十餘萬人皆得飽飫。明旦，大陳兵馬臨洛水，令盆子君臣列而觀之。謂盆子曰：「自知當死不？」對曰：「罪當應死，猶幸上憐赦之耳。」帝笑曰：「兒大黠，宗室無蚩者。」〔二〕又謂崇等曰：「得無悔降乎？朕今遣卿歸營勒兵，鳴鼓相攻，決其勝負，不欲強相服也。」徐宣等叩頭曰：「臣等出長安東都門，君臣計議，歸命聖德。百姓可與樂成，難與圖始，故不告衆耳。今日得降，猶去虎口歸慈母，誠歡誠喜，無所恨也。」帝曰：「卿所謂鐵中錚錚，傭中佼佼者也。」〔三〕又曰：「諸卿大爲無道，所過皆夷滅老弱，溺社稷，汙井竈。〔四〕然猶有三善：攻破

城邑，周徧天下，本故妻婦無所改易，是一善也；立君能用宗室，是二善也；餘賊立君，迫急皆持其首降，自以爲功，諸卿獨完全以付朕，是三善也。」乃令各與妻子居洛陽，賜宅人一區，田二頃。

〔一〕宜陽，縣，故城韓國城也，在今洛州福昌縣東。酈元水經注曰：「洛水之北有熊耳山，雙巒競舉，狀同熊耳。」在宜陽西也。

〔二〕釋名曰：「蚩，癡也。」

〔三〕說文曰：「錚錚，金也。」鐵之錚錚，言微有剛利也。錚音初耕反。佼音古巧反。佼，好貌也。詩曰：「佼人僚兮。」今相傳云音胡巧反。言佼佼者，凡傭之人稍爲勝也。

〔四〕溺音奴弔反。

其夏，樊崇、逢安謀反，誅死。楊音在長安時，遇趙王良有恩，賜爵關內侯，與徐宣俱歸鄉里，卒於家。劉恭爲更始報殺謝祿，自繫獄，赦不誅。

帝憐盆子，賞賜甚厚，以爲趙王郎中。後病失明，賜滎陽均輸官地，以爲列肆，〔一〕使食其稅終身。

〔一〕均輸，官名，屬司農。肆，市列也。桓寬鹽鐵論云：「郡國諸侯各以其方物貢輸往來，物多苦惡，不償其費，故郡國置輸官以相紹運，故曰均輸。」

贊曰：聖公靡聞，假我風雲。〔一〕始順歸歷，終然崩分。赤眉阻亂，〔二〕盆子探符。雖盜皇器，〔三〕乃食均輸。

〔一〕易曰：「雲從龍，風從虎，聖人作而萬物覩。」假，借也。言聖公初起無所聞知，借我中興風雲之便。

〔二〕阻，恃也。

〔三〕皇器猶神器，謂天位也。

校勘記

四六七頁一〇行 共攻離鄉聚　按：殿本考證萬承蒼謂離鄉聚地名，章懷注非。今據加標號。

四六八頁一三行 及其支黨朱鮪張卬等北入南陽號新市兵　按：校補引張熷說，謂王常傳卬與王常、成丹皆爲下江兵，與紀異。

四六九頁一〇行 前鍾武侯劉望起兵　按：集解引通鑑考異，謂前書王莽傳「劉望」作「劉聖」。

四七〇頁六行 觸北宮鐵柱〔門〕　據汲本、殿本補。按：續志有「門」字。

四七〇頁一一行 俛首刮席不敢視　按：惠棟補注本「視」上有「仰」字。

四七一頁四行 驃騎大將軍宋佻爲潁陰王　按：集解引惠棟說，謂光武紀及通鑑「宋」皆作「宗」。

四七一頁八行 陰平縣屬廣漢國　按：校補謂前漢陰平國屬東海郡，後漢改縣，屬同。又前漢陰平道屬

廣漢郡，後漢分屬廣漢屬國，注據陰平道言，雖亦可言「縣」，但屬前漢言，不當言「國」，屬後漢言，當云「屬國」，亦不當僅言「國」。

四七二頁五行　軍帥將軍　按：刊誤謂「帥」當作「師」，是時多置軍師，鄧禹傳亦作「軍師將軍」。

四七二頁一五行　捕賊掾　按：刊誤謂案前書合作「賊捕掾」。

四七二頁一六行　孟子對（梁惠）〔齊宣〕王曰　據殿本改。

四七三頁一三行　戰於蓩鄉　按：續志「蓩」作「務」。

四七三頁一四行　其（蓩）〔地〕蓋在今虢州湖城縣之閒　集解引王補說，謂「其蓩」通鑑注作「其地」，是。今據改。

四七六頁三行　復徙封（灌）〔濩〕澤侯　據集解引錢大昕說改，注同。

四七八頁六行　次卒（吏）〔史〕　刊誤謂「吏」當作「史」。今據改。

四七八頁六行　汎相稱曰（臣）〔巨〕人　刊誤謂前書言盜賊擅稱巨人，今此爲臣人，亦誤也，當作「巨」。今據改。

四八〇頁一〇行　屬右校卒（吏）〔史〕劉俠卿　據刊誤改。

四八〇頁一一行　唯盆子與茂及前西安侯劉孝最爲近屬　按：沈家本謂按前書王子侯表，西安侯漢東平思王孫，而城陽近屬無封西安者，亦無名孝者。

四八二頁三行　衞尉諸葛穉聞之　按：「穉」原譌「穉」，逕據汲本、殿本改正。

四八二頁九行　肴亦亂也　按：殿本「肴」作「殽」。校補謂殿本注作「殽」，取與正文相應。然觀下文「肴亂日甚」，正文本作「肴」，知此處正文作「殽」，乃緟刻之誤，注蓋本不誤也。

四八二頁一一行　幽閉殿內掘庭中蘆菔根　按：汲本「內」作「門」。御覽九八〇引「掘」作「拔」。又按：「閉」原譌「閑」，逕改正。

四八三頁一三行　（得）〔後〕二十餘日　集解引王補說，謂袁紀、通鑑並作「後二十餘日」，是。今據改。

四八四頁四行　廣一寸半　按：殿本「一寸」作「二寸」。

四八五頁一五行　攻破城邑　按：刊誤謂案文當云「攻城破邑」。

四八六頁七行　說文曰錚錚金也　按：說文「錚，金聲也」，此疑誤。

後漢書卷十二

王劉張李彭盧列傳第二

王昌一名郎，趙國邯鄲人也。素爲卜相工，明星歷，常以爲河北有天子氣。時趙繆王子林〔一〕好奇數，〔二〕任俠於趙、魏閒，多通豪猾，而郎與之親善。初，王莽篡位，長安中或自稱成帝子子輿者，莽殺之。〔三〕郎緣是詐稱眞子輿，云「母故成帝謳者，嘗下殿卒僵，須臾有黃氣從上下，半日乃解，遂妊身就館。趙后欲害之，〔四〕僞易他人子，以故得全。〔五〕〔子〕輿年十二，識命者郎中李曼卿，〔六〕與俱至蜀；十七，到丹陽；〔七〕二十，還長安；展轉中山，來往燕、趙，以須天時」。〔八〕林等愈動疑惑，乃與趙國大豪李育、張參等通謀，規共立郎。會人閒傳赤眉將度河，林等因此宣言赤眉當〔至〕，立劉子輿以觀衆心，百姓多信之。

〔一〕景帝七代孫也。

〔二〕術數。

〔三〕王莽傳曰，時男子武仲自稱劉子輿。

〔四〕趙飛燕也。

〔五〕東觀記曰「宮婢生子，正與同時，卽易之」也。

〔六〕讖命謂知天命也。

〔七〕丹陽，楚所封地，在今歸州秭歸縣東也。

〔八〕須，待也。

更始元年十二月，林等遂率車騎數百，晨入邯鄲城，止於王宮，〔一〕立郎爲天子。林爲丞相，李育爲大司馬，張參爲大將軍。分遣將帥，徇下幽、冀。移檄州郡曰：「制詔部刺史、郡太守〔曰〕：〔二〕朕，孝成皇帝子子輿者也。昔遭趙氏之禍，因以王莽簒殺，賴知命者將護朕躬，〔三〕解形河濱，削迹趙、魏。〔三〕王莽竊位，獲罪於天，天命佑漢，故使東郡太守翟義、嚴鄉侯劉信，擁兵征討，出入胡、漢。普天率土，知朕隱在人閒。南嶽諸劉，爲其先驅。〔四〕朕仰觀天文，乃興于斯，以今月壬辰卽位趙宮。休氣熏蒸，應時獲雨。蓋聞爲國，子之襲父，古今不易。劉聖公未知朕，故且持帝號。諸興義兵，咸以助朕，皆當裂土享祚子孫。已詔聖公及翟太守，亟與功臣詣行在所。〔五〕疑刺史、二千石皆聖公所置，未覩朕之沈滯，或不識去就，強者負力，〔六〕弱者惶惑。今元元創痍，已過半矣，〔七〕朕甚悼焉，故遣使者班下詔書。」郎以百姓思漢，既多言翟義不死，故詐稱之，以從人望。於是趙國以北，遼東以西，皆

從風而靡。

〔一〕故趙王之宮也。

〔二〕東觀記曰，知命者謂侍郎韓公等。

〔三〕解形猶脫身也。

〔四〕聖公、光武本自舂陵北徙。故舂陵近衡山，故曰「南嶽諸劉」也。

〔五〕天子所在曰行在所。

〔六〕負，恃也。

〔七〕痍，傷也。

明年，光武自薊得郎檄，南走信都，〔一〕發兵徇旁縣，遂攻柏人，不下。議者以爲守柏人不如定鉅鹿，光武乃引兵東北圍鉅鹿。郎太守王饒據城，數十日連攻不剋。耿純說曰：「久守王饒，士衆疲敝，不如及大兵精銳，進攻邯鄲。若王郎已誅，王饒不戰自服矣。」光武善其計，乃留將軍鄧滿〔二〕守鉅鹿，而進軍邯鄲，屯其郭北門。

〔一〕走，趣也，音子豆反。

〔二〕續漢書「滿」作「蒲」。

郎數出戰不利，乃使其諫議大夫杜威持節請降。威雅稱郎實成帝遺體。光武曰：「設使成帝復生，天下不可得，況詐子輿者乎！」威請求萬戶侯。光武曰：「顧得全身可矣。」〔一〕威

曰：「邯鄲雖鄙，并力固守，尚曠日月，終不君臣相率但全身而已。」遂辭而去。〔因〕急攻之，二十餘日，郎少傅李立爲反閒，開門內漢兵，遂拔邯鄲。郎夜亡走，道死，追斬之。

〔一〕顧猶念也。

劉永者，梁郡睢陽人，梁孝王八世孫也。傳國至父立。元始中，立與平帝外家衞氏交通，〔一〕爲王莽所誅。

〔一〕衞氏，平帝母家也，中山衞子豪之女。

更始即位，永先詣洛陽，紹封爲梁王，都睢陽。永聞更始政亂，遂據國起兵，以弟防爲輔國大將軍，防弟少公御史大夫，封魯王。遂招諸豪傑沛人周建等，並署爲將帥，攻下濟陰、山陽、沛、楚、淮陽、汝南，凡得二十八城。又遣使拜西防賊帥山陽佼彊爲橫行將軍。〔一〕是時東海人董憲起兵據其郡，而張步亦定齊地。永遣使拜憲翼漢大將軍，步輔漢大將軍，與共連兵，遂專據東方。及更始敗，永自稱天子。

〔一〕西防，縣名，故城在今宋州單父縣北。佼音絞。

建武二年夏，光武遣虎牙大將軍蓋延等伐永。初，陳留人蘇茂爲更始討難將軍，與朱

鮪等守洛陽。鮪既降漢，茂亦歸命，光武因使茂與蓋延俱攻永。軍中不相能，茂遂反，殺淮陽太守，掠得數縣，據廣樂而臣於永。永以茂爲大司馬、淮陽王。蓋延遂圍睢陽，數月，拔之，永將家屬走虞。〔一〕虞人反，殺其母及妻子，永與麾下數十人奔譙。蘇茂、佼彊、周建合軍救永，爲蓋延所敗，茂奔還廣樂，彊、建從永走保湖陵。三年春，永遣使立張步爲齊王，董憲爲海西王。於是遣大司馬吳漢等圍蘇茂於廣樂，周建率衆救茂，茂、建戰敗，弃城復還湖陵，而睢陽人反城迎永。〔二〕吳漢與蓋延等合軍圍之，城中食盡，永與茂、建走酇。〔三〕諸將追急，永將慶吾斬永首降，封吾爲列侯。蘇茂、周建奔垂惠，共立永子紆爲梁王。佼彊還保西防。

〔一〕虞，縣名，屬梁國，故城在今宋州虞城縣。

〔二〕反音幡。

〔三〕今亳州縣也。酇音在何反。

四年秋，遣捕虜將軍馬武、騎都尉王霸圍紆、建於垂惠，蘇茂將五校兵救之，紆、建亦出兵與武等戰，不剋，而建兄子誦反，閉城門拒之。建、茂、紆等皆走，建於道死，茂奔下邳與董憲合，紆奔佼彊。五年，遣驃騎大將軍杜茂攻佼彊於西防，彊與劉紆奔董憲。

時平狄將軍龐萌反叛，遂襲破蓋延，引兵與董憲連和，自號東平王，屯桃鄉之北。〔一〕

〔一〕桃鄉故城在今兗州龔丘縣西北也。

龐萌，山陽人。初亡命在下江兵中。更始立，以爲冀州牧，將兵屬尚書令謝躬，共破王郎。及躬敗，萌乃歸降。光武即位，以爲侍中。萌爲人遜順，甚見信愛。帝常稱曰：「可以託六尺之孤，寄百里之命者，〔一〕龐萌是也。」拜爲平狄將軍，與蓋延共擊董憲。

〔一〕解見明紀。

時詔書獨下延而不及萌，萌以爲延譖己，自疑，遂反。帝聞之，大怒，乃自將討萌。與諸將書曰：「吾常以龐萌社稷之臣，將軍得無笑其言乎？老賊當族。其各厲兵馬，會睢陽！」憲聞帝自討龐萌，乃與劉紆、蘇茂、佼彊去下邳，還蘭陵，使茂、彊助萌，合兵三萬，急圍桃城。

帝時幸蒙，聞之，乃留輜重，自將輕騎三千，步卒數萬，晨夜馳赴，〔師〕次任城，去桃鄉六十里。旦日，諸將請進，賊亦勒兵挑戰，帝不聽，乃休士養鋭，以挫其鋒。城中聞車駕至，衆心益固。時吳漢等在東郡，馳使召之。萌等乃悉兵攻城，二十餘日，衆疲困而不能下。及吳漢與諸將到，乃率衆軍進桃城，而帝親自搏戰，大破之。萌、茂、彊夜棄輜重逃奔，董憲乃與劉紆悉其兵數萬人屯昌慮，自將鋭卒拒新陽。〔一〕帝先遣吳漢擊破之，憲走還昌慮。漢

進守之，憲恐，乃招誘五校餘賊步騎數千人屯建陽，去昌慮三十里。〔三〕

〔一〕新陽，縣，屬東海郡。

〔二〕建陽，縣，屬東海郡，故城在今沂州丞縣北。丞音時證反。

帝至蕃，〔一〕去憲所百餘里。諸將請進，帝不聽，知五校乏食當退，勑各堅壁以待其敝。頃之，五校糧盡，果引去。帝乃親臨，四面攻憲，三日，復大破之，衆皆奔散。遣吳漢追擊之，佼彊將其衆降，蘇茂奔張步，憲及龐萌走入繒山。〔二〕數日，吏士聞憲尚在，復往往相聚，得數百騎，迎憲入郯城。吳漢等復攻拔郯，憲與龐萌走保朐。〔三〕劉紆不知所歸，軍士高扈斬其首降，梁地悉平。

〔一〕蕃音皮，又音婆。

〔二〕繒，縣名，故城在今沂州承縣東北。繒山，即其縣之山也。

〔三〕縣名，屬東海郡，今海州朐山縣西有故朐城，秦始皇立石以爲東闕門，即此地也。

吳漢進圍朐。明年，城中穀盡，憲、萌潛出，襲取贛榆，〔一〕琅邪太守陳俊攻之，憲、萌走澤中。會吳漢下朐城，進盡獲其妻子。憲乃流涕謝其將士曰：「妻子皆已得矣。〔二〕嗟乎！久苦諸卿。」乃將數十騎夜去，欲從閒道歸降，而吳漢校尉韓湛追斬憲於方與，〔三〕方與人黔陵亦斬萌，皆傳首洛陽。封韓湛爲列侯，黔陵關內侯。

〔一〕贛榆，縣名，今海州東海縣也。贛音貢。

〔二〕爲吳漢所得也。

〔三〕方與音防預。

張步字文公，琅邪不其人也。漢兵之起，步亦聚衆數千，轉攻傍縣，下數城，自爲五威將軍，遂據本郡。

更始遣魏郡王閎爲琅邪太守，步拒之，不得進。閎爲檄，曉喻吏人降，得贛榆等六縣，收兵數千人，與步戰，不勝。時梁王劉永自以更始所立，貪步兵彊，承制拜步輔漢大將軍、忠節侯，督青徐二州，使征不從命者。步貪其爵號，遂受之。乃理兵於劇，〔一〕以弟弘爲衛將軍，弘弟藍玄武大將軍，藍弟壽高密太守。遣將徇太山、東萊、城陽、膠東、北海、濟南、齊諸郡，皆下之。

〔一〕劇，縣名，在今青州壽光縣南也。

步拓地寖廣，〔二〕兵甲日盛。王閎懼其衆散，乃詣步相見，欲誘以義方。步大陳兵引閎，怒曰：「步有何過，君前見攻之甚乎！」閎按劍曰：「太守奉朝命，而文公擁兵相距，閎攻賊

耳，何謂甚邪！」步嘿然，良久，離席跪謝，乃陳樂獻酒，待以上賓之禮，令閎關掌郡事。〔三〕

〔二〕寖，漸也。

〔三〕關，通也。

建武三年，光武遣光祿大夫伏隆持節使齊，拜步爲東萊太守。劉永聞隆至劇，乃馳遣立步爲齊王，步卽殺隆而受永命。

是時帝方北憂漁陽，南事梁、楚，故步得專集齊地，據郡十二。及劉永死，步等欲立永子紆爲天子，自爲定漢公，置百官。王閎諫曰：「梁王以奉本朝之故，是以山東頗能歸之。今尊立其子，將疑衆心。且齊人多詐，〔一〕宜且詳之。」步乃止。五年，步聞帝將攻之，以其將費邑爲濟南王，屯歷下。冬，建威大將軍耿弇破斬費邑，進拔臨淄。步以弇兵少遠客，可一舉而取，乃悉將其衆攻弇於臨淄。步兵大敗，還奔劇。帝自幸劇。步退保平壽，〔二〕蘇茂將萬餘人來救之。茂讓步曰：「以南陽兵精，延岑善戰，而耿弇走之。大王柰何就攻其營？既呼茂，不能待邪？」步曰：「負負，無可言者。」〔三〕帝乃遣使告步、茂，能相斬降者，封爲列侯。步遂斬茂，使使奉其首降。步三弟各自繫所在獄，皆赦之。封步爲安丘侯，後與家屬居洛陽。王閎亦詣劇降。

〔一〕汲黯目公孫弘之詞。

〔二〕今青州北海縣也。

〔三〕負，愧也。再言之者，愧之甚。

八年夏，步將妻子逃奔臨淮，與弟弘、藍欲招其故衆，乘船入海，琅邪太守陳俊追擊斬之。

王閎者，王莽叔父平阿侯譚之子也，哀帝時爲中常侍。時倖臣董賢爲大司馬，寵愛貴盛，閎屢諫，忤旨。哀帝臨崩，以璽綬付賢曰：「無妄以與人。」時國無嗣主，內外恇懼，閎白元后，請奪之；卽帶劒至宣德後闥，〔一〕舉手叱賢曰：「宮車晏駕，國嗣未立，公受恩深重，當俯伏號泣，何事久持璽綬以待禍至邪！」賢知閎必死，不敢拒之，乃跪授璽綬。閎持上太后，朝廷壯之。及王莽篡位，僭忌閎，乃出爲東郡太守。閎懼誅，常繫藥手內。莽敗，漢兵起，閎獨完全東郡三十餘萬戶，歸降更始。

〔一〕三輔黃圖曰，未央宮有宣德殿。闥，宮中門也。

李憲者，潁川許昌人也。王莽時爲廬江屬令。〔一〕莽末，江賊王州公等起衆十餘萬，攻

掠郡縣，莽以憲爲偏將軍、廬江連率，擊破州公。莽敗，憲據郡自守。更始元年，自稱淮南王。建武三年，遂自立爲天子，置公卿百官，擁九城，衆十餘萬。

〔一〕王莽每郡置屬令，職如都尉。

四年秋，光武幸壽春，遣揚武將軍馬成等擊憲，圍舒。〔一〕至六年正月，拔之。憲亡走，其軍士帛意〔二〕追斬憲而降，憲妻子皆伏誅。封帛意漁浦侯。

〔一〕廬江舒縣。

〔二〕帛，姓也，宋帛產之後，〔見〕韓非子也。

後憲餘黨淳于臨等猶聚衆數千人，屯灊山，攻殺安風令。〔一〕揚州牧歐陽歙遣兵不能剋，帝議欲討之。廬江人陳衆爲從事，白歙請得喻降臨，〔二〕於是乘單車，駕白馬，往說而降之。灊山人共生爲立祠，號「白馬陳從事」云。

〔一〕灊山、安豐，皆縣名，屬廬江郡。灊縣故城，今壽州也。

〔二〕曉喻其意而降之也。

彭寵字伯通，南陽宛人也。父宏，哀帝時爲漁陽太守，偉容貌，能飲飯，〔一〕有威於邊。

王莽居攝，誅不附己者，宏與何武、鮑宣並遇害。

〔一〕飯音扶遠反。

寵少爲郡吏，地皇中，爲大司空士，〔一〕從王邑東拒漢軍。到洛陽，聞同産弟在漢兵中，懼誅，即與鄉人吳漢亡至漁陽，抵父時吏。〔二〕更始立，使謁者韓鴻持節徇北州，〔三〕承制得專拜二千石已下。鴻至薊，以寵、漢並鄉閭故人，相見歡甚，即拜寵偏將軍，行漁陽太守事，漢安樂令。〔四〕

〔一〕王莽時九卿分屬三公，每一卿置元士三人。

〔二〕抵，歸也。

〔三〕謂幽、并也。

〔四〕安樂，縣名，屬漁陽郡，故城在今幽州潞縣西北也。

及光武鎮慰河北，至薊，以書招寵。寵具牛酒，將上謁。會王郎詐立，傳檄燕、趙，遣將徇漁陽、上谷，急發其兵，北州衆多疑惑，欲從之。吳漢說寵從光武，語在漢傳。會上谷太守耿況亦使功曹寇恂詣寵，結謀共歸光武。寵乃發步騎三千人，以吳漢行長史，及都尉嚴宣、護軍蓋延、狐奴令王梁，〔一〕與上谷軍合而南，及光武於廣阿。光武承制封寵建忠侯，賜號大將軍。遂圍邯鄲，寵轉糧食，前後不絕。

〔一〕狐奴，縣名，屬漁陽郡。

及王郎死，光武追銅馬，北至薊。寵上謁，自負其功，意望甚高，〔一〕光武接之不能滿，以此懷不平。〔二〕光武知之，以問幽州牧朱浮。浮對曰：「前吳漢北發兵時，大王遺寵以所服劒，又倚以爲北道主人。寵謂至當迎閤握手，交歡並坐。今既不然，所以失望。」浮因曰：「王莽爲宰衡時，甄豐旦夕入謀議，時人語曰：『夜半客，甄長伯。』〔三〕及莽篡位後，豐意不平，卒以誅死。」光武大笑，以爲不至於此。及即位，吳漢、王梁，寵之所遣，並爲三公，而寵獨無所加，愈怏怏不得志。歎曰：「我功當爲王；但爾者，陛下忘我邪？」

〔一〕負，恃也。

〔二〕不能滿其意，故心不平也。

〔三〕長伯，豐字也。豐，平帝時爲少府，王莽篡位時爲更始將軍。

是時北州破散，而漁陽差完，有舊鹽鐵官，寵轉以貿穀，〔一〕積珍寶，益富彊。朱浮與寵不相能，浮數譖搆之。建武二年春，詔徵寵，寵意浮賣己，上疏願與浮俱徵。又與吳漢、蓋延等書，盛言浮枉狀，〔二〕固求同徵。帝不許，益以自疑。而其妻素剛，不堪抑屈，固勸無受召。寵又與常所親信吏計議，皆懷怨於浮，莫有勸行者。帝遣寵從弟子后蘭卿喻之，寵因留子后蘭卿，遂發兵反，拜署將帥，自將二萬餘人攻朱浮於薊，分兵徇廣陽、上谷、右北平。

又自以與耿況俱有重功，而恩賞並薄，數遣使要誘況。況不受，輒斬其使。

〔一〕貿，易也。

〔二〕枉，謂己之狀也。

秋，帝使游擊將軍鄧隆救薊。隆軍潞南，浮軍雍奴，遣吏奏狀。帝讀檄，怒謂使吏曰：「營相去百里，其勢豈可得相及？比若還，〔一〕北軍必敗矣。」寵果盛兵臨河以拒隆，又別發輕騎三千襲其後，大破隆軍。浮遠，遂不能救，引而去。明年春，寵遂拔右北平、上谷數縣。遣使以美女繒綵賂遺匈奴，要結和親。單于使左南將軍七八千騎，往來爲游兵以助寵。又南結張步及富平獲索諸豪傑，皆與交質連衡。〔二〕遂攻拔薊城，自立爲燕王。

〔一〕若，汝也。

〔二〕交質謂交相爲質也。左傳曰：「交質往來，道路無壅。」前書音義曰：「以利合曰從，以威力相脅曰衡。」

其妻數惡夢，又多見恠變，〔一〕卜筮及望氣者皆言兵當從中起。寵疑子后蘭卿質漢歸，故不信之，使將兵居外，無親於中。五年春，寵齋，獨在便室。〔二〕蒼頭子密等三人因寵臥寐，共縛著牀，告外吏云：「大王齋禁，皆使吏休。」僞稱寵命教，收縛奴婢，各置一處。又以寵命呼其妻。妻入，大驚。〔三〕寵急呼曰：「趣爲諸將軍辦裝。」〔四〕於是兩奴將妻入取寶物，留一奴守寵。寵謂守奴曰：「若小兒，我素愛也，今爲子密所迫劫耳。解我縛，當以女珠妻汝，

家中財物皆與若。」小奴意欲解之，視戶外，見子密聽其語，遂不敢解。於是收金玉衣物，至寵所裝之，被馬六疋，使妻縫兩縑囊。昏夜後，解寵手，令作記告城門將軍云：「今遣子密等至子后蘭卿所，速開門出，勿稽留之。」〔五〕書成，卽斬寵及妻頭，置囊中，便持記馳出城，因以詣闕。封爲不義侯。明旦，閤門不開，官屬踰牆而入，見寵屍，驚怖。其尚書韓立等共立寵子午爲王，以子后蘭卿爲將軍。國師韓利斬午首，詣征虜將軍祭遵降。夷其宗族。

〔一〕東觀記曰：「夢蠃袒冠幘，踰城，髡徒推之。」又「寵堂上聞蝦蟇聲在火鑪下，鑿地求之，不得」也。

〔二〕使坐之室，非正室也。

〔三〕東觀記曰：「妻入，驚曰：『奴反！』奴乃捽其妻頭，擊其頰。」

〔四〕呼奴爲將軍，欲其赦己也。

〔五〕稽，停也。

盧芳字君期，安定三水人也，居左谷中。〔一〕王莽時，天下咸思漢德，芳由是詐自稱武帝曾孫劉文伯。曾祖母匈奴谷蠡渾邪王之姊爲武帝皇后，生三子。遭江充之亂，太子誅，皇后坐死，中子次卿亡之長陵，小子回卿逃於左谷。霍將軍立次卿，迎回卿。回卿不出，因居左

谷，生子孫卿，孫卿生文伯。常以是言誑惑安定閒。王莽末，乃與三水屬國羌胡起兵。更始至長安，徵芳爲騎都尉，使鎭撫安定以西。

〔一〕續漢志曰三水縣有左（右）谷，故城在今涇州安定縣南。

更始敗，三水豪傑共計議，以芳劉氏子孫，宜承宗廟，乃共立芳爲上將軍、西平王，〔一〕使使與西羌、匈奴結和親。單于曰：「匈奴本與漢約爲兄弟。〔二〕後匈奴中衰，呼韓邪單于歸漢，漢爲發兵擁護，世世稱臣。〔三〕今漢亦中絕，劉氏來歸我，亦當立之，令尊事我。」乃使句林王將數千騎迎芳，〔四〕芳與兄禽、弟程俱入匈奴。單于遂立芳爲漢帝。以程爲中郎將，將胡騎還入安定。初，五原人李興、隨昱，朔方人田颯，代郡人石鮪、閔堪，各起兵自稱將軍。建武四年，單于遣無樓且渠王入五原塞，〔五〕與李興等和親，告興欲令芳還漢地爲帝。五年，李興、閔堪引兵至單于庭迎芳，與俱入塞，都九原縣。〔六〕掠有五原、朔方、雲中、定襄、鴈門五郡，並置守令，與胡通兵，侵苦北邊。

〔一〕欲平定西方，故以爲號。

〔二〕高祖時，與冒頓單于約爲兄弟。

〔三〕呼韓邪單于降漢，入朝，宣帝擁護，國內遂定。

〔四〕句音古侯反。

〔五〕塞屬五原郡，因以爲名。

〔六〕九原，縣名，故城在勝州銀山縣也。

六年，芳將軍賈覽將胡騎擊殺代郡太守劉興。芳後以事誅其五原太守李興兄弟，而其朔方太守田颯、雲中太守橋扈恐懼，叛芳，舉郡降，光武令領職如故。後大司馬吳漢、驃騎大將軍杜茂數擊芳，並不剋。十二年，芳與賈覽共攻雲中，久不下，其將隨昱留守九原，欲脅芳降。芳知羽翼外附，心膂內離，遂棄輜重，與十餘騎亡入匈奴，其衆盡歸隨昱。昱乃隨使者程恂詣闕。拜昱爲五原太守，封鐫胡侯，〔一〕昱弟憲武進侯。

〔一〕鐫謂琢鑿之，故以爲名。下有鐫羌侯，即其類。

十六年，芳復入居高柳，〔一〕與閔堪兄林使使請降。乃立芳爲代王，堪爲代相，林爲代太傅，賜繒二萬匹，因使和集匈奴。芳上疏謝曰：「臣芳過託先帝遺體，棄在邊陲。社稷遭王莽廢絕，以是子孫之憂，所宜共誅，故遂西連羌戎，北懷匈奴。單于不忘舊德，權立救助。是時兵革並起，往往而在。臣非敢有所貪覬，〔二〕期於奉承宗廟，興立社稷，是以久僭號位，十有餘年，罪宜萬死。陛下聖德高明，躬率衆賢，海內賓服，惠及殊俗。以胏附之故，〔三〕赦臣芳罪，加以仁恩，封爲代王，使備北藩。無以報塞重責，冀必欲和輯匈奴，〔四〕不敢遺餘力，負恩貸。〔五〕謹奉天子玉璽，思望闕庭。」詔報芳朝明年正月。其冬，芳入朝，南及昌

平，〔六〕有詔止，令更朝明歲。芳自道還，憂恐，乃復背叛，遂反，與閔堪、閔林相攻連月。匈奴遣數百騎迎芳及妻子出塞。芳留匈奴中十餘年，病死。

〔一〕高柳，縣名，故城在今雲州定襄縣。

〔二〕覬，望也。

〔三〕胏附，若肝胏相附著，猶言親戚也。

〔四〕輯音才入反。郭景純云古「集」字。

〔五〕負猶背也。

〔六〕昌平，縣名，故城在今幽州昌平縣東南。

初，安定屬國胡與芳爲寇，及芳敗，胡人還鄉里，積苦縣官徭役。其中有駮馬少伯者，素剛壯；二十一年，遂率種人反叛，與匈奴連和，屯聚青山。〔一〕乃遣將兵長史陳訢，〔二〕率三千騎擊之，少伯乃降。徙於冀縣。〔三〕

〔一〕青山，在今慶州，有青山水。

〔二〕呂忱云：「訢，古『欣』字。」

〔三〕冀縣屬天水郡，今秦州伏羌縣。

論曰：傳稱「盛德必百世祀」，〔一〕孔子曰「寬則得衆」。夫能得衆心，則百世不忘矣。

觀更始之際，劉氏之遺恩餘烈，英雄豈能抗之哉！然則知高祖、孝文之寬仁，結於人心深矣。周人之思邵公，愛其甘棠，〔二〕又況其子孫哉！劉氏之再受命，蓋以此乎！若數子者，豈有國之遠圖哉！因時擾攘，苟恣縱而已耳，然猶以附假宗室，能掘強歲月之閒。〔三〕觀其智略，固無足以憚漢祖，發其英靈者也。〔四〕

〔一〕左傳晉侯問於史趙曰：「陳其遂亡乎？」對曰：「未也。臣聞盛德必百代祀，虞之代數未也。」

〔二〕詩序曰：「甘棠，美邵伯也。邵伯聽訟於甘棠之下，周人思之，不伐其樹。」

〔三〕掘強謂強梁也。前書伍被謂淮南王安曰：「掘強江淮之間，苟延歲月之命。」

〔四〕言此數子非漢祖之敵，不足奮發英靈而憚畏之也。

贊曰：天地閉革，〔一〕野戰羣龍。〔二〕昌、芳僭詐，梁、齊連鋒。〔三〕寵負強地，〔四〕憲縈深江。〔五〕實惟非律，代委神邦。〔六〕

〔一〕革，改也。易曰：「天地閉，賢人隱。」又曰：「天地革而四時成，湯、武革命，順乎天而應乎人。」

〔二〕喻英雄並起也。易曰：「龍戰于野，其血玄黃。」又曰「羣龍無首，吉」也。

〔三〕梁王劉永，齊王張步。

〔四〕據漁陽也。

〔五〕起廬江也。

〔六〕易曰：「師出以律。」律，法也。言反叛非用師之法，故更代破滅，委棄其神皐之國，伏於光武也。

校勘記

四九一頁六行　〔子〕輿年十二　據刊誤補。

四九一頁九行　林等因此宣言赤眉當〔至〕立劉子輿以觀衆心　校補謂袁紀「當」下有「至」字。今據補。按：脱「至」字則文意不屬。

四九一頁一〇行　景帝七代孫也　按：校補謂平干繆王元乃景帝曾孫，「七」字誤。

四九二頁六行　林等遂率車騎數百　「率」原譌「卒」，據汲本、殿本改正。按：影印紹興本此卷原闕，係取它本補配者，故譌字特多，以下遇有極明顯之譌字，皆據汲本、殿本改正，不作校記。

四九二頁七行　制詔部刺史郡太守(曰)　據刊誤刪。

四九二頁一〇行　南嶽諸劉爲其先驅　按：錢大昭謂王莽分四方爲四嶽，故有南嶽之稱，猶云南方耳，注言舂陵近衡山，故曰南嶽諸劉，誤。又按：袁紀「其」作「朕」。

四九三頁一〇行　光武乃引兵東北圍鉅鹿　按：張熷謂「東北」當作「東南」。

四九三頁一六行　顧得全身可矣　按：「顧」原作「願」，「矣」原作「乎」，逕據汲本、殿本改。

四九四頁一行　〔因〕急攻之　據汲本、殿本補。

四九四頁四行　立與平帝外家衞氏交通　按：李慈銘謂「立」字疑「坐」字之誤。

四九五頁一三行 騎都尉王霸　按：集解引洪頤煊說，謂「騎都尉」當依光武紀、王梁傳及王霸傳作「偏將軍」。

四九五頁一五行 時平狄將軍龐萌反叛　按：校補引錢大昭說，謂「平狄」蓋延傳作「平敵」。

四九六頁三行 帝常稱曰　汲本、殿本「常」作「嘗」。按：常嘗古通作，後如此不悉出。

四九六頁一〇行 〔師〕次任城　據汲本、殿本補。

四九七頁一〇行 故城在今沂州承縣東北　殿本「承」作「丞」。按：前文注亦作「丞」。此縣以氶水所經而得名，氶古作「承」，故兩漢志並作「承」，舊唐志作「丞」，新唐志作「氶」。

四九七頁一三行 進盡獲其妻子　按：刊誤謂案文多一「進」字。

四九八頁一三行 步大陳兵引閗　按：李慈銘謂「引閗」下當有「入」字。

五〇〇頁八行 閗持上太后　按：汲本、殿本「持」作「馳」。

五〇〇頁一三行 潁川許昌人也　按：集解引洪亮吉說，謂許縣獻帝徙都後始改許昌，前漢安得有此名，此史誤。

五〇一頁七行 〔見〕韓非子也　據汲本、殿本補。

五〇一頁八行 攻殺安風令　按：注「安風」作「安豐」。刊誤謂注當從傳作「安風」，殿本考證則謂安風爲侯國，而安風則縣也，傳言殺令，則似當從注作「安豐」。沈家本謂據竇融傳，以安豐、

陽泉、蓼安、安風四縣封融爲安豐侯，則融未封之前，安風、安豐並爲縣，注作「安豐」，而正文作「安風」，難定其孰是。

五〇一頁一三行　父宏　按：東觀記「宏」作「容」。

五〇二頁七行　每一卿置元士三人　按：刊誤謂當作「每一卿置大夫三人，一大夫置元士三人」。

五〇三頁一一行　而漁陽差完有舊鹽鐵官　按：前書地理志漁陽有鐵官，無鹽官，此「鹽」字當衍。通鑑無。

五〇四頁一三行　僞稱寵命敎收縛奴婢　按：刊誤謂多一「命」字，敎卽勑下之書，下文自有「命」字。

五〇六頁三行　三水縣有左(右)谷　據續志刪。按：校補引張熷說，謂今續志「三水」下但有劉注云「有左谷，盧芳所居」，無「右」字。

五〇七頁四行　雲中太守橋扈　按：光武紀「橋」作「喬」。

五〇八頁二行　匈奴遣數百騎迎芳及妻子出塞　按「百」下原衍「萬」字，逕據汲本、殿本刪。

後漢書卷十三

隗囂公孫述列傳第三

隗囂〔一〕字季孟，天水成紀人也。〔二〕少仕州郡。王莽國師劉歆引囂爲士。〔三〕歆死，囂歸鄉里。季父崔，素豪俠，能得衆。聞更始立而莽兵連敗，於是乃與兄義及上邽人楊廣、冀人周宗謀起兵應漢。囂止之曰：「夫兵，凶事也。〔四〕宗族何辜！」崔不聽，遂聚衆數千人，攻平襄，殺莽鎭戎大尹。〔五〕崔、廣等以爲舉事宜立主以一衆心，咸謂囂素有名，好經書，遂共推爲上將軍。囂辭讓不得已，曰：「諸父衆賢不量小子。必能用囂言者，乃敢從命。」衆皆曰「諾」。

〔一〕囂音五高反。

〔二〕成紀，縣名，故城在今秦州隴城縣西北。

〔三〕王莽置國師，位上公，士其屬官也。莽置九卿，分屬三公，每一卿置大夫三人，一大夫置元士三人。

〔四〕史記范蠡曰：「兵者凶器，戰者逆德。」

〔三〕平襄，縣名，屬天水郡，故城在今秦州伏羌縣西北。王莽改天水郡曰鎭戎郡，守曰大尹。

囂既立，遣使聘請平陵人方望，以爲軍師。〔一〕望至，說囂曰：「足下欲承天順民，輔漢而起，今立者乃在南陽，王莽尙據長安，雖欲以漢爲名，其實無所受命，將何以見信於衆乎？宜急立高廟，稱臣奉祠，所謂『神道設教』，求助人神者也。〔二〕且禮有損益，質文無常。削地開兆，〔三〕茅茨土階，以致其肅敬。雖未備物，神明其舍諸。」囂從其言，遂立廟邑東，祀高祖、太宗、世宗。囂等皆稱臣執事，史奉璧而告。〔四〕祝畢，有司穿坎于庭，〔五〕牽馬操刀，奉盤錯鍉，遂割牲而盟。〔六〕曰：「凡我同盟三十一將，十有六姓，允承天道，興輔劉宗。如懷姦慮，明神殛之。〔七〕高祖、文皇、武皇，俾墜厥命，厥宗受兵，族類滅亡。」有司奉血鍉進，護軍舉手揖諸將軍曰：「鍉不濡血，歃不入口，是欺神明也，厥罰如盟。」既而薶血加書，一如古禮。

〔一〕平陵，縣名，屬右扶風也。

〔二〕易觀卦曰：「聖人神道設教而天下服矣。」

〔三〕除地以開兆域。

〔四〕史，祝史也。璧者，所以祀神也。

〔五〕周禮司盟掌盟載之法也。鄭玄注曰：「載，盟辭也。書其辭於策，殺牲取血，坎其牲，加書於上而薶之。」

〔六〕臣賢按：蕭該音引字詁「鍉卽題，音徒啓反」。方言曰「宋楚之閒，謂盎爲題」。據下文云「鍉不濡血」，明非盆盎之

類。前書匈奴傳云「漢遺韓昌等與單于及大臣俱登諾水東山，刑白馬，單于以徑路刀、金留犂撓酒」。應劭云「留犂，飯匕也。撓，攪也。以匕攪血而歃之」。今亦奉盤措匙而歃也。以此而言，（鍉）〔題〕即匙字。錯，置也，音七故反。

〔七〕殛，誅也。

事畢，移檄告郡國曰：

「漢復元年七月己酉朔。己巳，上將軍隗囂、白虎將軍隗崔、左將軍隗義、右將軍楊廣、明威將軍王遵、雲旗將軍周宗等，告州牧、部監、郡卒正、連率、大尹、尹、尉隊大夫、屬正、屬令：〔一〕故新都侯王莽，慢侮天地，悖道逆理。鴆殺孝平皇帝，篡奪其位。矯託天命，僞作符書，〔二〕欺惑衆庶，震怒上帝。反戾飾文，以爲祥瑞。〔三〕戲弄神祇，歌頌禍殃。〔四〕楚、越之竹，不足以書其惡。〔五〕天下昭然，所共聞見。今略舉大端，以喻吏民。

〔一〕莽以周官王制之文，置卒正、連率、大尹。大尹職如太守。屬令、屬長職如都尉。置州牧、部監二十五人，見禮如三公。監位上大夫，各主五郡。公氏作牧，侯氏卒正，伯氏連率，子氏屬令，男氏屬長，皆代其官。其無爵者爲尹。又置〔六尉〕、六隊（部）〔郡〕，置大夫，職如太守。

〔二〕莽遣五威將軍王奇等班符命四十二篇於天下，言當代漢之意。

〔三〕大風毁莽王路堂，又拔其昭寧堂池東榆樹，大十圍。莽乃曰：「念紫閣仙圖，天意立太子，正其名。」乃立其子臨爲太子，以爲祥應也。

〔四〕戲弄神祇謂仙人掌旁有白頭公青衣，莽曰「皇祖叔父子僑欲來迎我」也。歌頌禍殃謂莽作告天策，自陳功勞千餘言，能誦策文者，除以爲郎，至五十餘人。

〔五〕前書朱光世曰：「南山之竹，不足以盡我詞。」蓋以楚、越多竹，故引以爲喻也。

蓋天爲父，地爲母，〔一〕禍福之應，各以事降。莽明知之，而冥昧觸冒，不顧大忌，詭亂天術，援引史傳。〔二〕昔秦始皇毀壞謚法，以一二數欲至萬世，〔三〕而莽下三萬六千歲之歷，言身當盡此度。〔四〕循亡秦之軌，推無窮之數。是其逆天之大罪也。

〔一〕尚書曰：「惟天地，萬物父母。」

〔二〕王莽每有災禍，皆引史傳以文飾之。前書說符侯崔發言於莽曰：「周禮及春秋左氏，國有大災，則哭以厭之，故周易稱先號咷而後笑。宜(乎)〔呼〕嗟(呼)告天以求救。」莽乃率羣臣至南郊，陳其符命，因搏心大哭。

〔三〕史記曰，秦始皇初并天下，制曰：「太古有號無謚；中古有號，死而以行爲謚。如此，則子議父，臣議君。自今以來，除謚法。朕爲始皇帝，後世以計數，至于萬世，傳之無窮。」

〔四〕莽令太史推三萬六千歲曆紀，六歲一改元，布告天下。

分裂郡國，斷截地絡。〔一〕田爲王田，賣買不得。〔二〕規錮山澤，奪民本業。〔三〕造起九廟，窮極土作。〔四〕發冢河東，攻劫丘壟。此其逆地之大罪也。

〔一〕絡猶經絡也。謂莽分坼郡縣，斷割疆界也。

〔二〕莽更名天下田曰王田，不得賣買。

〔三〕莽制，名山大澤不得採取。

〔四〕莽九廟：一曰黄帝太初祖廟，二曰虞帝始祖昭廟，三曰陳胡王統祖穆廟，四曰齊敬王代祖昭廟，五曰濟北愍王王祖穆廟，六曰濟南伯王尊禰昭廟，七曰元城孺（子）王尊禰穆廟，八曰陽平頃王昭廟，九曰新都顯王穆廟。殿皆重屋。太祖廟東西南北各四十丈，高十七丈，餘半之。爲銅薄櫨，飾以金銅琱文，窮極百工之巧，功費數百鉅萬，卒徒死者萬數也。

尊任殘賊，信用姦佞，誅戮忠正，覆按口語，赤車奔馳，〔一〕法冠晨夜，冤繫無辜，〔二〕妄族衆庶。行炮格之刑，除順時之法，〔三〕灌以醇醯，裂以五毒。〔四〕政令日變，官名月易，〔五〕貨幣歲改，〔六〕吏民昏亂，不知所從，商旅窮窘，號泣市道。設爲六管，〔七〕增重賦斂，刻剝百姓，厚自奉養，苞苴流行，財入公輔，〔八〕上下貪賄，莫相檢考。民坐挾銅炭，沒入鍾官，〔九〕徒隸殷積，數十萬人，工匠飢死，長安皆臭。既亂諸夏，狂心益悖，北攻強胡，南擾勁越，〔一〇〕西侵羌戎，東摘濊貊。〔一一〕使四境之外，並入爲害，緣邊之郡，江海之瀕，滌地無類。〔一二〕故攻戰之所敗，苛法之所陷，飢饉之所夭，疾疫之所及，以萬萬計。其死者則露屍不掩，生者則奔亡流散，幼孤婦女，流離係虜。此其逆人之大罪也。

〔一〕續漢志曰：「小使車，赤轂白蓋赤帷，從騶騎四十人。」

〔二〕續漢志曰：「法冠一曰柱後，高五寸，侍御史服之。」

〔三〕莽作焚如之刑，燒殺陳良、終帶等二十七人。莽又作不順時之令，春夏斬人，此爲不順時之法。

〔四〕莽以董忠反，收忠宗族，以醇醯、毒藥、白刃、叢棘，并一坎而薶之。

〔五〕莽州郡官名改無常制，乃至歲復變更，一郡至五易名而還復其故，吏人不能紀也。

〔六〕時百姓便安漢五銖錢，以莽錢大小兩行難知，皆私以五銖錢市買。莽患之，下書諸挾五銖錢者，比非井田制，投四裔。

〔七〕筦，主也。莽設六筦之令，謂酤酒、賣鹽、鐵器、鑄錢、名山、大澤，此（謂）〔爲〕六也。皆令縣官主稅收其利。

〔八〕禮記曰：「苞苴簞笥問人者。」莽令七公六卿兼號將軍，分鎭大郡，皆使爲姦於外，貨賂爲市，侵漁百姓。

〔九〕莽時關東大飢蝗，人犯鑄錢，伍人相坐，沒入爲官奴婢。其男子檻車，兒女子步，以鐵鎖其頸，傳詣鍾官，（八）〔以〕十萬數。到者易其夫婦，愁苦死者什六七。鍾官，主鑄錢之官也。

〔一〇〕莽令十二部將同時十道並出，大擊匈奴。莽改句町王爲侯，其王邯怨怒不附，莽諷牂牁大尹周歆詐殺邯，邯弟承起兵攻殺歆。

〔一一〕摘，擾也。西羌龐恬、傅幡等怨莽奪其地爲西海郡，遂反，攻西海太守陳永。莽又發高句麗兵伐胡，不欲行，郡強迫之，皆亡出塞爲寇。

〔一二〕瀕，涯也。滌，蕩也，蕩地無遺類也。

是故上帝哀矜，降罰于莽，妻子顚殞，還自誅刈。〔一〕大臣反據，亡形已成。大司

馬董忠，國師劉歆，衞將軍王涉〔二〕，皆結謀內潰；司命孔仁，納言嚴尤，秩宗陳茂，舉衆外降。〔三〕今山東之兵二百餘萬，已平齊、楚，下蜀、漢，定宛、洛，據敖倉，守函谷，威命四布，宣風中岳。〔四〕興滅繼絕，封定萬國，遵高祖之舊制，修孝文之遺德。有不從命，武軍平之。馳使四夷，復其爵號。〔五〕然後還師振旅，櫜弓臥鼓。〔六〕申命百姓，各安其所，庶無負子之責。」〔七〕

〔一〕顛，踣也。殞，絕也。莽殺其子宇、臨等。妻王氏以莽數殺其子，涕泣失明，病卒。

〔二〕涉，曲陽侯根之子也。

〔三〕莽置五威司命。孔仁敗，降更始。餘並見光武紀。

〔四〕中岳，嵩高也。謂更始至洛陽。

〔五〕莽貶句町王為侯，西域盡改其王為侯，單于曰服于，高句麗曰下句麗，今皆復其爵號。

〔六〕周禮曰：「出曰理兵，入曰振旅。」詩周頌曰：「載戢干戈，載櫜弓矢。」櫜，韜也。臥猶息也。

〔七〕百姓襁負流亡，責在君上。既安其業，則無責也。

囂乃勒兵十萬，擊殺雍州牧陳慶。將攻安定。安定大尹王向，莽從弟平阿侯譚之子也，威風獨能行其邦內，屬縣皆無叛者。囂乃移書於向，喻以天命，反覆誨示，終不從。於是進兵虜之，以徇百姓，然後行戮，安定悉降。而長安中亦起兵誅王莽。囂遂分遣諸將徇隴

西、武都、金城、武威、張掖、酒泉、敦煌，皆下之。

更始二年，遣使徵囂及崔、義等。囂將行，方望以爲更始未可知，固止之，囂不聽。望以書辭謝而去，曰：「足下將建伊、呂之業，弘不世之功，〔一〕而大事草創，〔二〕英雄未集。以望異域之人，疵瑕未露，〔三〕欲先崇郭隗，想望樂毅，〔四〕故欽承大旨，順風不讓。將軍以至德尊賢，廣其謀慮，動有功，發中權，基業已定，大勳方緝。今俊乂並會，羽翮並肩，〔五〕望無耆耇之德，而猥託賓客之上，〔六〕誠自愧也。雖懷介然之節，欲絜去就之分，誠終不背其本，貳其志也。何則？范蠡收責句踐，〔乘〕偏舟於五湖；〔七〕舅犯謝罪文公，亦逡巡於河上。〔八〕夫以二子之賢，勒銘兩國，猶削跡歸愆，請命乞身，望之無勞，蓋其宜也。望聞烏氏有龍池之山，〔九〕微徑南通，與漢相屬，其傍時有奇人，聊及閑暇，廣求其眞。願將軍勉之。」囂等遂至長安，更始以爲右將軍，崔、義皆卽舊號。其冬，崔、義謀欲叛歸，囂懼并禍，卽以事告之，崔、義誅死。更始感囂忠，以爲御史大夫。

〔一〕不世者，言非代之所常有也。

〔二〕草創謂初始也。

〔三〕望，平陵人，以與囂別郡，故言異域。

〔四〕新序云：「郭隗謂燕昭王曰：『王誠欲致士，請從隗始。隗且見事，況賢於隗者乎？』於是昭王爲隗築宮而師之。

樂毅自魏往，騶衍自齊往，劇辛自趙往，士爭赴燕。」

〔五〕管子曰：「桓公謂管仲曰：『寡人之有仲父，猶飛鴻之有羽翼耳。』」

〔六〕猥猶濫也。

〔七〕偏舟，特舟也。收責謂收其罪責也。史記曰，范蠡與句踐滅吳，爲書辭句踐曰：「臣聞主憂臣勞，主辱臣死。昔者，君王辱於會稽，所以不死，爲此事也。今既雪恥，臣請從會稽之誅。」乃裝其輕寶珠玉，自與其私徒屬乘舟浮海以行。計然云，范蠡乘偏舟於江湖。

〔八〕逡巡，不進也。左傳曰，晉公子重耳反國，及河，子犯以璧授公子，曰：「臣負羈紲從君巡於天下，臣之罪多矣。臣猶知之，而況君乎？請由此亡。」公子曰：「所不與舅氏同心者，有如白水。」

〔九〕烏氏，縣名，屬安定郡，故城在今涇州安定縣東也。

明年夏，赤眉入關，三輔擾亂。流聞光武即位河北，囂即說更始歸政於光武叔父國三老良，更始不聽。諸將欲劫更始東歸，囂亦與通謀。事發覺，更始使使者召囂，囂稱疾不入，因會客王遵、周宗等勒兵自守。更始使執金吾鄧曄〔一〕將兵圍囂，囂閉門拒守；至昏時，遂潰圍，與數十騎夜斬平城門關，〔二〕亡歸天水。復招聚其衆，據故地，自稱西州上將軍。

〔一〕謝承書曰：「曄，南陽南鄉人。〔以〕勁悍廉直爲名。」

〔二〕三輔黃圖曰，長安城南面西頭門。

及更始敗，三輔耆老士大夫皆奔歸囂。

囂素謙恭愛士，傾身引接爲布衣交。以前王莽平河大尹長安谷恭〔一〕爲掌野大夫，平陵范逡爲師友，趙秉、蘇衡、鄭興爲祭酒，〔二〕申屠剛、杜林爲持書，〔三〕楊廣、王遵、周宗及平襄人行巡、阿陽人王捷、長陵人王元爲大將軍，〔四〕杜陵、金丹之屬爲賓客。由此名震西州，聞於山東。

〔一〕莽改清河爲平河。

〔二〕前書音義曰：「禮，飲酒必祭，示有先也，故稱祭酒。祭祀時，唯長者以酒沃酹。」

〔三〕持書即持書侍御史，秩六百石。

〔四〕東觀記曰：「元，杜陵人。」阿陽，縣名，屬天水郡。本爲「河陽」者，誤也。

建武二年，大司徒鄧禹西擊赤眉，屯雲陽。禹裨將馮愔引兵叛禹，西向天水，囂逆擊，破之於高平，〔一〕盡獲輜重。於是禹承制遣使持節命囂爲西州大將軍，得專制涼州、朔方事。及赤眉去長安，欲西上隴，囂遣將軍楊廣迎擊，破之，又追敗之於烏氏、涇陽閒。〔二〕

〔一〕縣名，今原州(高)平〔高〕縣。

〔二〕涇陽，縣名，屬安定郡，今原州平(陽)〔高〕縣南涇陽故城是也。

囂既有功於漢，又受鄧禹爵，署其腹心，議者多勸通使京師。三年，囂乃上書詣闕。光武素聞其風聲，報以殊禮，言稱字，用敵國之儀，所以慰藉之良厚。〔一〕時陳倉人呂鮪擁衆

數萬，與公孫述通，寇三輔。囂復遣兵佐征西大將軍馮異擊之，走鮪，遣使上狀。帝報以手書曰：「慕樂德義，思相結納。昔文王三分，猶服事殷。〔二〕但駑馬鈆刀，不可強扶。〔三〕數蒙伯樂一顧之價，〔四〕而蒼蠅之飛，不過數步，即託驥尾，得以絶羣。〔五〕隔於盜賊，聲問不數。將軍操執款款，扶傾救危，南距公孫之兵，北禦羌胡之亂，是以馮異西征，得以數千百人躑躅三輔。〔六〕微將軍之助，則咸陽已爲他人禽矣。今關東寇賊，往往屯聚，志務廣遠，多所不暇，未能觀兵成都，與子陽角力。〔七〕如令子陽到漢中、三輔，願因將軍兵馬，鼓旗相當。儻肯如言，蒙天之福，即智士計功割地之秋也。〔八〕管仲曰：『生我者父母，成我者鮑子。』〔九〕自今以後，手書相聞，勿用傍人解構之言。」〔一〇〕自是恩禮愈篤。

〔一〕慰，安也。藉，薦也。言安慰而薦藉之良甚也。

〔二〕孔子曰：「周之德其可謂至德，三分天下有其二，以服事殷。」

〔三〕周禮：「校人掌六馬。」駑馬，最下者也。說文：「鈆，青金也。」似錫而色青。賈誼云：「鈆刀爲銛。」言駑馬鈆刀，不可強扶持而用也。

〔四〕戰國策曰，蘇代爲燕說齊，未見齊王，先說淳于髡曰：「人有賣駿馬者，比三旦立市，市人莫之知，往見伯樂曰：『臣有駿馬，欲賣之，比三旦立於市，市人莫與言。願子還而視之，去而顧之，臣請獻一朝之價。』伯樂如其言，一旦而價十倍也。」

〔五〕張敞書曰：「蒼蠅之飛，不過十步；自託騏驥之尾，乃騰千里之路。然無損於騏驥，得使蒼蠅絶羣也。」見敞傳。

〔六〕躑躅猶踟躕也。

〔七〕角力猶爭力也。

〔八〕秋，一歲中成功之時，故舉以爲言。

〔九〕事見史記。

〔一〇〕解構猶閒構也。

其後公孫述數出兵漢中，遣使以大司空扶安王印綬授囂。囂自以與述敵國，恥爲所臣，乃斬其使，出兵擊之，連破述軍，以故蜀兵不復北出。

時關中將帥數上書，言蜀可擊之狀，帝以示囂，因使討蜀，以效其信。囂乃遣長史上書，盛言三輔單弱，劉文伯在邊，〔一〕未宜謀蜀。帝知囂欲持兩端，不願天下統一，於是稍黜其禮，正君臣之儀。

〔一〕文伯，盧芳字也。

初，囂與來歙、馬援相善，故帝數使歙、援奉使往來，勸令入朝，許以重爵。囂不欲東，連遣使深持謙辭，言無功德，須四方平定，退伏閭里。五年，復遣來歙說囂遣子入侍，囂聞劉永、彭寵皆已破滅，乃遣長子恂隨歙詣闕。以爲胡騎校尉，封鐫羌侯。〔一〕而囂將王元、王捷常以爲天下成敗未可知，不願專心內事。元遂說囂曰：「昔更始西都，四方響應，天下

喁喁，謂之太平。〔二〕一旦敗壞，大王幾無所厝。今南有子陽，北有文伯，江湖海岱，王公十數，〔三〕而欲牽儒生之說，棄千乘之基，〔四〕羇旅危國，以求萬全，此循覆車之軌，計之不可者也。今天水完富，士馬最強，北收西河、上郡，東收三輔之地，案秦舊迹，表裏河山。〔五〕元請以一丸泥爲大王東封函谷關，此萬世一時也。若計不及此，且畜養士馬，據隘自守，曠日持久，以待四方之變，圖王不成，其弊猶足以霸。〔六〕要之，魚不可脫於淵，〔七〕神龍失埶，即還與蚯蚓同。」〔八〕囂心然元計，雖遣子入質，猶負其險阸，欲專方面，於是游士長者，稍稍去之。〔九〕

〔一〕胡騎校尉，武帝置，秩二千石也。鐫謂鐫鑿也。

〔二〕喁喁，衆口向上也。

〔三〕謂張步據齊，董憲起東海，李憲守舒，劉紆居垂惠，佼彊、周建、秦豐等各據州郡。

〔四〕儒生謂馬援說囂歸光武。

〔五〕秦外山而內河。左傳曰：「表裏山河。」

〔六〕前書徐樂曰「圖王不成，其弊足以霸」也。

〔七〕老子曰：「魚不可脫於泉。」脫，失也；失泉則涸矣。

〔八〕愼子曰：「騰蛇游霧，飛龍乘雲。雲罷霧除，與蚯蚓同，失其所乘故也。」

〔九〕東觀記曰：「杜林先去，餘稍稍相隨，東詣京師。」

六年，關東悉平。帝積苦兵閒，以囂子內侍，公孫述遠據邊陲，乃謂諸將曰：「且當置此兩子於度外耳。」因數騰書隴、蜀，〔一〕告示禍福。囂賓客、掾史多文學生，每所上事，當世士大夫皆諷誦之，故帝有所辭荅，尤加意焉。囂復遣使周游詣闕，先到馮異營，游爲仇家所殺。帝遣衞尉銚期持珍寶繒帛賜囂，期至鄭被盜，〔二〕亡失財物。帝常稱囂長者，務欲招之，聞而歎曰：「吾與隗囂事欲不諧，使來見殺，得賜道亡。」

〔一〕說文曰：「騰，傳也。」

〔二〕鄭，今華州縣是也。

會公孫述遣兵寇南郡，〔一〕乃詔囂當從天水伐蜀，因此欲以潰其心腹。囂復上言：「白水險阻，棧閣絕敗。」〔二〕又多設支閡。〔三〕帝知其終不爲用，叵欲討之。〔四〕遂西幸長安，遣建威大將軍耿弇等七將軍從隴道伐蜀，先使來歙奉璽書喻旨。囂疑懼，即勒兵，使王元據隴坻，〔五〕伐木塞道，謀欲殺歙。歙得亡歸。

〔一〕南郡，今荆州也。

〔二〕白水，縣，有關，屬廣漢郡。棧閣者，山路懸險，棧木爲閣道。

〔三〕支柱障閡。

〔四〕叵猶遂也。

〔五〕坻，坂也。郭仲產秦州記曰：「隴山東西百八十里，在隴州汧源縣西。」

諸將與囂戰，大敗，各引退。囂因使王元、〔行〕巡侵三輔，征西大將軍馮異、征虜將軍祭遵等擊破之。囂乃上疏謝曰：「吏人聞大兵卒至，驚恐自救，臣囂不能禁止。兵有大利，不敢廢臣子之節，親自追還。昔虞舜事父，大杖則走，小杖則受。〔一〕臣雖不敏，敢忘斯義。今臣之事，在於本朝，賜死則死，加刑則刑。如遂蒙恩，更得洗心，死骨不朽。」有司以囂言慢，請誅其子恂，帝不忍，復使來歙至汧，〔二〕賜囂書曰：「昔柴將軍與韓信書〔三〕云：『陛下寬仁，諸侯雖有亡叛而後歸，輒復位號，不誅也。』以囂文吏，曉義理，故復賜書。深言則似不遜，略言則事不決。今若束手，復遣恂弟歸闕庭者，則爵祿獲全，有浩大之福矣。〔四〕吾年垂四十，在兵中十歲，厭浮語虛辭。卽不欲，勿報。」囂知帝審其詐，遂遣使稱臣於公孫述。

〔一〕家語孔子謂曾子之詞也。

〔二〕汧，水名，因以爲縣，屬右扶風，故城在今隴州汧源縣南。

〔三〕柴將軍，柴武也。韓信，韓王信也。信反，入匈奴，與漢戰，故武與之書也。

〔四〕浩亦大也。

明年，述以囂爲朔寧王，〔一〕遣兵往來，爲之援埶。秋，囂將步騎三萬侵安定，至陰槃，〔二〕馮異率諸將拒之。囂又令別將下隴，攻祭遵於汧，兵並無利，乃引還。

〔一〕欲其寧靜北邊也。

〔二〕陰槃，縣名，屬安定郡，今涇州縣。

帝因令來歙以書招王遵，遵乃與家屬東詣京師，拜爲太中大夫，封向義侯。〔一〕遵字子春，霸陵人也。父爲上郡太守。遵少豪俠，有才辯，雖與囂舉兵，而常有歸漢意。曾於天水私於來歙曰：「吾所以戮力不避矢石者，豈要爵位哉！徒以人思舊主，先君蒙漢厚恩，思效萬分耳。」又數勸囂遣子入侍，前後辭諫切甚，囂不從，故去焉。

〔一〕續漢書云：「遵降，封上雒侯。」

八年春，來歙從山道襲得略陽城。囂出不意，懼更有大兵，乃使王元拒隴坻，行巡守番須口，〔一〕王孟塞雞頭道，〔二〕牛邯軍瓦亭，〔三〕囂自悉其大衆圍來歙。公孫述亦遣其將李育、田弇助囂攻略陽，連月不下。帝乃率諸將西征之，數道上隴，使王遵持節監大司馬吳漢留屯於長安。

〔一〕番須口與回中相近，並在汧。

〔二〕雞頭，山道也，「雞」或作「笄」，一名崆峒山，在今原州西。

〔三〕安定烏支縣有瓦亭故關，有瓦亭川水，在今原州南。

遵知囂必敗滅，而與牛邯舊故，知其有歸義意，以書喻之曰：「遵與隗王歃盟爲漢，自經

歷虎口，踐履死地，已十數矣。于時周洛以西〔一〕無所統壹，故爲王策，欲東收關中，北取上郡，進以奉天人之用，退以懲外夷之亂。數年之閒，冀聖漢復存，當挈河隴奉舊都以歸本朝。生民以來，臣人之埶，未有便於此時者也。而王之將吏，羣居穴處之徒，〔二〕人人抵掌，〔三〕欲爲不善之計。遵與孺卿日夜所爭，害幾及身者，豈一事哉！前計抑絕，後策不從，所以吟嘯扼腕，垂涕登車。〔四〕幸蒙封拜，得延論議，〔五〕每及西州之事，未嘗敢忘孺卿之言。今車駕大衆，已在道路，吳、耿驍將，雲集四境，而孺卿以奔離之卒，拒要阨，當軍衝，視其形埶何如哉？夫智者覩危思變，賢者泥而不滓，〔六〕是以功名終申，策畫復得。故夷吾束縛而相齊，〔七〕黥布杖劍以歸漢，〔八〕去愚就義，功名並著。今孺卿當成敗之際，遇嚴兵之鋒，可爲怖慄。宜斷之心胷，參之有識。」邯得書，沈吟十餘日，乃謝士衆，歸命洛陽，拜爲太中大夫。於是囂大將十三人，屬縣十六，衆十餘萬，皆降。

〔一〕周洛謂東都也。

〔二〕穴處言所識不遠也。

〔三〕說文：「抵，側擊也。」戰國策曰「蘇秦與李兌抵掌而談」也。

〔四〕扼，持也。史記云：「天下之士，莫不扼腕以言之。」

〔五〕遵爲太中大夫，在論議之職。

〔六〕在泥滯之中而不滓汚也。

〔七〕新序曰：桓公與管仲、鮑叔、甯戚飲，桓公謂鮑叔曰：「姑爲寡人祝乎？」鮑叔奉酒而起，祝曰：「吾君無忘出莒也，使管子無忘束縛從魯也，使甯戚無忘其飯牛於車下也。」

〔八〕黥布爲楚淮南王，高祖使隨何說布，乃杖劍歸漢王也。

王元入蜀求救，囂將妻子奔西城，從楊廣，〔一〕而田弇、李育保上邽。詔告囂曰：「若束手自詣，父子相見，保無佗也。高皇帝云：『橫來，大者王，小者侯。』〔二〕若遂欲爲黥布者，亦自任也。」〔三〕囂終不降。於是誅其子恂，使吳漢與征南大將軍岑彭圍西城，耿弇與虎牙大將軍蓋延圍上邽。車駕東歸。〔四〕月餘，楊廣死，囂窮困。其大將王捷別在戎丘，登城呼漢軍曰：「〔爲〕隗王城守者，皆必死無二心！願諸軍亟罷，〔五〕請自殺以明之。」遂自刎頸死。〔六〕數月，王元、行巡、周宗將蜀救兵五千餘人，乘高卒至，鼓譟大呼曰：「百萬之衆方至！」漢軍大驚，未及成陳，元等決圍，殊死戰，遂得入城，迎囂歸冀。會吳漢等食盡退去，於是安定、北地、天水、隴西復反爲囂。

〔一〕西，（城）縣名，屬漢陽郡，一名始昌，城在今秦州上邽縣西南。

〔二〕田橫爲齊王，天下既定，橫與賓客五百人居海島，高祖使召之曰：「橫來，大者王，小者侯。」事見前書。

〔三〕必不歸降，遂如黥布，云欲爲帝，亦任之也。

〔四〕潁川賊起，故東歸。

〔五〕亟音紀力反。

〔六〕何休〔注〕公羊傳云：「刎，割也。」

九年春，囂病且餓，出城餐糗糒，〔一〕恚憤而死。〔二〕王元、周宗立囂少子純爲王。明年，來歙、耿弇、蓋延等攻破落門，〔三〕周宗、行巡、苟宇、趙恢等將純降。宗、恢及諸隗分徙京師以東，純與巡、宇徙弘農。唯王元留爲蜀將。及輔威將軍臧宮破延岑，元舉衆詣宮降。

〔一〕鄭康成注周禮曰：「糗，熬大豆與米也。」說文曰：「糒，乾飯也。」

〔二〕續漢志曰：「王莽末，天水童謠曰：『出吳門，望緹羣，見一蹇人，言欲上天。令天可上，地上安得人？』時囂初起兵於天水，後意稍廣，欲爲天子，遂破滅。囂少病蹇。吳門，冀都門名也。有緹羣山。」

〔三〕落門，聚名也，有落門谷水，在今秦州伏羌縣西。

元字惠孟，初拜上蔡令，遷東平相，坐墾田不實，下獄死。〔一〕

〔一〕決錄曰「平陵之王，惠孟鏘鏘，激昂囂、述，困於東平」也。

牛邯字孺卿，狄道人。有勇力才氣，雄於邊垂。及降，大司〔空〕〔徒〕司直杜林、太中大夫馬援並薦之，以爲護羌校尉，與來歙平隴右。

十八年，純與賓客數十騎亡入胡，至武威，捕得，誅之。

論曰：隗囂援旗糺族，〔一〕假制明神，〔二〕迹夫創圖首事，有以識其風矣。終於孤立一隅，介于大國，〔三〕隴坻雖隘，非有百二之埶，〔四〕區區兩郡，〔五〕以禦堂堂之鋒，〔六〕至使窮廟策，竭征徭，身歿衆解，然後定之。則知其道有足懷者，所以棲有四方之桀，〔七〕士至投死絕亢而不悔者矣。〔八〕夫功全則譽顯，業謝則釁生，回成喪而爲其議者，或未聞焉。〔九〕若囂命會符運，敵非天力，雖坐論西伯，豈多嗤乎？〔一〇〕

〔一〕援，引也。糺，收也。

〔二〕謂立高祖、孝文等廟而祭之也。

〔三〕東逼於漢，南拒於蜀。左傳曰：「介于二大國之閒。」

〔四〕百二者，以秦地險固，二萬人當諸侯百萬人。前書曰，田肯賀高祖：「秦得百二焉。」

〔五〕隴西、天水也。

〔六〕言光武親征之也。魏武兵書云：「無擊堂堂之陳。」

〔七〕四方雄桀者，皆棲集而有之。

〔八〕亢，喉嚨也。謂王捷自刎也。

〔九〕成喪猶成敗也。言事之成敗在於天命，不由人力。能回爲此議者寡，故未之聞也。

〔10〕天力謂光武天所授也。言不遇光武爲敵，則不謝西伯也。嗤，笑也。

公孫述字子陽，扶風茂陵人也。〔一〕哀帝時，以父任爲郎。〔二〕後父仁爲河南都尉，〔三〕而述補清水長。〔四〕仁以述年少，遣門下掾隨之官。〔五〕月餘，掾辭歸，白仁曰：「述非待教者也。」後太守以其能，使兼攝五縣，政事修理，姦盜不發，郡中謂有鬼神。〔六〕王莽天鳳中，爲導江卒正，居臨邛，〔七〕復有能名。

〔一〕東觀記曰：「其先武帝時，以吏二千石自無鹽徙焉。」

〔二〕任，保任也。東觀記曰：「成帝末，述父仁爲侍御史，任爲太子舍人，稍增秩爲郎焉。」

〔三〕秦置郡尉，典兵禁，捕盜賊，景帝更名都尉，秩比二千石也。

〔四〕清水，縣名，屬天水郡，今秦州縣。

〔五〕州郡有掾，皆自辟除之，常居門下，故以爲號。

〔六〕言明察也。

〔七〕王莽改蜀郡曰導江，太守曰卒正。臨邛，今邛州縣也。

及更始立，豪傑各起其縣以應漢，南陽人宗成自稱「虎牙將軍」，入略漢中；又商人王岑亦起兵於雒縣，〔一〕自稱「定漢將軍」，殺王莽庸部牧以應成，〔二〕衆合數萬人。述聞之，遣

使迎成等。成等至成都，虜掠暴橫。述意惡之，召縣中豪桀謂曰：「天下同苦新室，思劉氏久矣，故聞漢將軍到，馳迎道路。今百姓無辜而婦子係獲，室屋燒燔，此寇賊，非義兵也。吾欲保郡自守，以待眞主。諸卿欲并力者卽留，不欲者便去。」豪桀皆叩頭曰：「願效死。」述於是使人詐稱漢使者自東方來，假述輔漢將軍、蜀郡太守兼益州牧印綬。乃選精兵千餘人，西擊成等。比至成都，衆數千人，遂攻成，大破之。成將垣副殺成，以其衆降。〔三〕二年秋，更始遣柱功侯李寶、益州刺史張忠，將兵萬餘人徇蜀、漢。述恃其地險衆附，有自立志，乃使其弟恢〔四〕於綿竹擊寶、忠，大破走之。〔五〕由是威震益部。

〔一〕商，今商州商雒縣也。雒縣屬廣漢郡，今益州縣也。

〔二〕王莽改益州爲庸部，其牧宋遵也。

〔三〕風俗通曰：「垣，秦邑也，因以爲姓。秦始皇有將垣齮。」東觀記曰：「初，副以漢中亭長聚衆降成，自稱輔漢將軍。」

〔四〕「恢」本或作「惔」。

〔五〕綿竹，縣名，屬廣漢郡，今益州縣也，故城在今縣東。

功曹李熊說述曰：「方今四海波蕩，匹夫橫議。將軍割據千里，地什湯武，〔一〕若奮威德以投天隙，〔二〕霸王之業成矣。宜改名號，以鎭百姓。」述曰：「吾亦慮之，公言起我意。」於是自立爲蜀王，都成都。

〔一〕枚乘諫吳王曰：「湯武之士，不過百里。」

〔二〕天時之閒隙也。

蜀地肥饒，兵力精強，遠方士庶多往歸之，邛、筰君長〔一〕皆來貢獻。李熊復說述曰：「今山東飢饉，人庶相食；兵所屠滅，城邑丘墟。蜀地沃野千里，土壤膏腴，〔二〕果實所生，無穀而飽。〔三〕女工之業，覆衣天下。〔四〕名材竹幹，器械之饒，不可勝用。〔五〕又有魚鹽銅銀之利，〔六〕浮水轉漕之便。北據漢中，杜襃、斜之險；東守巴郡，拒扞關之口；〔七〕地方數千里，戰士不下百萬。見利則出兵而略地，無利則堅守而力農。東下漢水以窺秦地，南順江流以震荊、揚。所謂用天因地，成功之資。今君王之聲，聞於天下，而名號未定，志士狐疑，宜即大位，使遠人有所依歸。」述曰：「帝王有命，吾何足以當之？」熊曰：「天命無常，百姓與能。〔八〕能者當之，王何疑焉！」述夢有人語之曰：「八厶子系，十二爲期。」〔九〕覺，謂其妻曰：「雖貴而祚短，若何？」妻對曰：「朝聞道，夕死尚可，況十二乎！」會有龍出其府殿中，夜有光耀，述以爲符瑞，因刻其掌，文曰「公孫帝」。建武元年四月，遂自立爲天子，號成家。〔一〇〕色尚白。建元曰龍興元年。以李熊爲大司徒，以其弟光爲大司馬，恢爲大司空。改益州爲司隸校尉，蜀郡爲成都尹。〔一一〕

〔一〕邛、筰皆西南夷國名。筰音昨。見西南夷傳。

〔二〕無塊曰壤。

〔三〕左思蜀都賦曰：「戶有橘柚之園。」又曰：「瓜疇芋區。」前書卓王孫曰：「吾聞岷山之下沃野，下有蹲鴟，至死不飢。」

〔四〕左思蜀都賦曰：「百室離房，機杼相和。」衣音於旣反。

〔五〕竹幹，竹箭也。內盛曰器，外盛曰械。

〔六〕丙穴出嘉魚，在漢中。蜀有鹽井，又有銅陵山，其朱提界出銀。朱音上朱反。提音上移反。

〔七〕史記曰楚肅王爲扞關以拒蜀，故基在今硤州巴山縣。

〔八〕詩云「天命靡常」，易曰「百姓與能」也。

〔九〕說文云厶音私。系音係，胡計反。

〔一〇〕以起成都，故號成家。

〔一一〕漢以京師爲司隸校尉部，置京兆尹；中興以洛陽爲司隸校尉部，置河南尹。故述斆焉。

越巂任貴亦殺王莽大尹而據郡降。述遂使將軍侯丹開白水關，〔一〕北守南鄭；〔二〕將軍任滿從閬中下江州，〔三〕東據扞關。於是盡有益州之地。

〔一〕在漢陽西縣。梁州記曰「關城西南有白水關」也。

〔二〕今梁州縣也，故城在今縣東北也。

〔三〕閬中、江州皆縣名，並屬巴郡。閬中，今隆州縣也。江州故城在渝州巴縣西。

自更始敗後，光武方事山東，未遑西伐。關中豪桀呂鮪等往往擁衆以萬數，莫知所屬，多往歸述，〔一〕皆拜爲將軍。遂大作營壘，陳車騎，肄習戰射，會聚兵甲數十萬人，積糧漢中，築宮南鄭。又造十層赤樓帛蘭船。〔二〕多刻天下牧守印章，備置公卿百官。使將軍李育、程烏將數萬衆出陳倉，與呂鮪徇三輔。三年，征西將軍馮異擊鮪、育於陳倉，大敗之，鮪、育奔漢中。五年，延岑、田戎爲漢兵所敗，皆亡入蜀。

〔一〕時延岑據藍田，王歆據下邽，各稱將軍，擁兵。事見馮異傳。

〔二〕蓋以帛飾其蘭檻也。

岑字叔牙，南陽人。〔一〕始起據漢中，又擁兵關西，（關西）所在破散，走至南陽，略有數縣。戎，汝南人。初起兵夷陵，轉寇郡縣，衆數萬人。岑、戎並與秦豐合，豐俱以女妻之。及豐敗，故二人皆降於述。述以岑爲大司馬，封汝寧王，戎翼江王。六年，述遣戎與將軍任滿出江關，下臨沮、夷陵閒，〔二〕招其故衆，因欲取荊州諸郡，竟不能剋。

〔一〕東觀記曰筑陽縣人。

〔二〕華陽國志曰：「巴楚相攻，故置江關。」〔舊〕在赤甲城，後移在江州南岸，對白帝城，故基在今夔州〔人〕復縣南。臨沮，縣名，侯國，屬南郡，故城在今荊州當陽縣西北。夷陵，縣名，屬南郡，今硤州縣也，故城在今縣西北。

是時，述廢銅錢，置鐵官錢，〔一〕百姓貨幣不行。蜀中童謠言曰：「黃牛白腹，五銖當復。」

好事者竊言王莽稱「黃」，述自號「白」，五銖錢，漢貨也，言天下當并還劉氏。述亦好爲符命鬼神瑞應之事，妄引讖記。以爲孔子作春秋，爲赤制而斷十二公，〔二〕明漢至平帝十二代，歷數盡也，〔三〕一姓不得再受命。又引錄運法曰：「廢昌帝，立公孫。」括地象曰：「帝軒轅受命，公孫氏握。」〔四〕援神契曰：「西太守，乙卯金。」謂西方太守而乙絕卯金也。〔五〕五德之運，黃承赤而白繼黃，金據西方爲白德，而代王氏，得其正序。又自言手文有奇，及得龍興之瑞。數移書中國，冀以感動衆心。帝患之，乃與述書曰：「圖讖言『公孫』，卽宣帝也。代漢者當塗高，君豈高之身邪？〔六〕乃復以掌文爲瑞，王莽何足效乎！〔七〕君非吾賊臣亂子，倉卒時人皆欲爲君事耳，何足數也。〔八〕君日月已逝，妻子弱小，當早爲定計，可以無憂。天下神器，不可力爭，〔九〕宜留三思。」署曰「公孫皇帝」。述不荅。

〔一〕置鐵官以鑄錢。

〔二〕尚書考靈耀曰：「孔子爲赤制，故作春秋。」赤者，漢行也。言孔子作春秋斷十二公，象漢十二帝。

〔三〕據漢十一帝，言十二代者，并數呂后。

〔四〕錄運法、括地象並河圖名也。

〔五〕乙，軋也。述言西方太守能軋絕卯金也。

〔六〕東觀記曰：「光武與述書曰：『承赤者，黃也；姓當塗，其名高也。』」

〔七〕王莽詐以鐵契、石龜、文圭、玄印等爲符瑞，言不足倣傚也。

〔八〕數，責也。

〔九〕老子云：「天下神器，不可爲也。」

明年，隗囂稱臣於述。述騎都尉平陵人荆邯見東方將平，兵且西向，說述曰：「兵者，帝王之大器，古今所不能廢也。〔一〕昔秦失其守，豪桀並起，漢祖無前人之迹，立錐之地，〔二〕起於行陣之中，躬自奮擊，兵破身困者數矣。然軍敗復合，創愈復戰。〔三〕何則？前死而成功，踰於却就於滅亡也。隗囂遭遇運會，割有雍州，兵強士附，威加山東。〔四〕遇更始政亂，復失天下，衆庶引領，四方瓦解。〔五〕囂不及此時推危乘勝，以爭天命，而退欲爲西伯之事，尊師章句，賓友處士，〔六〕偃武息戈，卑辭事漢，喟然自以文王復出也。令漢帝釋關隴之憂，〔七〕專精東伐，四分天下而有其三；使西州豪傑咸居心於山東，發閒使，招攜貳，〔八〕則五分而有其四；若舉兵天水，必至沮潰，天水既定，則九分而有其八。陛下以梁州之地，內奉萬乘，外給三軍，百姓愁困，不堪上命，將有王氏自潰之變。〔九〕臣之愚計，以爲宜及天下之望未絕，豪傑尚可招誘，急以此時發國內精兵，令田戎據江陵，臨江南之會，倚巫山之固，〔一〇〕築壘堅守，傳檄吳、楚，長沙以南必隨風而靡。令延岑出漢中，定三輔，天水、隴西拱手自服。如此，海內震搖，冀有大利。」述以問羣臣。博士吳柱曰：「昔武王伐殷，先觀兵孟

津，八百諸侯不期同辭，然猶還師以待天命。未聞無左右之助，而欲出師千里之外，以廣封疆者也。」邯曰：「今東帝無尺土之柄，驅烏合之衆，〔二〕跨馬陷敵，所向輒平。不亟乘時與之分功，〔三〕而坐談武王之說，是效隗囂欲爲西伯也。」述然邯言，欲悉發北軍屯士及山東客兵，使延岑、田戎分出兩道，與漢中諸將合兵并埶。蜀人及其弟光以爲不宜空國千里之外，決成敗於一舉，固爭之，述乃止。延岑、田戎亦數請兵立功，終疑不聽。

〔一〕左傳宋子罕曰：「天生五材，廢一不可，誰能去兵？聖人以興，亂人以廢，廢興存亡之術，皆兵之由也。」

〔二〕言漢祖起自布衣，無公劉、太王之業也。枚乘諫吳王書曰：「舜無立錐之地以有天下。」

〔三〕軍敗謂戰於睢水上，爲楚所破，後得韓信軍，復大振也。創愈謂在於成皋閒，項羽射傷漢王胷，後復戰。

〔四〕隴西、天水皆雍州之地，故言割有也。囂傳云「名震西州，流聞山東」，是威加也。

〔五〕淮南子曰：「武王伐紂，左操黃鉞，右秉白旄而麾之，則瓦解而走。」

〔六〕章句謂鄭興等也。處士謂方望等也。

〔七〕以囂居西，無東之意，故置之度外而不爲憂。

〔八〕閒使謂來歙、馬援等也。攜貳謂王遵、鄭興、杜林、牛邯等相次而歸光武。

〔九〕王氏卽王莽也。

〔一〇〕巫山在今夔州巫山縣東也。

〔一一〕鄒陽云：「周用烏集而王。」

〔三〕亟，急也。

述性苛細，察於小事。敢誅殺而不見大體，好改易郡縣官名。然少爲郎，習漢家制度，出入法駕，〔一〕鑾旗旄騎，〔二〕陳置陛戟，然後輦出房闥。又立其兩子爲王，食犍爲、廣漢各數縣。羣臣多諫，以爲成敗未可知，戎士暴露，而遽王皇子，示無大志，傷戰士心。述不聽。唯公孫氏得任事，由此大臣皆怨。

〔一〕法駕，屬車三十六乘，公卿不在鹵簿中，侍中驂乘，奉車都尉御。前驅九斿雲罕，鳳皇闟戟，皮軒。

〔二〕旄頭之騎也。

八年，帝使諸將攻隗囂，述遣李育將萬餘人救囂。囂敗，并沒其軍，蜀地聞之恐動。述懼，欲安衆心。成都郭外有秦時舊倉，述改名白帝倉，〔一〕自王莽以來常空。述卽詐使人言白帝倉出穀如山陵，百姓空市里往觀之。述乃大會羣臣，問曰：「白帝倉竟出穀乎？」皆對言「無」。述曰：「訛言不可信，道隗王破者復如此矣。」俄而囂將王元降，述以爲將軍。明年，使元與領軍環安拒河池，〔二〕又遣田戎及大司徒任滿、南郡太守程汎將兵下江關，破〔威〕虜將軍馮駿等，拔巫及夷陵、夷道，〔三〕因據荆門。〔四〕

〔一〕述以色尚白，故改之。

〔二〕河池，今鳳州縣也。

〔三〕夷道，縣名，屬南郡，故城在今硤州宜都縣西。
〔四〕荆門，山名也，在今硤州宜都縣西北，今猶有故城基趾在山上。

十一年，征南大將軍岑彭攻之，滿等大敗，述將王政斬滿首降于彭。田戎走保江州。〔一〕城邑皆開門降，彭遂長驅至武陽。〔二〕帝乃與述書，陳言禍福，以明丹青之信。〔三〕述省書歎息，以示所親太常常少、光祿勳張隆。隆、少皆勸降。述曰：「廢興命也。豈有降天子哉！」左右莫敢復言。

〔一〕江州，縣名，屬巴郡，故城今渝州巴縣。
〔二〕武陽，縣名，故城在今眉州。
〔三〕楊雄法言曰：「王者之言，炳若丹青。」

中郎將來歙急攻王元、環安，安使刺客殺歙；述復令刺殺岑彭。十二年，述弟恢及子壻史興並爲大司馬吳漢、輔威將軍臧宫所破，戰死。自是將帥恐懼，日夜離叛，述雖誅滅其家，猶不能禁。帝必欲降之，乃下詔喻述曰：「往年詔書比下，〔一〕開示恩信，勿以來歙、岑彭受害自疑。今以時自詣，則家族完全；若迷惑不喻，委肉虎口，痛哉柰何！將帥疲倦，吏士思歸，不樂久相屯守，詔書手記，不可數得，朕不食言。」述終無降意。

〔一〕比，頻也。

九月，吳漢又破斬其大司徒謝豐、執金吾袁吉，漢兵遂守成都。述謂延岑曰：「事當柰何？」岑曰：「男兒當死中求生，可坐窮乎！財物易聚耳，不宜有愛。」述乃悉散金帛，募敢死士五千餘人，以配岑於市橋，〔一〕僞建旗幟，〔二〕鳴鼓挑戰，而潛遣奇兵出吳漢軍後，襲擊破漢。漢墮水，緣馬尾得出。

〔一〕市橋即七星之一橋也。李膺益州記曰：「沖星橋，舊市橋也，在今成都縣西南四里。」

〔二〕幟，幡也。幟音昌忌反，又式志反。

十一月，臧宮軍至咸門。〔一〕述視占書，云「虜死城下」，大喜，謂漢等當之。乃自將數萬人攻漢，使延岑拒宮。大戰，岑三合三勝。自旦及日中，軍士不得食，並疲，漢因令壯士突之，述兵大亂，被刺洞胷，墮馬。〔二〕左右輿入城。述以兵屬延岑，其夜死。明旦，岑降吳漢。乃夷述妻子，盡滅公孫氏，幷族延岑。遂放兵大掠，焚述宮室。帝聞之怒，以譴漢。又讓漢副將劉尙曰：「城降三日，吏人從服，孩兒老母，口以萬數，一旦放兵縱火，聞之可爲酸鼻！尙宗室子孫，嘗更吏職，何忍行此？仰視天，俯視地，觀放麑啜羹，二者孰仁？〔三〕良失斬將弔人之義也！」〔四〕

〔一〕成都北面有二門，其西者名咸門。

〔二〕吳漢傳云：「護軍高午奔陣刺述，殺之。」

〔三〕韓子曰：「孟孫獵得麑，使秦西巴持之。其母隨而呼，秦西巴不忍而與其母。」戰國策曰：「樂羊爲魏將而攻中山。其子在中山，中山君烹其子而遺之羹，樂羊啜之，盡一杯，而攻拔中山。」

〔四〕良猶甚也。

初，常少、張隆勸述降，不從，並以憂死。帝下詔追贈少爲太常，隆爲光祿勳，以禮改葬之。其忠節志義之士，並蒙旌顯。〔一〕程烏、李育以有才幹，皆擢用之。於是西土咸悅，莫不歸心焉。

〔一〕謂李業、譙玄等，見獨行傳。

論曰：昔趙佗自王番禺，〔一〕公孫亦竊帝蜀漢，推其無他功能，而至於後亡者，將以地邊處遠，非王化之所先乎？述雖爲漢吏，無所馮資，徒以文俗自憙，遂能集其志計。道未足而意有餘，不能因隙立功，以會時變，方乃坐飾邊幅，〔二〕以高深自安，昔吳起所以慙魏侯也。〔三〕及其謝臣屬，審廢興之命，與夫泥首銜玉者異日談也。〔四〕

〔一〕趙佗，眞定人，因漢初天下未定，自立爲南越王。番禺，縣，屬南海郡，故城在今廣州西南。越志曰：「有番山、禺山，因以爲名。」

〔二〕邊幅猶有邊緣，以自矜持。

〔三〕史記曰：「魏武侯浮西河而下，中流而顧曰：『美哉乎，河山之固，此魏之寶也。』吳起對曰：『在德不在險。』」

〔四〕干寶晉記曰：「吳王孫皓將其子瑾等，泥首面縛降王濬。」左傳曰：「許男面縛銜璧以見楚子。」璧，玉也。

贊曰：公孫習吏，隗王得士。漢命已還，二隅方跱。天數有違，江山難恃。〔一〕

〔一〕違猶去也。

校勘記

五一三頁三行　隗囂字季孟　「孟」原譌「夏」，據汲本、殿本改。按：此卷影印紹興本仍有闕佚，據它本補配，故多譌字。以下凡遇極明顯之譌字，皆逕予改正，不作校記。

五一三頁九行　囂音五高反　按：此注原在正文前小標題下，今移此。

五一三頁一一行　莽置九卿分屬三公　按：「置」原作「制」，逕據汲本、殿本改。

五一五頁二行　（鍉）〔題〕即匙字　據汲本改。按：校補謂作「題」是。

五一五頁一三行　又置〔六尉〕六隊（部）〔郡〕置大夫　據刊誤改，與前書莽傳合。

五一六頁二行　至五十餘人　按：刊誤謂案本傳作「五千人」。

五一六頁三行　前書朱光世曰　按：張森楷校勘記謂前書「光」作「安」，疑此誤。

五一六頁九行　宜（乎）〔呼〕嗟（呼）告天以求救　據汲本改，與前書莽傳合。

五一七頁三行　元城孺（子）王尊禰穆廟　據刊誤刪。按：刊誤謂本王翁孺，故稱「孺王」，不當有「子」字。

五一八頁七行　此（謂）〔爲〕六也　據汲本改。

五一八頁九行　傳詣鍾官（八）〔以〕十萬數　校補引張熷說，謂據莽傳，「八」乃「以」之誤。今據改。

五一九頁一三行　安定大尹王向　按：集解引惠棟說，謂前書云「安定卒正王旬」。

五二〇頁五行　羽翮並肩　按：汲本、殿本「並」作「比」。

五二〇頁七行　〔乘〕偏舟於五湖　據汲本、殿本補。

五二一頁一四行　〔以〕勁悍廉直爲名　據汲本補。

五二二頁二行　中屠剛杜林爲持書　按：集解引惠棟說，謂「持書」袁紀作「治書」。王先謙謂本「治書」，避唐高宗諱改「持」。

五二三頁一二行　今原州（高）平〔高〕縣　據集解引陳景雲說改。

五二三頁一三行　今原州平（陽）〔高〕縣南　按：涇陽故城在平高縣南。「高」原譌「陽」，各本譌「原」，今正。

五二四頁一一行　文伯盧芳字也　按：殿本考證謂盧芳詐稱武帝曾孫劉文伯，故當時之人但知爲劉文伯，不知爲盧芳，文伯非盧芳字也。芳字君期，見本傳。

五二五頁三行　北收西河上郡　按：御覽二九九引「收」作「取」，東觀記作「北取西河」。

五二六頁九行　又多設支閡　按：集解引王補說，謂來歙傳作「多設疑故」。

五二七頁一行　囂因使王元〔行〕巡侵三輔　據汲本、殿本補。

五三〇頁九行　〔爲〕隗王城守者　據汲本、殿本補。

五三〇頁一三行　西〔城〕縣名　集解引惠棟說，謂西城者，隴西西縣城也，注以爲西城縣，非也。又引陳景雲說，謂注中「城」字衍。今據刪。

五三一頁四行　何休〔注〕公羊傳云　明脫「注」字，今補。

五三一頁六行　攻破落門　按：集解引惠棟說，謂續志「落門」作「雒門」。

五三一頁一一行　有緹羣山　按：續志作「緹羣，山名也」。

五三一頁一五行　大司〔空〕〔徒〕司直杜林　據刊誤改。

五三三頁四行　郡中謂有鬼神　按：集解引汪文臺說，謂類聚五十、御覽二百六十七引續漢書作「郡中謂之神明」。

五三三頁一三行　南陽人宗成自稱虎牙將軍　按：惠棟謂「宗成」華陽國志作「宗成垣」。

五三四頁五行　西擊成等　按：通鑑胡注，謂臨邛在成都西南，述兵自臨邛迎擊宗成等，非西向也，傳誤。

五三四頁九行　其牧宋遵也　按：集解引惠棟說，謂宋遵華陽國志作「朱遵」。

五三四頁一〇行　秦始皇有將垣齮　按：沈家本謂今史記「垣」作「桓」。

五三五頁五行　覆衣天下　按：李慈銘謂「覆衣」當作「覆被」。

五三五頁一三行　號成家　按：華陽國志作「號大成」。

五三五頁一三行　以其弟光爲大司馬　按：續天文志「光」作「晃」。

五三七頁四行　程烏　按：集解引惠棟說，謂光武紀及馮異傳俱作「程焉」，案華陽志當從「烏」。

五三七頁四行　征西將軍馮異擊鮪育於陳倉　按：通鑑考異謂「三年」當依本紀及馮異傳作「四年」。

五三七頁八行　又擁兵關西(關西)所在破散　刊誤謂案文多兩「關西」字。今據刪。

五三七頁一三行　〔舊〕在赤甲城　據汲本、殿本補。

五三七頁一三行　故基在今夔州〔人〕復縣南　刊誤謂「復」上少一「魚」字。沈家本謂魚復縣西魏改人復，隋唐因之，此奪「人」字，非奪「魚」字，張堪傳可證。今依沈說補「人」字。按：岑彭傳注作「魚復」，張堪傳注作「人復」。唐貞觀二十三年改人復爲奉節，作「人復」是。

五三九頁七行　踰於却就於滅亡也　按：刊誤謂下「於」字當作「而」。

五三九頁九行　喟然自以文王復出也　按：汲本作「喟然自以爲武王復出也」。王先謙謂上文言西伯，作「文王」是。又袁紀及通鑑均作「文王」。

五三九頁一〇行　使西州豪傑咸居心於山東　殿本「居」作「歸」，王先謙謂作「歸」是。

五四一頁一三行　破〔威〕虜將軍馮駿等　據集解引惠棟說補。

五四二頁五行　光祿勳張隆　按：華陽國志作「李隆」。

五四三頁一一行　漢副將劉尙　按：集解引惠棟說，謂東觀記「劉尙」作「劉禹」。

後漢書卷十四

宗室四王三侯列傳第四

齊武王縯字伯升，〔一〕光武之長兄也。性剛毅，慷慨有大節。自王莽篡漢，常憤憤，懷復社稷之慮，不事家人居業，傾身破產，交結天下雄俊。

〔一〕縯，引也，音衍。

莽末，盜賊羣起，南方尤甚。伯升召諸豪傑計議曰：「王莽暴虐，百姓分崩。今枯旱連年，兵革並起。〔一〕此亦天亡之時，復高祖之業，定萬世之秋也。」衆皆然之。於是分遣親客，使鄧晨起新野，光武與李通、李軼起於宛。伯升自發舂陵子弟，合七八千人，部署賓客，自稱柱天都部。〔二〕使宗室劉嘉往誘新市、平林兵王匡、陳牧等，合軍而進，屠長聚及唐子鄉，殺湖陽尉，進拔棘陽，因欲攻宛。至小長安，與王莽前隊大夫甄阜、屬正梁丘賜戰。時天密霧，漢軍大敗，姊元弟仲皆遇害，宗從死者數十人。伯升復收會兵衆，還保棘陽。

〔一〕東觀記曰：「王莽末年，天下大旱，蝗蟲蔽天，盜賊羣起，四方潰畔。」

〔三〕柱天者，若天之柱也。都部者，都統其衆也。

阜、賜乘勝，留輜重於藍鄉，〔一〕引精兵十萬南渡黃淳水，〔二〕臨（泚）〔沘〕水，阻兩川閒爲營，絕後橋，示無還心。新市、平林見漢兵數敗，阜、賜軍大至，各欲解去，伯升甚患之。會下江兵五千餘人至宜秋，〔三〕乃往爲說合從之埶，下江從之。語在王常傳。伯升於是大饗軍士，設盟約。休卒三日，分爲六部，潛師夜起，襲取藍鄉，盡獲其輜重。明旦，漢軍自西南攻甄阜，下江兵自東南攻梁丘賜。至食時，賜陳潰，阜軍望見散走，漢兵急追之，却迫黃淳水，斬首溺死者二萬餘人，遂斬阜、賜。

〔一〕比陽縣有藍鄉。

〔二〕酈元注水經曰：「（諸）〔赭〕水二湖流注，合爲黃水，又南經棘陽縣之黃淳聚，又謂之黃淳水。」在今唐州湖陽縣。蕭該音「淳」作「諄」者誤。

〔三〕宜秋，聚名，在沘陽縣。

王莽納言將軍嚴尤、秩宗將軍陳茂聞阜、賜軍敗，引欲據宛。伯升乃陳兵誓衆，焚積聚，破釜甑，鼓行而前，〔一〕與尤、茂遇育陽下，戰，大破之，斬首三千餘級。尤、茂棄軍走，伯升遂進圍宛，自號柱天大將軍。王莽素聞其名，大震懼，購伯升邑五萬戶，黃金十萬斤，位上公。使長安中官署及天下鄉亭皆畫伯升像於塾，旦起射之。〔二〕

〔一〕破釜甑，示必死也。鼓行而前，言無所畏也。史記曰：「項羽北救趙，渡河，沈船破釜甑。」

〔二〕蕭該音義亦作「塾」，引字林「塾，門側堂也」。東觀記、續漢書並作「埻」。說文云「射臬也」。廣雅「埻，的也」。埻音之允反。

自阜、賜死後，百姓日有降者，衆至十餘萬。諸將會議立劉氏以從人望，豪傑咸歸於伯升。而新市、平林將帥樂放縱，憚伯升威明而貪聖公懦弱，先共定策立之，然後使騎召伯升，示其議。伯升曰：「諸將軍幸欲尊立宗室，其德甚厚，然愚鄙之見，竊有未同。今赤眉起青、徐，衆數十萬，聞南陽立宗室，恐赤眉復有所立，如此，必將內爭。今王莽未滅，而宗室相攻，是疑天下而自損權，非所以破莽也。且首兵唱號，鮮有能遂，陳勝、項籍，即其事也。舂陵去宛三百里耳，未足爲功。遽自尊立，爲天下準的，使後人得承吾敝，〔一〕非計之善者也。今且稱王以號令。若赤眉所立者賢，相率而往從之；若無所立，破莽降赤眉，然後舉尊號，亦未晚也。願各詳思之。」諸將多曰「善」。將軍張卬拔劍擊地曰：「疑事無功。〔二〕今日之議，不得有二。」衆皆從之。

〔一〕前書宋義曰：「戰勝則兵疲，我承其敝。」

〔二〕史記曰，趙武靈王欲被胡服，肥義曰：「疑事無功，疑行無名。」

聖公既即位，拜伯升爲大司徒，封漢信侯。由是豪傑失望，多不服。平林後部攻新野，

不能下。新野宰登城言曰：〔一〕「得司徒劉公一信，願先下。」及伯升軍至，卽開城門降。五月，伯升拔宛。六月，光武破王尋、王邑。自是兄弟威名益甚。

〔一〕王莽改令長爲宰。東觀記曰，其宰潘臨也。

更始君臣不自安，遂共謀誅伯升，乃大會諸將，以成其計。更始取伯升寶劒視之，繡衣御史申屠建隨獻玉玦，〔一〕更始竟不能發。及罷會，伯升舅樊宏謂伯升曰：「昔鴻門之會，范增舉玦以示項羽。〔二〕今建此意，得無不善乎？」伯升笑而不應。初，李軼諂事更始貴將，〔三〕光武深疑之，常以戒伯升曰：「此人不可復信。」又不受。

〔一〕繡衣御史，武帝置，衣繡者，尊寵之也。玦，決也。令早決斷。

〔二〕史記曰：「項王留沛公飲，項伯東向坐，范增南向坐，沛公北向坐。范增數目項王，舉所佩玉玦者三，項王默然不應。」鴻門，地名，在新豐東七十里。

〔三〕貴將，朱鮪等也。

伯升部將宗人劉稷，數陷陳潰圍，勇冠三軍。時將兵擊魯陽，〔一〕聞更始立，怒曰：「本起兵圖大事者，伯升兄弟也，今更始何爲者邪？」更始君臣聞而心忌之，以稷爲抗威將軍，稷不肯拜。更始乃與諸將陳兵數千人，先收稷，將誅之，伯升固爭。李軼、朱鮪因勸更始幷執伯升，卽日害之。

〔一〕魯陽，縣，屬南(郡)〔陽〕，今汝州魯山縣也。

有二子。建武二年，立長子章爲太原王，興爲魯王。十一年，徙章爲齊王。十五年，追謚伯升爲齊武王。

章少孤，光武感伯升功業不就，撫育恩愛甚篤，以其少貴，欲令親吏事，故使試守平陰令，〔一〕遷梁郡太守。〔二〕立二十一年薨，謚曰哀王。子煬王石嗣。建武二十七年，石始就國。三十年，封石弟張爲下博侯。永平十四年，封石二子爲鄉侯。石立二十四年薨，子晃嗣。

〔一〕試守者，稱職滿歲爲眞。平陰，縣，屬河南郡。應劭云在平津南，故曰平陰。魏文帝改爲河陰。故城在今洛陽縣東北。濟州平陰縣東北五里亦有平陰故城。

〔二〕今宋州也。

下博侯張以善論議，十六年，與奉車都尉竇固等〔一〕並出擊匈奴，後進者多害其能，數被譖訴。建初中卒，肅宗下詔褒揚之，復封張子它人奉其祀。

〔一〕續漢志：「奉車都尉，比二千石，無員，掌御乘輿車。」

晃及弟利侯剛與母太姬宗更相誣告。章和元年，有司奏請免晃、剛爵爲庶人，徙丹陽。〔一〕帝不忍，下詔曰：「朕聞人君正屛，有所不聽。〔二〕宗尊爲小君，〔三〕宮衞周備，出有輜軿之飾，〔四〕入有牖戶之固，殆不至如譖者之言。〔五〕晃、剛愆乎至行，濁乎大倫，〔六〕甫刑

三千，莫大不孝。朕不忍置之于理，其貶晃爵爲蕪湖侯，〔七〕削剛戶三千。於戲！小子不勗大道，控于法理，以隳宗緒。〔八〕其遣謁者收晃及太姬璽綬。」晃立十七年而降爵。晃卒，子無忌嗣。

〔一〕丹陽，（故）郡，（故）城在今潤州江寧縣東南。

〔二〕白虎通曰：「所以設屏何？以自障也，示不極臣下之敬也。天子德大，故外屏；諸侯德小，故內屏。」

〔三〕諸侯之妻稱曰小君。

〔四〕輜軿，有擁蔽之車也。列女傳曰：「齊孝公華孟姬謂公曰：『妾聞妃后踰閾必乘安車輜軿，下堂必從傅母保阿，進退則鳴玉珮，內飾則結綢繆，所以正心一意，自斂制也。』」

〔五〕何休注公羊傳曰：「如其事曰訴，加誣焉曰譖。」

〔六〕濁猶汙也。倫，理也。孔子曰：「欲潔其身而亂大倫。」

〔七〕蕪湖，解見章紀。

〔八〕控，引也。隳，毀也。

帝以伯升首創大業，而後嗣罪廢，心常愍之。時北海亦絕無後。及崩，遺詔令復二國。永元二年，乃復封無忌爲齊王，是爲惠王。立五十二年薨，子頃王喜嗣。立五年薨，子承嗣。建安十一年，國除。

論曰：大丈夫之鼓動拔起，其志致蓋遠矣。若夫齊武王之破家厚士，豈游俠下客之爲哉！〔一〕其慮將存乎配天之絕業，而痛明堂之不祀也。〔二〕及其發舉大謀，在倉卒擾攘之中，使信先成於敵人，〔三〕赦岑彭以顯義，〔四〕若此足以見其度矣。志高慮遠，禍發所忽。〔五〕嗚呼！古人以蜂蠆爲戒，〔六〕蓋畏此也。詩云：「敬之敬之，命不易哉！」〔七〕

〔一〕下客謂毛遂、馮煖之徒也。

〔二〕王者以遠祖配天，以父配上帝於明堂，將以存其絕業，復其祭祀。

〔三〕新野宰潘臨云，請劉公一信而降。

〔四〕初，彭守宛，食盡降漢，諸將欲誅之。伯升曰：「今舉大事，當表義士，不如封之以勸其後。」更始封彭爲歸德侯。

〔五〕謂不用樊宏、光武之言。忽，輕也。司馬相如曰「禍故多臧於隱微，而發於人之所忽」也。

〔六〕蠆，蝎也。左傳臧文仲謂魯君曰：「君其無謂邾小。蜂蠆有毒，而況國乎！」

〔七〕詩周頌也。

北海靖王興，建武二年封爲魯王，嗣光武兄仲。

初，南頓君娶同郡樊重女，字嫺都。〔一〕嫺都性婉順，自爲童女，不正容服不出於房，宗族敬焉。生三男三女：長男伯升，次仲，次光武；長女黃，次元，次伯姬。皇妣以初起兵時

病卒，宗人樊巨公收斂焉。建武二年，封黃爲湖陽長公主，伯姬爲寧平長公主。元與仲俱歿於小長安，追爵元爲新野長公主，十五年，追謚仲爲魯哀王。

〔一〕嫺，胡閒反。說文：「嫺，雅也。」

興其歲試守緱氏令。爲人有明略，善聽訟，甚得名稱。遷弘農太守，亦有善政。〔一〕視事四年，上疏乞骸骨，徵還京師，奉朝請。二十七年，始就國。明年，以魯國益東海，〔二〕故徙興爲北海王。三十年，封興子復爲臨邑侯。〔三〕中元二年，又封興二子爲縣侯。顯宗器重興，每有異政，輒乘驛問焉。立三十九年薨，子敬王睦嗣。

〔一〕續漢書曰：「弘農縣吏張申有伏罪，興收申案論，郡中震慄。時年旱，分遣文學循行屬縣，理冤獄，宥小過，應時甘雨降澍。」

〔二〕續漢書曰：「二郡二十九縣，租入倍諸王也。」

〔三〕臨邑，縣，屬東（海）〔郡〕，故城在今（濟）〔齊〕州東，亦名馬坊城也。

睦少好學，博通書傳，光武愛之，數被延納。顯宗之在東宮，尤見幸待，入侍諷誦，出則執轡。〔一〕中興初，禁網尚闊，而睦性謙恭好士，千里交結，自名儒宿德，莫不造門，由是聲價益廣。永平中，法憲頗峻，睦乃謝絕賓客，放心音樂。然性好讀書，常爲愛翫。歲終，遣中大夫奉璧朝賀，〔二〕召而謂之曰：「朝廷設問寡人，〔三〕大夫將何辭以對？」使者曰：「大王忠

孝慈仁，敬賢樂士。臣雖螻蟻，敢不以實？」睦曰：「吁，子危我哉！〔四〕此乃孤幼時進趣之行也。〔五〕大夫其對以孤襲爵以來，志意衰惰，聲色是娛，犬馬是好。」使者受命而行。其能屈申若此。

〔一〕乘輿，尊者居中，執轡在左。

〔二〕中大夫，王國官也。續漢志曰：「中大夫，比六百石，無員，掌奉王使京都奉璧賀正月，及使諸國。本皆持節，後去節。」爾雅曰：「肉倍好謂之璧。」好，孔也。

〔三〕朝廷謂天子也。

〔四〕吁音虛。孔安國注尚書曰：「吁者，疑怪之聲也。」

〔五〕東觀記、續漢書並云「是吾幼時狂惷之行也」。

初，靖王薨，悉推財產與諸弟，雖王車服珍寶非列侯制，皆以爲分，然後隨以金帛贖之。睦能屬文，作春秋旨義終始論及賦頌數十篇。又善史書，當世以爲楷則。及寢病，帝驛馬令作草書尺牘十首。〔一〕立十年薨，子哀王基嗣。

〔一〕說文云：「牘，書版也。」蓋長一尺，因取名焉。

永平十八年，封基二弟爲縣侯，二弟爲鄉侯。建初二年，又封基弟毅爲平望侯。基立十四年薨，無子，肅宗憐之，不除其國。

永元二年，和帝封睦庶子斟鄉侯威爲北海王，奉睦後。立七年，威以非睦子，又坐誹謗，檻車徵詣廷尉，道自殺。

永初元年，鄧太后復封睦孫壽光侯普爲北海王，是爲頃王。延光二年，復封睦少子爲亭侯。普立〔十〕七年薨，子恭王翼嗣；立十四年薨，子康王嗣，無後，建安十一年，國除。

初，臨邑侯復好學，能文章。永平中，每有講學事，輒令復典掌焉。與班固、賈逵共述漢史，傅毅等皆宗事之。復子騊駼及從兄平望侯毅，並有才學。永寧中，鄧太后召毅及騊駼入東觀，與謁者僕射劉珍〔一〕著中興以下名臣列士傳。騊駼又自造賦、頌、書、論凡四篇。

〔一〕與平望侯毅並在文苑傳。

趙孝王良字次伯，光武之叔父也。平帝時舉孝廉，爲蕭令。光武兄弟少孤，良撫循甚篤。及光武起兵，以事告，良大怒，〔一〕曰：「汝與伯升志操不同，今家欲危亡，而反共謀如是！」既而不得已，從軍至小長安，漢兵大敗，良妻及二子皆被害。〔二〕更始立，以良爲國三老，從入關。更始敗，良聞光武卽位，乃亡奔洛陽。建武二年，封良爲廣陽王。五年，徙爲趙王，始就國。十三年，降爲趙公。頻歲來朝。十七年，薨于京師。凡立十六年。子節王栩

嗣。〔三〕建武三十年，封栩二子爲鄉侯。建初二年，復封栩十子爲亭侯。

〔一〕東觀記曰：「光武初起兵，良搏手大呼曰：『我欲詣納言嚴將軍。』叱上起去。出閤，令人視之。還白方坐啗脯，良復讙呼。上言『不可讙露』。明旦欲去，前白良曰：『欲竟何時詣嚴將軍所？』良意下，曰：『我爲詐汝耳，當復何苦乎？』」

〔二〕續漢書曰：「阜、賜移書於良曰：『老子不率宗族，單絝騎牛，哭且行，何足賴哉！』」

〔三〕栩音況羽反。

栩立四十年薨，子頃王商嗣。永元三年，封商三弟爲亭侯。元年，封商四子爲亭侯。商立二十三年薨，子靖王宏〔嗣〕。立十二年薨，子惠王乾嗣。元初五年，封乾二弟爲亭侯。是歲，趙相奏乾居父喪私娉小妻，〔一〕又白衣出司馬門，坐削中丘縣。〔二〕時郎中南陽程堅素有志行，拜爲乾傅。堅輔以禮義，乾改悔前過，堅列上，復所削縣。本初元年，封乾一子爲亭侯。乾立四十八年薨，子懷王豫嗣。豫薨，子獻王赦嗣。赦薨，子珪嗣，建安十八年徙封博陵王。立九年，魏初以爲崇德侯。

〔一〕小妻，妾也。

〔二〕王宮門有兵衞，亦爲司馬門。東觀記曰：「乾私出國，到魏郡鄴、易陽，止宿亭，令奴金盜取亭席，金與亭佐孟常爭言，以刃傷常，部吏追逐，乾藏逃，金絞殺之，縣其屍道邊樹。國相舉奏，詔書削〔中丘〕。」中丘，縣，屬趙國，故城在今邢州內丘縣西。隨室諱「忠」，故改爲「內」焉。

城陽恭王祉字巨伯，〔一〕光武族兄舂陵康侯敞之子也。

〔一〕東觀記：「初名終，後改爲祉。」

敞曾祖父節侯買，以長沙定王子封於零道之舂陵鄉，爲舂陵侯。買卒，子戴侯熊渠嗣。熊渠卒，子考侯仁嗣。仁以舂陵地埶下溼，山林毒氣，上書求減邑內徙。〔一〕元帝初元四年，徙封南陽之白水鄉，猶以舂陵爲國名，遂與從弟鉅鹿都尉回及宗族往家焉。仁卒，子敞嗣。敞謙儉好義，盡推父時金寶財產與昆弟，荊州刺史上其義行，拜廬江都尉。〔二〕歲餘，會族兄安衆侯劉崇起兵，〔三〕王莽畏惡劉氏，徵敞至長安，免歸國。〔四〕

〔一〕東觀記曰：「考侯仁於時見戶四百七十六，上書願減戶徙南陽，留子男昌守墳墓，元帝許之。」續漢書曰「侯等助祭明堂，以例益戶二百，敞以有行義，拜爲廬江都尉」也。

〔二〕南陽郡是荊州所管，故刺史上其行義也。

〔三〕安衆康侯丹，長沙定王子，崇即丹之玄孫之子。

〔四〕東觀記曰：「敞臨廬江歲餘，遭旱，行縣，人持枯稻，自言稻皆枯。吏強責租。敞應曰：『太守事也。』載枯稻至太守所。酒數行，以語太守，太守曰：『無有。』敞以枯稻示之，太守曰：『都尉事邪？』敞怒叱太守曰：『鼠〔子〕何敢爾！』刺史舉奏，莽徵到長安，免就國。」

先是平帝時，敞與崇俱朝京師，助祭明堂。〔一〕崇見莽將危漢室，私謂敞曰：「安漢公擅國權，羣臣莫不回從，〔二〕社稷傾覆至矣。太后春秋高，天子幼弱，〔三〕高皇帝所以分封子弟，蓋爲此也。」敞心然之。及崇事敗，敞懼，欲結援樹黨，乃爲祉娶高陵侯翟宣女爲妻。〔四〕會宣弟義起兵欲攻莽，南陽捕殺宣女，祉坐繫獄。敞因上書謝罪，願率子弟宗族爲士卒先。莽新居攝，欲慰安宗室，故不被刑誅。及莽篡立，劉氏爲侯者皆降稱子，食孤卿祿，〔五〕後皆奪爵。及敞卒，祉遂特見廢，又不得官爲吏。

〔一〕平帝時王莽輔政，祫祭明堂，諸侯王二十八人，列侯百二十人，宗室子九百餘人，徵助祭也。

〔二〕回，曲。

〔三〕謂元后、平帝也。

〔四〕宣，丞相方進之子也，襲父侯爵。東觀記曰「敞爲嫡子終娶宣子女習爲妻，宣使嫡子姬送女入門，二十餘日，義起兵」也。

〔五〕孤者，特也。卑於公，尊於卿，特置之，故曰孤。禮記「上農夫食九人，諸侯下士視上農夫，中士倍下士，上士倍中士，下大夫倍上士，卿四大夫祿」也。

祉以故侯嫡子，行淳厚，宗室皆敬之。及光武起兵，祉兄弟相率從軍，前隊大夫甄阜盡收其家屬繫宛獄。及漢兵敗小長安，祉挺身還保棘陽，甄阜盡殺其母弟妻子。更始立，以

祉爲太常將軍，紹封舂陵侯。從西入關，封爲定陶王。別將擊破劉嬰於臨涇。及更始降於赤眉，祉乃閒行亡奔洛陽。是時宗室唯祉先至，光武見之歡甚。〔一〕建武二年，封爲城陽王，賜乘輿、御物、車馬、衣服。追謚敞爲康侯。十一年，祉疾病，上城陽王璽綬，願以列侯奉先人祭祀。帝自臨其疾。祉薨，年四十三，謚曰恭王，竟不之國，葬於洛陽北芒。

〔一〕東觀記曰：「祉以建武二年三月見於懷宮。」

十三年，封祉嫡子平爲蔡陽侯，以奉祉祀；平弟堅爲高鄉侯。初，建武二年，以皇祖、皇考墓爲昌陵，置陵令守視；後改爲章陵，因以舂陵爲章陵縣。十八年，立考侯、康侯廟，比園陵，置嗇夫。〔一〕詔零陵郡奉祠節侯、戴侯廟，以四時及臘歲五祠焉。〔二〕置嗇夫、佐吏各一人。

〔一〕嗇夫本鄉官，主知賦役多少，平其差品。園陵置之，知祭祀、徵求諸事。

〔二〕臘，歲終祭神之名也。

平後坐與諸王交通，國除。永平五年，顯宗更封平爲竟陵侯。平卒，子眞嗣。眞卒，子禹嗣。禹卒，子嘉嗣。

泗水王歙字經孫，〔一〕光武族父也。歙子終，與光武少相親愛。漢兵起，始及唐子，終誘殺湖陽尉。更始立，歙從入關，封爲元氏王，終爲侍中。更始敗，歙、終東奔洛陽。建武二年，立歙爲泗水王，終爲淄川王。〔二〕十年，歙薨，封小子焯爲堂谿侯，〔三〕奉歙後。終居喪思慕，哭泣二十餘日，亦薨。封長子柱爲卲侯，〔四〕以奉終祀，又封終子鳳曲陽侯。〔五〕

〔一〕歙音許及反。

〔二〕今淄州縣也。

〔三〕焯，字林云「灼也，音充善反」。續漢志：「汝南吳房縣有堂谿亭。」「焯」或作「煇」。

〔四〕卲，縣，屬南郡，故城在今襄州。卲音其紀反。

〔五〕曲陽，縣，屬東海郡，故城在今海州朐山縣西南。

歙從父弟茂，年十八，漢兵之起，茂自號劉失職，〔一〕亦聚衆京、密閒，〔二〕稱厭新將軍。攻下潁川、汝南，衆十餘萬人。光武既至河內，茂率衆降，封爲中山王。十三年，宗室爲王者皆降爲侯，更封茂爲穰侯。

〔一〕續漢志曰：「茂自號爲劉先職。」

〔二〕京，縣，屬河南郡，鄭之京邑，故城在今鄭州滎陽縣東南。密，縣，屬河南郡，故城在今密縣東南。

茂弟匡，亦與漢兵俱起。建武二年，封宜春侯。爲人謙遜，永平中爲宗正。子浮嗣，封朝陽侯。〔一〕

〔一〕朝陽，縣，屬南（郡）〔陽〕，故城在今鄧州穰縣南，今謂之朝城。

浮弟尙，永元中爲征西將軍。浮傳國至孫護，無子，封絕。延光中，護從兄瓌與安帝乳母王聖女伯榮私通，遂取伯榮爲妻，得紹護封爲朝陽侯，位侍中。及王聖敗，貶爵爲亭侯。

安成孝侯賜字子琴，光武族兄也。祖父利，蒼梧太守。〔一〕賜少孤。兄顯報怨殺人，吏捕顯殺之。賜與顯子信賣田宅，同抛〔二〕財產，結客報吏，〔三〕皆亡命逃伏，遭赦歸。會伯升起兵，乃隨從攻擊諸縣。

〔一〕蒼梧，郡，今梧州縣也。

〔二〕普交反。

〔三〕續漢書曰：「王莽時諸劉抑廢，爲郡縣所侵。蔡陽國釜亭（侯）〔候〕長醉（詢）〔詢〕更始父子張，子張怒，刺殺亭長。後十餘歲，亭長子報殺更始弟騫。賜兄〔顯〕欲爲報怨，賓客轉劫人，發覺，州郡殺顯獄中。賜與顯子信結客陳政等九人，燔燒殺亭長妻子四人。」

更始既立，以賜爲光祿勳，封廣漢侯。及伯升被害，代爲大司徒，將兵討汝南。未及平，更始又以信爲奮威大將軍，代賜擊汝南，賜與更始俱到洛陽。更始欲令親近大將徇河北，未知所使。賜言諸家子獨有文叔可用，大司馬朱鮪等以爲不可，更始狐疑，賜深勸之，乃拜光武行大司馬，持節過河。是日以賜爲丞相，令先入關，修宗廟宮室。還迎更始都長安，封賜爲宛王，拜前大司馬，使持節鎭撫關東。二年春，賜就國於宛，典將六部兵。〔一〕後赤眉破更始，賜所領六部亦稍散畔，乃去宛保育陽。

〔一〕伯升初起，置六部之兵。

聞光武卽位，乃西之武關，迎更始妻子將詣洛陽。帝嘉賜忠，建武二年，封爲愼侯。〔一〕十三年，更增戶邑，定封爲安成侯，奉朝請。以賜有恩信，故親厚之，數蒙讌私，時幸其第，恩賜特異。賜輒賑與故舊，無有遺積。帝爲營冢堂，起祠廟，置吏卒，如春陵孝侯。二十八年卒，子閔嗣。

〔一〕愼，縣，屬汝南郡，故城在今潁州潁上縣西北。

三十年，帝復封閔弟嵩爲白牛侯。〔一〕坐楚事，〔二〕辭語相連，國除。閔卒，子商嗣，徙封爲白牛侯。商卒，子昌嗣。

〔一〕白牛，蓋鄉亭之號也，今在鄧州東也。

〔三〕謂楚王英謀反。

初，信爲更始討平汝南，因封爲汝陰王。〔一〕信遂將兵平定江南，據豫章。光武即位，桂陽太守張隆擊破之，信乃詣洛陽降，以爲汝陰侯。永平十三年，亦坐楚事國除。

〔一〕汝陰屬汝（州）南郡，故城即今潁（川）（州）（郡）汝陰縣也。

成武孝侯順字平仲，光武族兄也。父慶，〔一〕春陵侯敞同産弟。順與光武同里閈，〔二〕少相厚。

〔一〕續漢（志）〔書〕：「慶字翁敖。」

〔二〕閈，里門也。

更始即位，以慶爲燕王，順爲虎牙將軍。會更始降赤眉，慶爲亂兵所（叔）〔殺〕，順乃閒行詣光武，拜爲南陽太守。建武二年，封成武侯，〔一〕邑戶最大，租入倍宗室諸家。八年，使擊破六安賊，〔二〕因拜爲六安太守。數年，帝欲徵之，吏人上書請留。十一年卒，帝使使者迎喪，親自臨弔。子遵嗣，坐與諸王交通，降爲端氏侯。〔三〕遵卒，子弁嗣。弁卒，無嗣，國除。永平十年，顯宗幸章陵，追念舊恩，封順弟子三人爲鄉侯。

〔一〕成武，縣，屬山陽郡，今曹州縣也。

〔二〕六安即廬州也。

〔三〕端氏，縣，屬河東郡，故城在今澤州端氏縣西北。

初，順叔父弘〔一〕娶於樊氏，皇妣之從妹也。生二子：敏，國。與母隨更始在長安。建武二年，詣洛陽，光武封敏爲甘里侯，〔二〕國爲弋陽侯。〔三〕敏通經有行，永平初，官至越騎校尉。

〔一〕東觀記曰：「弘字孺孫，先起義兵，卒。」

〔二〕潁州潁上縣西北有甘城。

〔三〕弋陽，縣，屬汝南郡，侯國也，故城在今光州定城縣西也。

弘弟梁，以俠氣聞，〔一〕更始元年，起兵豫章，欲徇江東，自號「就漢大將軍」，暴病卒。〔二〕

〔一〕東觀記曰：「梁字季少。」

〔二〕東觀記曰：「病筋攣卒。」

順陽懷侯嘉字孝孫，光武族兄也。父憲，〔一〕舂陵侯敞同產弟。嘉少孤，性仁厚，南頓君養視如子，後與伯升俱學長安，習尚書、春秋。

〔一〕續漢（志）〔書〕曰：「憲字翁君。」

及義兵起，嘉隨更始征伐。漢軍之敗小長安也，嘉妻子遇害。更始即位，以爲偏將軍。及攻破宛，封興德侯，遷大將軍。擊延岑於冠軍，降之。更始既都長安，以嘉爲漢中王、扶威大將軍，持節就國，都於南鄭，衆數十萬。建武二年，延岑復反，攻漢中，圍南鄭，嘉兵敗走。岑遂定漢中，進兵武都，爲更始柱功侯李寶所破。岑走天水，公孫述遣將侯丹取南鄭。嘉收散卒，得數萬人，以寶爲相，從武都南擊侯丹，不利，還軍河池、下辨。〔一〕復與延岑連戰，岑引北入散關，〔二〕至陳倉，嘉追擊破之。更始鄧王廖湛將赤眉十八萬攻嘉，嘉與戰於谷口，〔三〕大破之。嘉手殺湛，遂到雲陽就穀。

〔一〕河池，縣，屬武都郡，一名仇池，今鳳州縣也。下辨，縣名，今成州同谷縣也。

〔二〕散關，故城在今陳倉縣南十里，有散谷水，因取名焉。

〔三〕谷口，縣，故城今醴泉縣東北四十里。酈元水經注曰：「涇水東經九嵕山東中山西，謂之谷口。」

李寶等聞鄧禹西征，擁兵自守，勸嘉且觀成敗。光武聞之，告禹曰：「孝孫素謹善，少且親愛，當是長安輕薄兒誤之耳。」禹即宣帝旨，嘉乃因來歙詣禹於雲陽。三年，到洛陽，從征伐，拜爲千乘太守。六年，病，上書乞骸骨，徵詣京師。十三年，封爲順陽侯。秋，復封嘉子廧爲黃李侯。十五年，嘉卒。子參嗣，有罪，削爲南鄉侯。永平中，參爲城門校尉。參卒，子循嗣。循卒，子章嗣。

贊曰：齊武沈雄，義戈乘風。〔一〕倉卒匪圖，亡我天工。城陽早協，趙孝晚同。泗水三侯，或恩或功。

〔一〕以義舉兵，乘風雲之會也。

校勘記

五五〇頁二行 臨(泚)〔沘〕水 集解引惠棟說，謂續志作「比水」，水經注作「沘水」。按：光武紀亦作「沘水」，今據改。

五五〇頁九行 (諸)〔豬〕水二湖流注 據汲本改。按：豬水亦作「堵水」，「諸」乃「堵」之形誤。

五五〇頁一〇行 蕭該音 「蕭」原譌「肅」，逕改正。按：影印紹興本此卷仍有闕佚，取它本補配，故多譌脫，以下凡遇極明顯字之譌字及脫文，皆逕予改補，不作校記。

五五〇頁一一行 宜秋聚名在沘陽縣 按：「沘」原譌「泚」，各本皆未正。又按：續志宜秋聚在平氏縣。

五五〇頁一三行 引欲據宛 按：張熷讀案下文「引」下少「兵」字。

五五〇頁一四行 自號柱天大將軍 按：校補謂袁紀云自號柱天將軍，無「大」字。

五五一頁一一行 將軍張卬 「卬」原譌「卭」，據殿本改正。按：通鑑亦作「卬」，考異謂司馬彪續漢書「卬」

作「印」，袁宏後漢紀作「斤」，皆誤，今從范曄後漢書。

五五三頁一行　魯陽縣屬南(郡)〔陽〕　據集解王先謙說改。

五五四頁四行　丹陽(故)郡〔故〕城在今潤州江寧縣東南　按：「郡故」二字各本皆譌倒，今正。

五五五頁四行　蓋畏此也　按：汲本「畏」作「謂」。

五五五頁一四行　南頓君娶同郡樊重女字嫺都　按：集解引沈欽韓說，謂袁紀「嫺都」作「歸都」。

五五六頁一一行　臨邑縣屬東(海)〔郡〕故城在今(濟)〔齊〕州東　集解引沈欽韓說，謂臨邑漢志屬東郡，此誤。舊唐志臨邑縣屬齊州，注云濟州，亦誤。今據改。

五五八頁三行　復封睦少子爲亭侯　按：李慈銘謂「睦」當作「普」。

五五八頁四行　普立〔十〕七年薨　據殿本考證補。按：考證謂普以安帝永初元年封，至延光元年爲十七年。

五五八頁一三行　子節王栩嗣　按：殿本考證謂「栩」字章帝紀作「盱」。

五五九頁七行　元年封商四子爲亭侯　按：汲本「元年」上有「元興」二字。殿本考證謂應補「元興」二字，而疑封在商既薨之後，不應載於商未薨之前。校補則謂商薨宏嗣，果封在元興元年，則當稱宏弟，不當仍稱商子；既云商子，則其封自在商未薨之前。「元年」或是「六年」形近之誤。「元興」二字不當補。

五五九頁八行　子靖王宏〔嗣〕　據集解王先謙說補。

五五九頁一五行　詔書削〔中丘〕　據刊誤補。

五六〇頁一行　光武族兄舂陵康侯敞　按：姚範謂節侯買乃光武之高祖，敞之曾祖，則敞乃光武之族父，非兄也。光武紀章懷注亦云舂陵侯敞，光武季父，則此傳「兄」字誤也。

五六〇頁三行　封於零道之舂陵鄉　按：集解引錢大昕說，謂前志、續志俱作「泠道」。

五六〇頁四行　子考侯仁嗣　集解引惠棟說，東觀記宗室傳作「孝侯」。又引洪頤煊說，謂前書王子侯表作「孝侯仁」。按：後安城孝侯賜傳亦稱「舂陵孝侯」。

五六〇頁七行　會族兄安衆侯劉崇起兵　按：集解引沈欽韓說，謂崇於敞爲族子，非族兄。校補謂今案前書年表，舂陵侯買三傳至敞，安衆侯丹五傳始至崇，則崇且爲敞族孫，非僅族子也。

五六〇頁一三行　都尉事邪　按：殿本「邪」作「也」，與今東觀記合，校補謂作「邪」義較長。

五六〇頁一三行　敞怒叱太守曰鼠〔子〕何敢爾　集解引周壽昌說，謂「鼠」下應有「子」字。王先謙謂周說是，東觀記正作「鼠子何敢爾」。今據補。

五六二頁一〇行　置嗇夫佐吏各一人　按：刊誤謂「吏」當作「史」。

五六三頁一行　泗水王歙字經孫　按：集解引惠棟說，謂袁宏紀「經孫」作「經世」。

五六三頁一行　始及唐子　按：集解王先謙謂「子」下脫「鄉」字。

五六三頁七行　燀或作燀　按：殿本「燀」作「憚」。

五六三頁一三行　更封茂爲穰侯　集解引錢大昕說，謂光武紀茂封單父侯。按：沈欽韓謂熊方補後漢書年表云以單父侯更封穰侯，當是。

五六四頁三行　屬南（郡）〔陽〕　據集解引惠棟說改。

五六四頁六行　安成孝侯賜　按：汲本、殿本「成」作「城」。

五六四頁一一行　蔡陽國釜亭（侯）〔候〕長酔（詾）〔訽〕更始父子張　「候」字據汲本改。「訽」字據集解引陳景雲說改。

五六四頁一三行　賜兄（顯）欲爲報怨　據汲本補。

五六五頁九行　定封爲安成侯　按：殿本「成」作「城」。

五六六頁四行　汝陰屬汝（州）南郡故城卽今潁（川）〔州〕（郡）汝陰縣也　據汲本改。

五六六頁七行　續漢（志）〔書〕慶字翁敖　陳景雲謂「志」當作「書」，續志中亦無此語。今據改。

五六七頁二行　六安卽廬州也　按：集解引沈欽韓說，謂桓譚傳注云「六安在壽州安豐縣南」，是，此誤。

五六七頁一四行　續漢（志）〔書〕曰憲字翁君　據陳景雲說改。